本书出版获得以下资助：

江西财经大学；国家留学基金：（CSC NO.202008360296）区项目：（71862013），多层次知识隐藏形成机制及影响效果的动态研究：基于地位视角；国家自然科学基金地区项目：（71762016），服务型领导的负面效应：一项多视角的追踪研究；中国博士后科学基金面上项目：（2018M642216），组织中知识隐藏影响因素的探究：基于地位动机视角。

中国情境下领导组织行为研究

ZHONGGUO QINGJINGXIA LINGDAO
ZUZHI XINGWEI YANJIU

王志成　著

知识产权出版社

全国百佳图书出版单位

—北京—

图书在版编目（CIP）数据

中国情境下领导组织行为研究 / 王志成著 . -- 北京：知识产权出版社，2020.12
ISBN 978-7-5130-7224-3

Ⅰ . ①中… Ⅱ . ①王… Ⅲ . ①领导—组织行为学 Ⅳ . ① C936

中国版本图书馆 CIP 数据核字（2020）第 190453 号

内容提要

本书对领导力进行了大量的文献梳理和实证研究，对中国情境下领导组织行为研究进行梳理和拓展。本书共分五章，第一章介绍了辱虐型领导等负向领导组织行为的研究成果，第二章介绍了授权型领导、魅力型领导和伦理型领导等正向领导组织行为的相关研究成果，第三章介绍了导师制领导和授权型领导对创新行为的影响的相关研究，第四章介绍了导师型领导在大学生创业方面的影响研究，第五章介绍了君子型领导、中国特色关系文化等本土化组织行为的研究。本书意在解释和解决企业当中切实存在的问题，可为企业管理相关人员提供参考。

责任编辑：张　珑　　　　　　　　　　责任印制：孙婷婷

中国情境下领导组织行为研究
ZHONGGUO QINGJINGXIA LINGDAO ZUZHI XINGWEI YANJIU
王志成　著

出版发行：知识产权出版社 有限责任公司	网　址：http：//www.ipph.cn
电　话：010-82004826	http：//www.laichushu.com
社　址：北京市海淀区气象路 50 号院	邮　编：100081
责编电话：010-82000860 转 8363	责编邮箱：laichushu@cnipr.com
发行电话：010-82000860 转 8101	发行传真：010-82000893
印　刷：北京建宏印刷有限公司	经　销：各大网上书店、新华书店及相关专业书店
开　本：720mm×960mm　1/16	印　张：21
版　次：2020 年 12 月第 1 版	印　次：2020 年 12 月第 1 次印刷
字　数：280 千字	定　价：68.00 元
ISBN 978-7-5130-7224-3	

写在前面的话

　　领导力是领导者在特定的情境中吸引和影响被领导者与利益相关者并持续实现群体或组织目标的能力。近年来，依托西方学者的研究成果，学术界对魅力型领导、变革型领导、交易型领导、授权型领导等领导力模式展开了大量研究，取得了斐然成果。然而，基于中国情境下的领导力研究仍然有待完善。据此，笔者对领导力进行了大量的文献梳理和实证研究，对中国情境下领导组织行为研究进行梳理和拓展。本书共分五章，第一章介绍了辱虐型领导等负向领导组织行为的研究成果，第二章介绍了授权型领导、魅力型领导和伦理型领导等正向领导组织行为的相关研究成果，第三章介绍了导师制领导和授权型领导对创新行为的影响的相关研究，第四章介绍了导师型领导在大学生创业方面的影响研究，第五章介绍了君子型领导、中国特色关系文化等本土化组织行为的研究。本书意在解释和解决企业当中切实存在的问题，可为企业管理相关人员提供参考。

　　本书在写作过程中参考和借鉴了大量的经典文献和最新研究资料，如为了保持原文的完整性，个别章节直接引用发表在学术期刊上的论文（已注明来源）。除此以外，对于有明确来源的参考文献，在文末都予以标明。而部分来自互联网的内容，由于缺乏完整的信息来源，无法具体标明。在此，向所有引用内容和参考文献的作者表示深深的谢意。

　　本书由王志成列出全书讨论大纲，确定全书的框架结构，并在相关同志的协助下撰写各章。具体而言，帅明君协助进行前言部分的撰写与修改及文字校对和订正等工作，苏琪协助进行第一章、第二章和第三章内容的收集、整理及撰写工作；邹金珠协助第四章、第五章和文献材料内容的收集、整理及撰写工作。最后，诚挚地感谢知识产权出版社编辑老师的理解和支持。

　　由于水平有限，加之时间仓促，书中纰漏之处在所难免，敬请各位读者批评指正。

目　录

第一章　积极型领导组织行为研究

第一节　关于授权领导对组织公民行为影响关系中情感承诺的调节和心理授权感知的中介效果的研究

一、引言

随着全球化，生产能力进步，工作群体越来越处于变动状态。不同于过去的永久性终身制职业，临时性员工开始大量出现在企业和公司中。这种现象在优化了企业部门结构的同时，也带来了诸如员工忠诚度和感情承诺下降、离职率增加、对企业或公司的组织公民行为减少等一系列问题。

本研究为组织的管理者提供了一种思路，通过领导授权模式重塑管理者与员工的关系，从以往的管理者转变为支持者、导师或发起人，从以往的被管理者转变为助理或拥护者，使员工感受到被赋予了工作的权限。通过员工的心理授权的感知，真正让员工意识到自己是企业的一分子。通过对员工权限的放大，鼓励员工自行解决与工作有关的问题。加深员工对企业的感情承诺，从而达成增加员工的组织公民行为的目的。

本研究依据实证分析原理，对流动性较高的中国保险行业进行了 180 份的问卷调查。确认了领导授权与组织公民行为的关系中心理授权感知的中介效果，以及在心理授权感知与组织公民行为间的关系中感情承诺的调节作用。为企业管理者在确定把领导授权应用到组织中提供了依据。

二、理论背景

（一）领导授权与心理授权感知的关系研究

领导授权能够有效地强化下属的心理授权感知，即下属内在的、持续的工作动力，包括工作意义（meaning）、自我效能（competence）、自主性（self-determination）、工作影响（impact）四个方面。

管理者让下属负责自己的工作，让员工学会如何自律地处理好工作中的问题，决策制定被推到了操作层面上。根据上下级交换理论（LMX），管理者根据员工的个性放宽他们的工作权限有助于刺激员工内在的、持续的工作动力。管理者在赋予下属权力的同时，树立明确的目标、权限、责任和给予必要的指导。这样的模式是一种有生命力的领导模式。使员工像关心自己的事情一样把精力和热情投入工作中。授权领导也是一种自律型领导模式。它充分赋予部下权限，使员工自主、有效地按照自身意愿开展工作。管理者赋予员工权力，使员工明确自身工作的意义，员工感受到通过自己的努力给企业带来积极的变化，增强了自身的信心和自我效能感。并在构建人才体系的模型上起到积极作用（贺莹，2015）。根据以上的理论依据，本研究设定了以下的假设：

假设1：领导授权会对组织成员的心理授权感知产生正（+）的影响。

（二）心理授权感知与组织公民行为的关系研究

学者奥根（Organ）提出，组织公民行为是指组织中成员自发性而非义务的所做超越其职责内容的表现。古尔德纳（Gouldner）（1960）指出，如果把职员间的互惠作为组织公民行为的一个必要组成部分，那么被赋予权力的员工会自觉地增加在工作中的组织公民行为。通过授权领导的实施，企业的员工从心理上感知到自己工作的权限被放大，工作的自由度被增加。这迎合了动机赋予理论关于提高员工动机以达到既定战略目的的要求。员工拥有自主的工作环境，并得到了一定处理问题的决策权，员工会更加热情和努力地从事自己的工作。临时性工作岗位的大量出现，给很多企业的管理层带来了相当大的挑战。我们预期随着授权领导和心理授权感知等概念的嵌入，员工的归属感必将增强，从而自发增加工作中的组织公民行为。根据以上的理论依据，本研究设定了以下的假设：

假设2：职员的心理授权感知在领导授权和组织公民行为的关系中起到中介作用。

（三）心理授权感知与感情承诺，组织公民行为的关系研究

感情承诺可以定义为组织的成员在感情上对该组织的认可和归属感。很多先行研究已经指出，有着高度感情承诺水准的员工会更加忠于和热爱自己所在的组织，会自主地增加组织公民行为，降低离开组织的意愿。由学者赫尔曼（Herman）和乔亚（Gioia）（1998）做的一项关于员工授权感知和组织

承诺的研究显示，员工的情感承诺会使员工感觉到自己从事的工作是有意义的（工作意义是心理授权感知的四个方面之一），使员工感觉到自己的存在对于组织是有价值的，使员工愿意自发地提高组织公民行为的频度。根据以上的理论依据，本研究设定了以下的假设：

假设3：感情承诺在组织成员的心理授权感知与组织公民行为的关系中起到调节作用，员工的感情承诺越强，组织成员的心理授权感知与组织公民行为的正（＋）关系就越强；反之，员工的感情承诺越弱，组织成员的心理授权感知与组织公民行为的正（＋）关系就越弱。

根据以上所要验证的假设，我们画出了本研究的研究模型，其构成见图1.1。

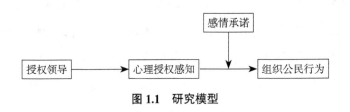

图 1.1 研究模型

三、研究方法

（一）选定样本

为了验证以上假设，我们对临时性和流动性较强的保险行业进行了问卷调查。对黑龙江省牡丹江市5家中国人民健康保险股份有限公司（PICC，以下简称"中国人保公司"）发放、收取了180份调查问卷。剔除无效问卷后，我们最终选定了170份问卷用于实证分析。其中47.4%是男性。总体参加工作平均时间为2.79年（SD=1.04）。高中学历占总比7.6%，专科大学占总比

29.2%,本科大学占总比48%,硕士及硕士以上占总比15.2%。本研究的变量中,领导授权、心理授权感知、感情承诺由所在公司的下属职员填写完成。作为从属变量的组织公民行为由所在公司的直属负责人或经理填写完成。调查采用匿名制,保证公司职员能够按照自身意愿完成调查。之所以选定黑龙江省作为发放调查问卷的地点,是因为黑龙江省作为中国东三省老工业基地近年来经济发展略微滞后于中国沿海地区。随着改革的深入,企业的体制改革区别于已经日趋完善的沿海地区,正在进行思想和方式的转变,符合本研究论证的需要。选择保险行业这一临时性相对强的行业更能可靠地验证我们的假设。

(二)变量的测定

领导授权:在本研究中,我们为了测定领导授权这一变量,采用了阿赫恩(Ahearne)等(2005)开发的量表。我们采用了其中的8项,如"我的上司和我一起讨论许多决策""我的上司允许我用自己的方式工作"。问项均采用李克特五点量表法,总信度为0.850。为了确保观测变量的独立性,我们对领导授权下的观测变量进行了验证性因子分析。得到的结果是:$\chi^2 = 23.4$,df $= 20$,CFI $= 0.992$,RMSEA $= 0.032$,GFI $= 0.968$。

心理授权感知:在本研究中,我们为了测定心理授权感知这一变量,采用了斯普雷泽(1995)开发的量表。我们采用了其中的5项,如"我有如何从事我工作的自主权""在我的部门,我有很大的影响力"。问项均采用李克特五点量表法,总信度为0.886。为了确保观测变量的独立性,我们对心理授权感知下的观测变量进行了验证性因子分析。得到的结果是:$\chi^2 = 28.8$,df $= 5$,CFI $= 0.952$,RMSEA $= 0.067$,GFI $= 0.933$。

感情承诺:在本研究中,我们为了测定感情承诺这一变量,采用了迈耶(Meyer)等人(1993)开发的量表。我们采用了其中的6项,如"身为组织一员，我感到骄傲""我的组织对我有吸引力"。问项均采用李克特五点量表法，总信度为 0.909。我们对感情承诺下的观测变量进行了验证性因子分析。得到的结果是：$\chi^2 = 18.1$，df = 9，CFI = 0.986，RMSEA = 0.077，GFI=0.967。

　　组织公民行为：在本研究中，我们为了测定组织公民行为这一变量，采用了尼霍夫（Niehoff）和穆尔曼（Moorman）（1993）开发的量表。我们采用了其中的 7 项，如"组织的规则我会好好遵守""我一直在努力适应组织的变化"。问项均采用李克特五点量表法，总信度为 0.723。我们对组织公民行为下的观测变量进行了验证性因子分析。得到的结果是：$\chi^2 = 28.2.1$，df = 14，CFI = 0.933，RMSEA = 0.077，GFI=0.959。对感情承诺和持续承诺来说，对价值观的共享或者领导和下属之间的社会交换理解的关联性更大。研究结果表明，凸显出伦理性领导力的领导会用自己的公正心、同情心、利他主义的性格，还有别人对他们的信赖加强下属对组织的感情承诺。

四、数据分析与结果

（一）效度的测定与描述性统计

　　在数据分析之前，我们对效度进行了分析。为了验证效度，我们采用了安德森和格宾（1988）所推荐的验证性因子分析。在表 1.1 中可以看到通过验证性因子分析所得到的拟合指数。

表 1.1　验证性因子分析

区分	χ^2	df	P	RMR	TLI	CFI	RMSEA
模型	506.557	293	0.000	0.056	0.889	0.900	0.065

由表 1.1 可见，拟合指数分别为：χ^2=506.557（df=293，P<0.001），RMSEA=0.065；RMR =0.056；TLI=0.889；CFI=0.900。在这些拟合指数中，最基本的 χ^2 的 P 值要满足大于基准值 0.05 的条件，实际上 χ^2 的 P 值受到样本大小的影响，很难达到 0.05 以上。RMSEA 的数值一般要小于 0.08，说明数据与模型的拟合度是比较理想的。RMR 的理想数值是小于 0.05，单值只要小于 0.10，我们就可以认为数据和模型的拟合度是较好的。CFI 和 TLI 的取值范围是 0 到 1，一般意义上，只要其数值大于 0.8，我们就认为数据和模型的拟合度较好。本研究的 CFI 的数值为 0.900，相应的其他拟合度指标也都达到了可接受的标准。

有关本研究中出现变量的描述性统计和它们之间的相关关系见表 1.2。

表 1.2　均值、标准差和相关系数矩阵

变量	M	SD	授权领导	授权感知	感情承诺	组织公民行为
授权领导	3.49	0.62	1			
授权感知	3.14	0.78	0.56**	1		
感情承诺	3.41	0.81	0.60**	0.51**	1	
组织公民行为	3.78	0.47	0.46**	0.31**	0.51**	1

**P<0.01

（二）模型的拟合度和假设的检验

在验证假设之前，我们先对数据进行了回归分析。我们运用了 spss18.0 软件进行了分析。其结果见回归模型图 1.2。

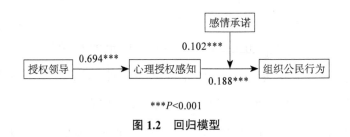

***P<0.001

图 1.2　回归模型

在通过描述性统计和相关关系和回归模型我们看到，领导授权和心理授权感知的相关关系为 0.56（P<0.01），领导授权对组织成员的心理授权感知产生积极（正＋）的影响 r=0.694，P<0.001。假设 1 被支持。

（三）心理授权感知的中介效果的检验

一般的中介效果验证都会采用巴伦和肯尼（1986）开发的 3 步骤或用 Sobel 检验的验证方法。本研究采用的是最近较为流行的 bootstrapping 的验证方法，采用这个方法的好处是通过多次抽取样本的方法可以得到多组随机性和可靠性更强的数据，弥补了数据不足的缺陷。Bootstrapping 的验证标准是所估算的中介效果区间中，只要区间内不包含 "0" 就能判定中介变量具有中介效果，见表 1.3。

表 1.3　通过 Bootstrapping 对心理授权感知的中介效果的检验

路径			心理授权感知		
			下限	上限	P
组织公民行为	←	授权领导	0.080	0.335	0.002

由表 1.3 可见，在领导授权对组织公民行为的关系中，心理授权感知的中介效果 [0.080，0.335]，P<0.01。区间中不包含 "0"，也就是说，在领导授权对组织公民行为的关系中，心理授权感知具有中介效果。假设 2 得到支持。

（四）感情承诺的调节效果的检验

对感情承诺的调节效果的检验，我们采用了 SPSS18.0 进行了验证，见表 1.4~ 表 1.6。

通过观察表 1.4，我们可以判定：代入调节变量后整个模型的变化是有效的。R 的变化量为 0.023，$P<0.05$。通过表 1.5，我们可以得知模型 3 的回归平方和与残差平方和，回归平方和约占二者总和的 1/3，$P<0.001$，可以显著地拒绝总体回归系数为 0 的原假设。通过表 1.6，给出了所有模型的回归系数估计值，经 t 检验，调节效果的系数为 0.102，$P<0.05$。显著性小于 0.05，因而具有显著性意义。也就是说，感情承诺是具有调节效果的。假设 3 被支持.感情承诺的调节效果见图 1.3。

表 1.4　模型汇总

模型	R	R^2	调整后的 R^2	估计值的标准误差
1	0.311	0.097	0.091	0.44879
2	0.513	0.263	0.254	0.40667
3	0.534	0.285	0.273	0.40157

表 1.5　方差分析

模型		平方和	df	均方	F	P
1	回归	3.649	1	3.649	18.119	0.000
	残差	34.038	169	0.201		
	总和	37.687	170			
2	回归	9.903	2	4.951	29.939	0.000
	残差	27.784	168	0.165		
	总和	37.687	170			

续表

模型		平方和	df	均方	F	P
3	回归	10.757	3	3.586	22.236	0.000
	残差	26.930	167	0.161		
	总和	37.687	170			

表 1.6 系数

模型		非标准化系数		标准化系数	t	P
		B	标准误差	Beta		
1	常量	3.191	0.143		22.298	0.000
	授权感知	0.188	0.044	0.311	4.257	0.000
2	常量	2.704	0.152		17.793	0.000
	授权感知	0.044	0.046	0.073	0.948	0.344
	感情承诺	0.275	0.045	0.472	6.149	0.000
3	常量	3.734	0.472		7.911	0.000
	授权感知	−0.286	0.151	−0.472	−1.900	0.059
	感情承诺	−0.053	0.149	−0.090	−0.353	0.725
	交互项	0.102	0.044	0.972	2.302	0.023

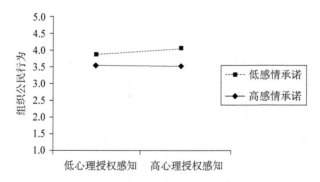

图 1.3 情感承诺的适度效应

如图 1.3 所示，在员工的心理授权感知一定的条件下，员工对组织的感情承诺越高，员工的组织公民行为就越频繁。

五、结论

（一）研究结果

本研究以中国人保公司的员工及其所属领导为调查对象，用实证分析的方法验证了领导授权对员工心理授权感知的影响。同时也试图论证感情承诺在员工心理授权感知与组织公民行为的关系中起到了调节作用。并用 Bootstrapping 的多次抽取样本的方式对员工的心理授权感知的中介效果进行了验证。通过本研究我们得到如下结果。

第一，在变量的描述性统计和相关分析中，领导授权、员工心理授权感知、感情承诺和组织公民行为之间存在着高度且显著的相关。领导授权对员工的心理授权感知的积极的（＋）作用被证明是成立的。

第二，通过运用 AMOS17.0，我们用 Bootstrapping 的方式证明了，组织成员的心理授权感知在领导授权和组织公民行为的关系中起到中介作用。组织成员的心理授权感知的中介效果被证明是成立的。

第三，我们运用 SPSS18.0，对感情承诺的调节效果进行了回归验证。证明了感情承诺在组织成员的心理授权感知与组织公民行为的关系中起到调节作用。并用图示对其调节效果进行了充分的说明。

第四，为了避免自我报告（self-report）的偏见性问题。变量中，领导授权、心理授权感知和感情承诺是由公司的职员进行作答。组织公民行为作为从属变量，由公司相对应的负责人（领导）进行作答。

第五，我们通过对每一个变量进行单独的验证性因子分析，用以确保变量下设观测变量的独立性。并对4个变量的整理进行了确认性分析。得出的拟合度是符合标准的。整体模型的拟合度被证明是成立的。在变量的描述性统计和相关分析中，领导授权、员工心理授权感知、感情承诺和组织公民行为之间存在着高度且显著的相关。领导授权对员工心理授权感知的积极（＋）作用被证明是成立的。

（二）研究的启示和不足

本研究通过对中国临时性用工比较强的保险行业调查，发现通过领导科学的授权，公司的员工可以充分发挥能动性，提高工作自由度和掌控度，增强自信心和对组织的认同，进而增加组织中的公民行为。本研究为领导授权模式对组织中公民行为增加的理论提供了实证的科学依据。在公司内部，管理者可以适当放宽下属的权限，为下属提供更为自由的工作环境。随着经济的不断发展和企业体制改革的不断推进，企业的管理者也应该适时地转变思想，作为企业的管理者，要把自己从企业的决策者转变为下属的"教练""导师"；作为企业的员工，也要适应这一转变，把自己从下属、下级转变为领导的"拥护者""追随者"。通过从根本上转变思想、解放思想从而达到企业的既定目标。

另外本研究也存在一定的局限性。

①本研究的问卷全部是通过对中国保险行业的调查而得到的，对其他行业和地区的预测程度可能存在一定的局限性。

②本研究是以横向研究为基础并且在变量之间的因果关系存在制约。以后可以尝试开展纵向研究来弥补这次研究的缺憾。

③本研究的调查问卷是以中国企业为依托进行的问卷调查，在其他国家或文化中是否具备普遍性也存在着一定的局限。

第二节　关于领导授权与离职意图的关系中心理授权感知、组织感情承诺及组织公民行为的中介效果的研究

一、引言

伴随着近年来迅猛而又快速的经济增长，企业间的竞争也日益激烈起来。为了迅速应对这种巨变的经济环境，进而达成企业持续成长的目标，提高企业效率和竞争力，加强企业在相关领域的影响力，企业间正在进行一场长久的努力和比拼。特别是一些大企业，为了应对瞬息万变的国际竞争环境，不断引进新技术及新型的领导理念用于应对日益激烈的国际市场的角逐。因此，人力资源管理中关于组织领导模式革新的必要性也日益凸显。如何把组织的领导模式从传统的家长式领导向自主性、效率性授权领导转换，是当代所有组织面临的新课题。

在传统的领导构造和理念中，企业的一切情报和相关的决策全部都由企业的上层领导分析和裁决。企业的职员只需要认真执行领导的命令即可。在特定的经济环境和时期下，这种模式曾经有效地加快了企业的发展壮大。但是在如今转瞬即逝的经济环境中，存在着致命的弊端。很多时候面对客户的要求，具体执行人员由于需要向上层领导汇报等待命令而无法做出及时有效的应对，可能会因为效率不足而失去重要的合作伙伴，使企业错失良机。从员工的层面上来看，长此以往，由于缺少自主性，也会降低员工的工作热情，使员工对组织缺乏认同感，失去对工作的热爱，最终增加员工的离职行为。这一切最后会使得企业在市场的竞争淘汰中黯然退出。为了应对这一问题，企

业引进新的领导构造和理念就显得迫在眉睫。授权型领导，简单地说是把权力下放给应对部门的职员，即为了提高员工的工作热情，赋予员工在工作中所需要的权力，提供给他们最新的情报、知识和资源；对于一线的职员，给予其必要的决策权。通过这种领导模式，能够提高企业员工的工作热情和工作自主性，在面对客户提出的要求时，由于自身具有一定的裁决权，能迅速有效地做出回应，进而使企业的员工增强自身对企业的组织情感承诺，促进员工对组织的组织公民行为，减少离职的意愿。加快了企业应对市场变化的反应能力，实现企业的既定目标，使企业在瞬息万变的市场竞争中脱颖而出。

二、理论背景

（一）领导授权与心理授权感知

所谓领导授权，就是在组织内部，领导者将组织和人民赋予自己的部分职务权力授予下级行政机关或职能机构，以便下级机关能够在上级的监督下自主地行动和处理行政或公司的事务，从而为被授权者提供完成任务所必需的客观条件。同时能够培养职员对于组织事务的主人翁意识。领导的科学授权是完成领导任务，实现现代化企业领导目标的需要，能够锻炼被授权者的能力，增强他们的责任心，调动他们的积极性、主动性和创造性，有助于增加组织成员的组织公民行为，增加组织归属感和组织承诺，进而降低离职率。领导授权在本质上是组织内部权力分配的特定形式，是领导活动过程的一部分，其核心内容是上级领导给下属分派任务，是一种权责高度统一的领导行为。

心理授权（empowerment），就是管理层给予组织成员在工作上更多的裁量权，使个人对工作拥有更多的影响力。如果能够真正地做到授权，就会使员工感受到组织对个人的信任和支持，最终会使他们在内心深处受到激励，并产生积极的工作态度。领导的科学授权有利于组织成员对心理授权的感知，从而增进工作的自主性和积极性。有助于激发组织内职员的工作动机。根据以上的理论依据，本研究设定了以下的假设：

假设1：领导授权会对组织成员的心理授权感知产生正（+）的影响。

（二）心理授权感知与感情承诺

在员工对于组织的承诺的多种形式中，感情承诺（affective commitment）是指员工对组织的情感，是一种肯定性的心理倾向。它包括价值目标认同、员工自豪感及为了组织的利益自愿对组织作出牺牲和贡献等成分。

许多的先行研究揭示了科学地运用领导授权给予员工适当的权限有助于员工更加热爱自己的本职工作和组织。其原因有以下几点：第一，企业运用科学的领导授权提高了职员的工作自主性，有利于职员充分自主地发挥自己的才干。这样一来就能增强员工对于组织的热爱。第二，正如之前所提到的，领导授权的实施能够使员工们意识到企业对于他们的支持、信任和承诺。这样一来，必然会增加个人对组织的热爱程度。根据以上的理论依据，本研究设定了以下的假设：

假设2：心理授权感知对感情承诺产生正（+）的影响。

（三）心理授权感知与组织公民行为

组织公民行为是指组织中的成员自发性所做的超越其职责内容的表现。这些角色外的行为被认为可以用来维持和提升、改善组织绩效的心理和社会人脉。

　　领导授权模式向员工表达了企业的一种管理理念，就是企业尊重员工的工作自主性，努力来改善管理模式，并在工作上给予很大的信任。根据社会交换理论所主张的相互性原理，面对企业所给予的管理上的积极态度，员工会通过更多的努力和贡献来从事角色外的工作。组织公民行为和其他超越了本身职责的行为所依托的不是劳资双方单纯的经济关系，而是建立在更深层的社会交换关系上。心理授权感知对于组织公民行为产生积极影响的结论已经在很多的研究中得到了论证。基于以上的理论依据，我们设定了以下假设：

　　假设3：心理授权感知对组织公民行为产生正（＋）的影响。

（四）感情承诺与组织公民行为和离职意图

　　离职意图是员工希望离开当前工作组织的意愿。组织承诺是减少员工离职行为的重要因数，这一结论在许多的研究中得到了实证论证。增强员工对企业的归属感能够有效地减少员工的离职行为。基于科学领导授权下并有心理授权感知的企业员工会增加组织公民行为，减少离职行为。基于以上的理论依据，我们设定了以下的假设：

　　假设4：感情承诺会对员工的离职意图产生负（－）的影响。

　　假设5：组织公民行为会对员工的离职意图产生负（－）的影响。

（五）心理授权感知的中介作用

　　在本研究中，我们假设了领导授权会对心理授权感知产生积极的影响。另外，我们还假设了心理授权感知会对感情承诺和组织公民行为产生积极的影响。基于以上两个假设，我们进一步假设在领导授权给予感情承诺和组织公民行为影响的过程中，心理授权感知会起到中介作用。在很多预测变量和组织公民行为的关系中，感情承诺都起到了中介的作用，这一点在之前的很多研究中得到了论证。在本研究中，我们探索性地设定了以下假设：

假设 6：组织成员的心理授权感知在领导授权和感情承诺的关系中起到中介作用。

假设 7：组织成员的心理授权感知在领导授权和组织公民行为的关系中起到中介作用。

（六）感情承诺与组织公民行为的中介作用

在本研究中，我们假设了心理授权感知对感情承诺和组织公民行为产生积极的影响。另外，我们还假设了感情承诺会和组织公民行为对离职意图产生负（–）的影响。基于以上两个假设，我们进一步假设在心理授权感知给予离职意图影响的过程中，感情承诺和组织公民行为会起到中介作用。

在很多预测变量和组织公民行为的关系中，感情承诺都起到了中介的作用，这一点在之前的很多研究中得到了论证。在本研究中，我们探索性地设定了以下假设：

假设 8：组织成员的感情承诺在心理授权感知和离职意图的关系中起到中介作用。

假设 9：组织成员的组织市民行为在心理授权感知和离职意图的关系中起到中介作用。

根据以上所要验证的假设，我们画出了本研究的研究模型，其构成见图 1.4。

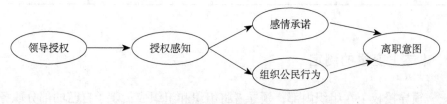

图 1.4　研究模型

三、研究方法

（一）选定样本

为了验证模型和假设，我们选定了经济发达的沿海地区的中国企业员工进行了问卷调查。为了尽可能地扩大样本收集范围，我们在北京、大连等城市的 15 家企业中分发了 200 份问卷，最后收回了 188 份问卷。剔除无效问卷之后，我们最终选定了 171 份问卷用于实证分析。在这里我们要说明的是，之所以选定这些城市为发放问卷的地点，是因为这些城市代表了经济发达的中国沿海地区，而中国的大部分企业也正是集中在这里，对于中国企业的研究具有普遍性的意义。

此样本的人口统计学的特征见表 1.7。

表 1.7　样本的人口统计学特征

分类		数量	占比（%）	分类		数量	占比（%）
性别	男	83	48.7	学历	高中及以下	9	5.1
	女	88	51.3		专科	44	25.6
结婚与否	未婚	77	45.1		本科	76	44.6
	已婚	94	54.9		硕士研究生及以上	42	24.6
年龄	20~25 岁	75	43.6	工作年限	1 年以下	25	14.9
	26~30 岁	82	48.7		1~3 年	36	21.0
	31~40 岁	13	7.20		3~5 年	35	20.5
	41~60 岁	1	0.50		5~10 年	75	43.7

（二）变量的测定

领导授权：在组织内部，领导者将组织和组织成员赋予自己的部分职务权力授予下级行政机关或职能机构，以便下级机关能够在上级的监督下自主地行动和处理行政或公司的事务，从而为被授权者提供完成任务所必需的客观条件。在本研究中，为了测定领导授权，我们采用了阿诺德（Arnold）、阿拉德（Arad）等人（2000）开发的量表。一共15项。问项均采用李克特五点量表法，总信度为0.845。

心理授权感知：我们采用了康格（Conge）和凯南格（Kanungo）（1988）开发的量表。一共12项。问项均采用李克特五点量表法，总信度为0.719。

感情承诺：感情承诺指的是组织成员对于组织的热爱之心，这种心理只有在组织成员认同组织的目标和价值观，并参与其实现的过程中获得。为了测定这一概念，我们采用了迈耶等人（1993）使用过的量表。感情承诺的问项包括了8项，本研究一共采用了6项。采用了李克特五点量表法，其信度为0.896。

组织公民行为：组织公民行为包括助人行为、有良心的行为、正直的行为、有礼貌的行为和参与性的行为。为了测定组织公民行为，我们采用了尼霍夫和穆尔曼（1993）开发的量表。组织公民行为由15个问项构成，采用了李克特五点量表法，其信度为0.828。

离职意图：职员想要离开现在所在组织的意愿。为了测定离职意图，我们采用了克罗斯利（Crossley）（2007）开发的量表。由2个问项构成，采用了李克特五点量表法，其信度为0.778。

四、数据分析与结果

（一）效度的测定与描述性统计

在数据分析之前，我们进行了量表的效度分析。为了验证效度，我们采用了安德森和格宾（1988）所推荐的验证性因子分析。在表 1.8 中可以看到通过验证性因子分析得到的拟合指数。

表 1.8　验证性因子分析

区分	χ^2	df	P	RMSEA	RMR	GFI	CFI
模型	469.0	289	0.000	0.061	0.055	0.831	0.889

由表 1.8 可见，拟合指数分别为 χ^2=469.0（df=289，P<0.001），RMSEA = 0.061，RMR=0.055，GFI=0.831，CFI=0.889。在这些拟合指数中，最基本的 χ^2 数值要满足大于基准值 0.05 的条件，但实际上其值受样本大小的影响，当样本的量大的情况下是很难达到基准值 0.05 以上的。RMSEA 的数值小于 0.08，说明数据与模型的拟合度是比较好的。RMR 的理想数值最好是能小于 0.05，但是只要小于了 0.10，我们就认为数据和模型的拟合度是比较好的。GFI 和 CFI 取值范围是 0 到 1，一般意义上，只要其数值大于 0.8，我们就认为数据和模型之间的拟合度是优秀的。虽然在本研究中 GFI 的值小于 0.9，但是由于其受源于样本特性的非一贯性（inconsistencies）的影响，我们可以考虑采用对于样本特性来说自由度更高的 CFI 来判定拟合度。本研究中的 CFI=0.889 接近 0.9，说明了研究模型的拟合度已经达到了可接受的标准。

有关本研究中出现的变量的描述性统计和它们之间的相关关系见表 1.9。答题者认为组织比较注重于员工的能力拓展（M=3.71）；相反地，答题者认为组织在情报共享（M=2.63）和授权（M=2.92）两方面做得相对不尽如人意。还有就是，通过表 1.9 我们可以发现，感情承诺和组织公民行为之间存在着相对较高的相关关系（a^2=0.62，P<0.01）。

表 1.9　描述性统计和变量间的相关关系

变量	M	SD	授权领导	心理授权感知	感情承诺	组织公民行为	离职意图
授权领导	3.59	0.57	1				
心理授权感知	3.46	0.55	0.668**	1			
感情承诺	3.41	0.81	0.601**	0.638**	1		
组织公民行为	3.78	0.42	0.541**	0.419**	0.436**	1	
离职意图	3.08	0.96	−0.276**	−0.353**	−0.550**	−0.323**	1

（二）模型拟合度和假设的验证

本研究在验证假设之前，我们先对模型的拟合度进行了验证。为了验证模型拟合度，我们运用了用于分析共变量构造模型的 AMOS7.0 软件，其结果见表 1.10。

通过表 2.10 所提供的数值（CFI=0.867，GFI=0.813，RMSEA=0.052，RMR=0.058），可以看出拟合度指数都是比较良好的，进而我们可以判断出此模型是可以用来进行下一步的假设验证的。

表 1.10　验证性因子分析

区分	χ^2	df	P	CFI	GFI	RMSEA	RMR
模型	508.4	294	0.000	0.867	0.813	0.052	0.058

在图 1.5 中，我们把经过拟合度验证的模型进行了路径分析，并标出了变量之间的路径系数。

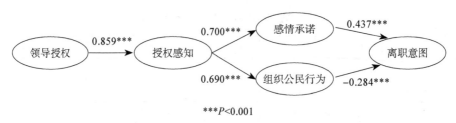

***P<0.001

图 1.5　路径系数模型

（三）中介变量效果的检验

一般的中介效果检验都会采用巴伦和肯尼（1986）开发的 3 步骤或用 Sobel 检验的验证方法，本研究采用的是最近较为流行的 Bootstrapping 方式。通过 Bootstrapping 的方式，估算出中介效果的区间，只要这个区间内部包含 "0" 就能判定变量具有中介效果，见表 1.11。

表 1.11　利用 Bootstrapping 对心理授权感知的中介效果的检验

路径			心理授权感知		
			下限	上限	P
感情承诺	←	领导授权	0.426	1.533	0.006
组织公民行为	←	领导授权	0.630	0.665	0.003

由表 1.11 可见，在领导授权对感情承诺的关系中，心理授权感知的中介效果［0.426，1.533］，$P<0.01$。区间中不包含"0"，也就是说，在领导授权对感情承诺的关系中，心理授权领导具有中介效果。假设 6 得到支持。

在领导授权对组织公民行为的关系中，心理授权感知的中介效果［0.630，0.665］，$P<0.01$。区间中不包含"0"，也就是说，在领导授权对组织公民行为的关系中，心理授权领导具有中介效果。假设 7 得到支持。

由表 1.12 可见，在心理授权感知对离职意图的关系中，感情承诺的中介效果 [−1.544，−0.245]，$P<0.05$。区间中不包含"0"，也就是说，在心理授权感知对离职意图的关系中，感情承诺具有中介效果。假设 8 得到支持。

表 1.12　利用 Bootstrapping 对感情承诺的中介效果的检验

路径			感情承诺		
			下限	上限	P
离职意图	←	心理授权感知	−1.544	−0.245	0.012

由表 1.13 可见在心理授权感知对离职意图的关系中，组织公民行为的中介效果 [−1.822，−0.501]，$P<0.01$。区间中不包含"0"，也就是说，在心理授权感知对离职意图的关系中，组织公民行为具有中介效果。假设 9 得到支持。

表 1.13　利用 Bootstrapping 对感情承诺的中介效果的检验

路径			组织公民行为		
			下限	上限	P
离职意图	←	心理授权感知	−1.822	−0.501	0.006

五、结论

（一）研究结果

本研究以中国企业的员工为研究对象，试图用实证分析的方法来验证领导授权是否对员工的授权感知产生影响。同时也试图发现领导模式的哪些方面会对员工的态度产生积极的影响。特别要指出的是，在很多的研究中并没有在心理授权感知和离职意图的关系中加入感情承诺和组织公民行为这一概念的中介效果的论证过程，本研究就在实证论证过程中，比较独创性地论证了这一中介效果。另外，从人口统计学的特征来看，选定样本的男女比例比较均衡。分别为 83 名、88 名；年龄在 26 岁以上的人超过总人数的 50%；学历在本科以上的超过了 60%；工作年限在 3 年以上的超过了 60%。这样的比例保证了数据的质量，为数据分析提供了保障。通过本研究，我们可以得到以下结果：

第一，变量的相关分析中，领导授权与心理授权感知存在着显著的正相关。科学的领导授权能有效地强化组织中职员的心理授权感知。

第二，心理授权感知与感情承诺和组织公民行为存在着显著的正相关。组织通过领导授权的实施，不断加强职员的授权感知，进而强化其对组织的认同和情感，增加了自发的公民行为。

第三，感情承诺和组织公民行为与员工的离职意图存在显著的负相关。具有强烈组织情感和公民行为的人会自发着眼于组织的利益行动，可有效地降低职员的离职行为。

第四，在心理授权感知对离职意图的关系中，感情承诺和组织公民行为具有有效的中介效果。组织通过人力资源管理方法，强化职员对组织的情感和归属感，最终达到促进效率、降低离职率的目的。

（二）研究的启示和局限性

本研究的核心结论是企业或组织中感情承诺和组织公民行为在授权感知与离职意图的关系中具有中介作用，通过增强职员对组织的感情承诺和组织公民行为可以降低员工的离职意图。鉴于中国劳动者对组织的热爱和自发性的参与变得越来越重要，本研究的研究结果能够给予企业实践性的启示。也就是说，中国企业更多地授权给下属，使其充分发挥自主性，增强工作的效率，进而增强职员的组织认同和情感，降低员工的离职行为。

第一，研究结果表明组织能够通过领导授权模式的实施，使员工切实地感受到工作的自主性和自由性。

第二，基于授权行为对组织感情承诺和组织公民行为产生积极的影响，优化相应的方案也是很有必要的。这一点充分说明给予劳动者报偿的重心正在从单纯的外部货币形式报偿转向内部的心理层次的报偿。企业需要通过管理上的努力来实现权力从管理层下放到员工的身上。还有就是，在授权的同时，对授权管理不熟悉的中层和一线的管理者有必要进行专门的培训。

第三，在组织内部进行情报共享是很有必要的。通过内部的公告牌、报刊和网页，公司可以定期公布近况和经营状态，以便于员工及时了解这些内容。通过这一措施，能够培养员工对公司的归属感和热爱之心。

最后，我们附上了本研究所具有的局限性。

第一，由于本研究是依据于自我报告型数据（self-report data）的横向性研究，存在着与这一类问卷调查型研究相同的局限性。也就是说，本研究在因果关系的推论中存在局限性。

第二，本研究虽然检验了同源偏差是否存在的可能性，但是没有从根本上减少这一问题出现的可能性。

第三，虽然在样本的收集过程中我们尽量扩大收集的范围，但是由于本研究的样本局限于沿海地区中国企业的劳动者，在研究结果一般化的过程中还是存在局限性的，并不是所有的中国企业都集中在沿海地区。

第三节　关于魅力型领导对员工行为影响关系中以感情承诺及领导－成员交换关系为中心的研究

一、引言

领导力对组织的业绩和成员的组织公民行为有着重要的影响，从 20 世纪初到现在，对于领导力理论的研究已经体系化和多样化。在组织中，领导的决策和选择对组织的发展有决定性的作用。

2008 年的金融危机，直到现在还对很多行业有着深远的影响，对世界格局的重新塑造和商业环境的变化都有冲击和促进作用。由于新的商业环境的快速变化，消费者新的需求也在增加，怎样能更好地适应组织外部环境的变化及满足消费者的个性化需求对企业的发展是至关重要的。在新的竞争环境中，企业要善于把握变化的趋势以便更好地促进自身的发展，不但要在组织层面上应对新的变化，组织成员也要努力提升自己的工作技能和方法，以便更好地适应新环境的变化。

魅力型领导作为一种领导类型，普遍存在于各类组织管理中，这种类型的领导行为在企业管理中的应用提高了员工的集体自我效能感，增强了组织的创造力，进一步提升了管理的有效性。但通过对现有文献的分析发现，对魅力型领导和领导成员交换关系及变化指向型组织公民行为关系的研究很少。而且魅力型领导理论的研究大部分是来自国外，基于东西方文化的不同，进行中国文化背景下的魅力型领导的研究显得很有必要。魅力型领导能够对组织产生积极影响的一个重要途径就是对组织中员工的行为产生影响，但是，关于魅力型领导追随者的心理机制和过程，以及这种关系是否受到其他因素的影响，却缺少足够的关注。伴随理论研究的兴起，越来越多的企业领导者也开始践行这种领导风格。

本研究在上述理论背景下进行初步探究。首先，通过回顾相关文献，建立一个理论平台；其次，通过理论整合，根据魅力型领导（独立变量）、领导—成员交换关系（调节变量）、感情承诺（中介变量）、创新工作行为和变化指向型组织公民行为（从属变量）5个变量之间的关系，提出假设；再次，以调查问卷的方式收集数据，并运用SPSS、AMOS、Bootstrapping统计分析工具检验研究模型和假设；最后，得出本研究的研究结论和本研究的研究启示及需要改进之处。

本研究运用实证研究方法探索了魅力型领导对组织成员创新工作行为及变化指向型组织市民行为之间存在的相互关系。最后通过分析，得出如下结论：

① 管理者的魅力型领导行为可以对组织成员的感情承诺产生积极的影响。

② 感情承诺对变化指向型组织公民行为和创新工作行为产生积极的影响。

③ 感情承诺在魅力型领导和变化指向型组织公民行为和创新工作行为关系中起着中介作用。

④ 领导—成员交换行为在魅力型领导和感情承诺中没有调节效果。

二、理论背景和假设

当前中国的经济发展模式逐步由高污染、高耗能、低产出的粗放型经济增长模式转变为低污染、低排放、高附加值产出的集约型增长模式。但同时，由于产能过剩，很多行业的发展受到制约，由以前的中高速增长进入现在的中低速增长的新常态阶段。以前的很多管理思想和理念已经不能很好地适应企业的发展，领导者需要进一步改善自身的领导风格，懂得如何关心支持员工，得到员工的认同，从而增强员工的创新工作行为，提高工作绩效。魅力型领导能够通过个人魅力来影响下属的行为和心理状态，下属也心甘情愿地服从、模仿领导者，从而使下属自觉接受和认同组织目标，并为达成目标付出更多努力。

现在社会的生产力不断进步，工作群体也越来越处于变动状态，不同于过去的永久性终身制职业，合约性员工开始大量出现在组织和企业中，这种现象在优化了企业部门结构的同时，也带来了诸如员工忠诚度和感情承诺下降、离职率增加、企业或公司的组织公民行为减少等一系列问题（Wang，Zhi-Cheng et al.，2016）。

进入 21 世纪以来，知识经济已经成为人类社会经济发展的源动力。随着经济全球化的到来，员工的创新工作行为已经成为企业提高市场占有率和保持竞争优势的关键因素，关系着企业的生存与发展（대운해，2016）。在管理实践中，特别是扎根一线市场的员工，深知商品生产与消费者需求的匹配情况；特别是直接面对客户的员工，很多时候过于强调"权责分明"，难以应对突发问题，员工需要有更强的组织公民行为和创新工作行为来解决突发问题和事件。员工的行为是组织进一步发展壮大的基础，员工的行为也会受到领导风格的影响。而员工的变化指向型组织公民行为和创新工作行为正是提高企业核心竞争力的关键因素。越来越多的学者投身到研究感情承诺与组织公民行为的关系中去，目前这一研究已经发展成为组织行为学、管理学、心理学等的研究热点，本研究在中国国情下对它们之间的相关关系进行研究分析。

近年来，交易型领导和家长式领导备受学术界关注。交易型领导强调下属通过完成既定目标换取领导的奖励，即下属按照领导要求完成某项指定工作后，领导要及时给予员工物质回报，整个过程均强调利益交换。家长式领导是一种将强烈纪律性和威权与父亲般的仁慈与德行综合地表达在工作氛围中的领导行为，包含威权领导、仁慈领导和德行领导三个维度（Farh et al., 2000）。从中国企业的管理实践来看，家长式领导是中国中小企业组织中一种较为常见的领导风格。然而，交易型领导和家长式领导都强调领导的管理技能而非领导效能，注重领导对下属的控制，而没有调动员工的积极性难以促进员工主动去做好本职工作，更不用说员工兼及了本职工作以外的工作或者主动去改进工作流程、提升工作效率了。为了满足管理的需要，企业必须充分调动员工的创意性，以新的视角来看待目前的工作，而不是以按部就班的心态来工作，这就迫切需要一种新的领导理论引导组织的发展。魅力型领导作为一种新的领导行为备受各界人士的关注，虽然已经有研究证明魅力型领导能有效促进员工工作业绩和组织公民行为，但是鲜有探讨其对变化指向型组织公民行为和创新工作行为的影响。

社会交换理论认为，领导与员工之间的经济性交换与社会性交换共存（Dienesch et al., 1986），并且这种交换关系的质量，将在不同程度上对员工的工作动机和行为方式产生影响。实际上，领导者与不同的下属之间会形成高低质量不同的交换关系，并且这种交换关系的性质与质量的优劣是连接领导行为与下属反应的关键因素。本研究从交换关系角度出发，探析领导—成员交换关系对魅力型领导和感情承诺是否有调节效果。

（一）魅力型领导和感情承诺关系研究

"魅力"这一概念是在 20 世纪初，由德国社会学家马克斯·韦伯（Max

Weber）首次提出的，当时主要用来描述一些有影响力的人物特征，如宗教人物，政治和军队的领导者等。随后罗伯特·豪斯（Robert House）（1977）提出"魅力型领导理论"，认为魅力型领导具有支配性、强感召性、充满自信和强烈的个人道德观念等特点，是为了实现组织目标，通过个人魅力以及自身所拥有的才能对下属施加影响的过程。巴斯（Bass）（1985）进一步发展了豪斯的理论，他指出"魅力"的产生一方面来自领导者的个性特征和自身能力，另一方面还与下属的个性特征有关。

康格和凯南格（1987）提出魅力型领导归因理论，该理论认为魅力型领导是下属对其管理者的领导行为的一种认知和感觉，是一种归因现象，也就是说魅力型领导行为不是由管理者而是由追随者来认知和定义的。基于此，他们把魅力型领导分成五个维度：

对未来的美好设想；

愿意冒个人风险；

对环境的敏感性；

对成员需求的敏感性；

非常规策略。

本研究将在研究中借鉴这五个维度模型。

魅力型领导理论是领导者凭借其个人魅力来影响和吸引追随者，并做出重大组织变革的一种领导理论。魅力型领导能够凭借自信而清晰的战略愿景，使追随者对组织的前途充满希望，通过对追随者的关心和肯定，能够激发追随者的使命感和感情承诺。同时，魅力型领导努力改变组织成员的观念，将组织成员的个人价值观、信仰等与组织目标、业绩、行为相联系，促进组织成员的工作投入程度，同时提升组织成员的自我效能感。

在工作中，魅力型领导主动关心下属工作中遇到的问题，尽力满足下属的需求，并为其职业发展提供必要的资源支撑和情感支持。魅力型领导通过激励员工并关心下属需要，提升员工对组织的感情承诺。另外，魅力型领导通过清楚描述企业未来发展目标，使员工对企业愿景和自身价值的实现具有坚定的信念。通过将下属职业生涯发展规划与企业目标相结合，建立起共同使命感。

张志杰（2011）在中国文化背景下提出魅力型领导概念内涵，即领导者在工作过程中对员工产生的一种感召力，并以此取得下属的信任，让下属愿意接受其领导行为，共同实现组织目标，主要包括魅力吸引、激励关怀、愿景感召和道德垂范4个维度。首先，魅力型领导强调魅力吸引，在领导过程中通过自身吸引力和感召力影响下属，提高下属为实现公共目标的参与度，提高领导—成员交换关系的质量。其次，魅力型领导注重对下属的激励关怀，通过内在激励与外在激励相结合，激发员工工作热情与感情承诺。员工出于情感回馈将以更多的组织公民行为回报组织，例如，想出新的创意或者方法来进行工作，更好地提升效率。再次，魅力型领导关心员工的行为可以强化员工的心理安全感知。复次，魅力型领导能够清晰描述企业未来规划，将组织目标与员工利益相统一，使员工在完成组织目标中通过创新行为来改变工作方法，进而提升组织业绩。最后，魅力型领导通过道德垂范，引导员工加强职业道德修养，增强员工的组织承诺，进而使领导与员工的关系更加和谐。

根据以上的理论依据和实践研究成果，本研究设定了以下的假设：

假设1：魅力型领导对组织成员的感情承诺能够产生正（＋）的影响。

（二）感情承诺与变革性组织公民行为及创新工作行为的关系研究

20世纪60年代学者们开始了对组织承诺（organizational commitment）的

关注，重点主要是个人对组织的依附（Becker，1960），如个人对组织目标的强烈一致，个人对组织的投入或忠诚，职业或组织成为个人生活的中心等，它反映了组织成员和组织之间的心理关系，并能稳定地预测个人工作业绩的提升，积极改进工作流程的行为。他认为员工对组织的承诺源于之前的工作投入，之前投入的越多就越不愿意离开组织，以避免之前积累所换来的各类福利收益的损失。此后"组织承诺"研究引起了很多领域学者的广泛重视，应用范围也在不断扩大。根据迈耶和艾伦（Allen）（1990）的研究，把组织承诺细分为三个维度：感情承诺（affective commitment）、持续承诺（continuance commitment）、规范承诺（normative commitment）。感情承诺表示员工个体对组织的依附程度，表现为个体对组织的目标、价值、愿景的接受程度及愿意为这一目标、价值和愿景而努力的愿望。持续承诺指员工个体在过往付出的基础上继续追加投入的意愿，避免离开后的利益损失。规范承诺指员工加入不同组织后会延续他在以前组织中形成的某种忠诚水平和工作方式。由于组织承诺的研究领域很广，为了深入研究，本研究单独把感情承诺作为一个整体来进行研究。感情承诺侧重于认可组织的目标，愿意为组织的目标和愿景去努力的愿望。

奥根（1997）将关于绩效的概念和内涵引入组织公民行为的定义中，将组织公民行为的定义修正为"一种能够对组织的社会和心理环境提供支持和增强作用的行为，这种行为可以有利于组织业绩的提升"，使得组织公民行为的概念和内涵的丰富性得到了极大的提高。

有关组织公民行为的文献和研究很多，但是有关变化指向型组织公民行为的先行研究很少，本研究中我们采用崔（Choi）（2007）的研究成果，把变化指向型组织公民行为定义为：通过个人或团队的建设性努力来确定和实施关于工作方法、政策和程序的改变，以此来改善组织的境况和绩效。根据定义，我们得知变化型组织公民行为已存在个人和团队两个层面的研究，本研究侧重于以个体为研究对象来进行研究。针对中国情境的相关研究中，苏方国和赵曙明（2005）研究发现组织承诺和组织公民行为存在着显著的正相关关系，我们也可以进一步推导出感情承诺与变化指向型组织公民行为存在着正相关关系。

韦斯特（West）和法尔（Farr）（1989）使用创新工作行为（innovative work behavior，IWB）来描述个体创新。创新工作行为指的是所有趋向于生产、引入及应用有助于组织利益的新颖想法的个体活动。法尔和福特（Ford）（1990）将创新工作行为界定为能够导向新的和有用的观点、过程、产品或程序的产生和应用行为。克莱森与斯特里特（2001）将个体创新行为定义为将有益的创新予以产生，导入及应用于组织中的所有个人行为。这里的有益的创新包括新产品的构想或科技的发展，为了改善工作关系所做的管理流程的改变，或是为了显著提升工作流程效率所应用的新构想或新技术。在创新理论中经常将创新行为描述为两个主要阶段：启动和执行（Axtell et al.，2000）。发展出新的构想是第一个阶段结束的标志，而构想被执行则表明了第二阶段的结束。个体创新行为的动力来源于对组织的感情承诺。组织成员认同组织的目标，为了提升组织业绩，个体会采取引入新的工作方法来改善工作流程、改进工作方法等行为来达成目标。

根据以上的研究，我们得出如下假设：

假设2：感情承诺对变化指向型组织公民行为有正（＋）的影响。

假设3：感情承诺对创新工作行为有正（＋）的影响。

（三）感情承诺的中介效果研究

霍曼斯（Homans）（1958）在社会交换行为的早期论述中就强调了社会

各主体之间的交换关系，这些交换主体从宏观国家层面到微观个体层面无处不在。梅耶（Mayer）（2001）认为感情承诺本质上也是员工与组织之间在交换过程中形成的纽带，这条纽带就是员工在工作过程中，与组织发生交换进而产生的，魅力型领导方式与员工之间的充分互动和交换，如授权、协调领导、个体关怀等方式；这种互动的交换过程就凝结为员工与组织之间的心理纽带，无形而充满韧性，即感情承诺。这种基于心理契约的感情承诺也会促使员工外化成具体的工作投入、改进工作方法、努力改善组织的境况，即变化指向型组织公民行动。

员工对上司信任，对上司的能力有较高评价，对上司的魅力很赞许，例如上司是魅力型领导，体恤员工，员工就会积极主动地完成任务，完成组织的目标并希望长久地跟随领导，员工对组织的感情承诺也会进一步强化。

综合来说，员工的情感承诺包括三个层面的内涵：一是员工强烈认同组织的目标和价值观；二是主动为组织贡献自己能力的意愿；三是情愿留在组织中的意愿。宋利和古继宝（2005）认为，当员工关心组织的利益，并付出努力使双方获利，不采取损害组织利益的行为，这种信任一旦形成，员工就会对企业产生感情承诺，视企业为自己的家，自发地产生积极行动，增强创新的工作行为，提高工作绩效。

根据以上的理论依据和实践研究成果，本研究设定了以下的假设：

假设4：感情承诺在魅力型领导和变化指向型组织公民行动之间具有中介作用。

假设5：感情承诺在魅力型领导和创新工作行为之间具有中介作用。

（四）领导—成员交换关系的调节效果的研究

领导—成员交换理论的概念及内涵是由于成员间的差异，有限的时间、资源及金字塔式的组织结构限制，一个管理者不可能和组织里每个成员都建立平等的关系，挑选信赖度高的员工担任助手，可以使组织目标和组织成员的变化指向型组织公民行为更高。领导会差别地对待下属，与不同的下属交换不同的内容（包括经济性交换和社会性交换），并最终产生"高"与"低"水平的领导—成员交换的两类下属，即导致"圈内"和"圈外"的分别，且会因为关系质量的不同而采取不同的管理方式。当领导与员工仅停留在契约之间的经济性交换时员工属于圈外人，领导对其情感投入及关注度较少，在这种范畴内，员工只会以按部就班的心态来进行每天的工作，无论是对组织的忠诚度，还是感情承诺、职务满足等很多方面都不会很高。具有高水平的领导—成员交换关系的下属受到领导信任，对工作投入的程度增加，职务满足感增强，更容易做自己工作范围之外的工作，组织公民行为倾向更明显。

领导—成员交换关系的形成与发展需要经过"陌生""熟悉"与"合作伙伴"三个阶段。陌生阶段的交换关系以经济性交换为主，双方按照明确规定的雇佣合同条款履行各自的责任，属于低质量的交换关系。当双方之间发展成为合作伙伴关系并因此从中受益时，便形成高质量的以社会交换为主的互动关系（Graen，1995）。

根据以上的先行研究，得出以下假设：

假设6：领导—成员交换关系在魅力型领导和感情承诺之间有调节效果，交换关系质量越高，魅力型领导力对感情承诺的影响越大。

根据以上所要验证的假设，我们得出了本研究的研究模型，其构成见图1.6。

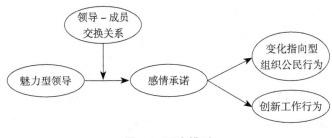

图1.6　研究模型

三、研究方法

（一）选定样本

为了验证模型和假设，本研究以北京、天津、青岛三个城市5家民营电子公司的在职员工为调查对象进行了问卷调查。共收集了192份调查问卷，去掉无效的问卷，最终用于数据实证分析的有效问卷数为175份，回收率为91.1%。调查问卷采用匿名制，受访者能够真实地反映变化指向型组织公民行为、创新工作行为，以及对上司和工作氛围的看法，因为这些公司所在地区比较发达，以这些地区的员工为调查对象具有一定的代表性，领导和员工对新思想、新制度、新理念都能很快地接受和实施，比较符合本研究论证的需要，为我们下一步进行的实证分析提供了数据上的有效支撑和保障。

本研究调查分两步：第一是初测问卷的施测，收集一部分数据主要用于问卷的项目分析，来确定这些问项是否可行；第二是正式问卷的施测，收集的数据用于问卷的信效度分析和假设检验。

本研究共收取了192份调查问卷，剔除无效问卷后，按照一定的标准筛选废卷，筛选标准主要是：①缺选题项超过五题；②连续五个项目的选择相同。其中46.3%是男性。年龄介于20~30岁的最多，占比68.6%。本科生占比 44.6%，硕士及硕士以上占比 36%。大部分工作年限在 1~3 年，占比达 38.3%。具体人口统计数据见表 1.14。

表 1.14 样本的人口统计学特征

分类		数量	占比（%）
性别	男	81	46.3
	女	94	53.7
年龄	20~30 岁	120	68.6
	31~40 岁	43	24.6
	41~50 岁	10	5.7
	50 岁以上	2	1.1
学历	高中及中专	5	2.8
	专科	29	16.6
	本科	78	44.6
	硕士研究生	42	24.0
	博士研究生及以上	21	12.0
工作年限	不到 1 年	37	21.1
	1~3 年	67	38.3
	4~6 年	34	19.4
	7~10 年	14	8.0
	11 年以上	23	13.1

（二）变量的测定

魅力型领导：领导者利用自身的魅力鼓励追随者并做出重大组织变革的一种领导类型。在本研究中，我们为了测定魅力型领导采用比西奥（Bycio）、哈克特（Hackett）（1995）开发的量表，选取了其中的 8 个问项。如"在领导周围感觉很好""领导会增加我对未来的乐观情绪"，问项均采用李克特五点量表法。信度 Cronbach's α=0.879。

领导—成员交换关系（LMX）：领导者对待下属的方式是有差别的，组织成员关系的集合往往包括一小部分高质量的交换关系（圈内成员之间），和大部分低质量的交换关系（圈内成员与圈外成员之间）。在本研究中，我们为了测定领导—成员交换关系，采用格雷恩（Graen）等（1995）开发的量表，选取了其中的 7 个，如"我的直接主管了解我工作过程中的问题和需求""我和我的直接主管工作关系相当好"。问项均采用李克特五点量表法。信度 Cronbach's α=0.872。

变化指向型组织公民行为（C-OCB）：个人或团队的建设性努力来确定和实施关于工作方法、政策和程序的改变，以此来改善组织的境况和绩效。在本研究中，我们为了测定 C-OCB，采用斯科特和布鲁斯（1994），莫里森和菲尔普斯（Phelps）（1999）开发的 4 个量表，如"我经常想出新的创意或者方法来进行我的工作""我经常建议改进效率低下的规则或政策"，问项均采用李克特五点量表法。信度 Cronbach's α=0.774。

创新工作行为（IWB）：旨在实现取得新的目标而导入和引进有用的想法、过程、产品或程序。在本研究中，我们为了测定 IWB 采用 钟（Jong）和哈托格（Hartog）（2010）开发的量表，选取了其中的 7 项，如"我总是想怎样使工作做得更好""我会系统的引入新的方法或方案用于工作"。问项均采用李克特五点量表法。信度 Cronbach's α=0.818。

感情承诺：指组织成员参与组织社会交往的程度，是个人对组织的情感，是一种肯定性的心理倾向。为了测定感情承诺，我们采用赫斯科维奇（Herscovitch）和迈耶（2002）开发的 6 项量表，例如："我认同组织变革的价值"，逆向得分问项"我认为引入这种变革是管理部门的一个错误决定"等。问项均采用李克特五点量表法。信度 Cronbach's α=0.704。

控制变量：本研究选定了几个已知的会对创新行为产生影响的变量作为本研究的控制变量，分别为调查对象的性别、年龄、受教育水平、婚姻情况及工作年限。通过对这些控制变量效果的分析可以更精准地验证本研究所提出的假设。

四、数据分析与结果

（一）效度的测定与描述性统计

为了测定本研究提出的模型的适配度，我们通过数据分析软件 AMOS 22.0，比较五因子模型（本研究提出模型中的 5 个变量），三因子模型（感情承诺、创新工作行为、变化指向型组织公民行为合为一个变量）和单因子模型（5 个变量合为 4 个变量）之间的适配度指数。

为此，根据主要的模型适配度指数来进行分析比较，如卡方拟合指数（χ^2）、均方根残差（RMR）、拟合优度指数（GFI）、Tucker-Lewis 指数（TLI）、比较拟合指数（CFI）、近似误差均方根（RMSEA）。本研究采用了安德森和格宾（1988）所推荐的验证性因子分析来验证模型的效度。

在表 1.15 中可以看到通过验证性因子分析所得到模型拟合指数。

表 1.15　验证性因子分析

区分	χ^2	df	P	RMR	GFI	TLI	CFI	RMSEA
单因子模型	947.40	275	0.000	0.064	0.620	0.600	0.633	0.119
三因子模型	547.28	272	0.000	0.046	0.801	0.834	0.850	0.076
五因子模型	378.718	265	0.000	0.035	0.855	0.930	0.938	0.050

由表 1.15 可见，五因子模型拟合指数分别为：χ^2=378.718（df=265，$P<0.01$），RMSEA=0.050，RMR=0.035，TLI=0.930，CFI=0.938，在这些拟合

指数中，RMSEA 的数值一般要小于 0.08，说明数据与模型的拟合度是比较理想的。RMR 的理想数值是小于 0.05，本研究中 RMR=0.035，结果是比较理想的，我们可以认为数据和模型的拟合度是较好的。CFI、GFI 和 TLI 的取值范围是 0 到 1，一般意义上，只要其数值大于 0.9，我们就认为数据和模型的拟合度是优秀的。虽然在本研究中 GFI=0855<0.09，但是由于受到样本特性的非一贯性的影响，我们可以考虑对于样本特性来说自由度更加高的 CFI、TLI 来判断拟合度，本研究的 CFI=0.938，TLI=0.930，相应地其他拟合度指标也都达到了可接受的标准。通过比较得知：五因子模型比起其他任何模型都表现出了更好的模型适配度，有关本研究中出现变量的描述性统计和它们之间的相关关系见表 1.16。

由表 1.16 可见，被调查者认为组织比较重视创新工作行为（M=3.82），在领导—成员交换关系方面（M=3.46）不尽如人意。魅力型领导和创新工作行为有一般的相关关系（$r=0.41$，$P<0.01$），创新工作行为与变化指向型组织公民行动之间有较高的相关关系（$r=0.68$，$P<0.01$）。控制变量中，工作年限与创新工作行为（$r=0.16$，$P<0.05$）、变化指向型组织公民行动（$r=0.18$，$P<0.05$）之间存在较弱的相关关系。

表 1.16　描述性统计和变量间的相关关系

变量	M	SD	性别	年龄	学历	工作年限	魅力型领导	感情承诺	创新工作行为	变化指向型组织公民行为
性别	1.54	0.50								
年龄	1.39	0.65	0.03	1						
学历	4.24	1.02	0.03	−0.13						
工作年限	2.54	1.28	0.01	0.73**	0.34**					

变量	M	SD	性别	年龄	学历	工作年限	魅力型领导	感情承诺	创新工作行为	变化指向型组织公民行为
魅力型领导	3.56	0.72	0.07	0.15*	0.02	0.14				
感情承诺	3.63	0.56	−0.06	−0.02	0.04	0.02	0.38**			
创新工作行为	3.82	0.48	0.11	0.05	−0.04	0.16*	0.41**	0.35**		
变化指向型组织公民行为	3.61	0.55	0.01	0.11	−0.07	0.18*	0.35**	0.36**	0.68**	
领导—成员交换关系	3.46	0.60	0.07	0.09	−0.03	0.11	0.56**	0.31**	0.43**	0.48**

*$P<0.05$. **$P<0.01$。

（二）模型的拟合度和假设的检验

在验证假设之前，我们先对数据进行了路径分析。路径分析适配度见表 1.17。

表 1.17　研究模型测定的适配度

区分	χ^2	df	P	RMR	GFI	TLI	CFI	RMSEA
模型	298.171	149	0.000	0.055	0.853	0.871	0.887	0.072

通过表 1.17 所提供的数值（CFI=0.887，GFI=0.853，TLI=0.871，RMR = 0.055，RMSEA=0.072），可以看出拟合度指数都是比较良好的，进而可以判断出此模型是可以用来进行下一步的假设验证。

我们运用 AMOS22.0 软件进行了分析。在对控制变量即年龄、性别、受教育水平和工作年限进行分析和控制后，其结果见图 1.7、表 1.18。

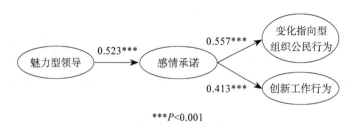

***P<0.001

图 1.7 路径系数模型

表 1.18 结构方程式路径分析结果

假设	路径	估计值	标准误差	建构信度	P	结果
1	魅力型领导→感情承诺	0.523	0.089	5.858	***	成立
2	感情承诺→变化指向型组织公民行为	0.557	0.096	5.815	***	成立
3	感情承诺→创新工作行为	0.413	0.077	5.380	***	成立

***P<0.001

在图 1.7 中，把经过拟合度验证的模型进行了路径分析，并标出了变量之间的路径系数，我们可以看到：

魅力型领导对感情承诺产生正（＋）的影响，$r = 0.523$，$P<0.001$，所以假设 1 得到支持。

感情承诺对变化指向型组织公民行为产生正（＋）的影响，$r = 0.557$，$P<0.001$，所以假设 2 得到支持。

感情承诺对创新工作行为产生正（＋）的影响，$r = 0.413$，$P<0.001$，所以假设 3 得到支持。

（三）感情承诺的中介效果的检验

一般的中介效果验证都会采用巴伦和肯尼（1986）开发的 3 步骤或用 Sobel 检验的验证方法。本研究采用的是最近较为流行的 Bootstrapping 验证方法，采用这个方法的好处是通过多次抽取样本的方法可以得到多组随机性和可靠性更强的数据，弥补了数据不足的缺陷。Bootstrapping 验证的标准是所估算的中介效果区间中，只要区间内不包含 "0"，就能判定中介变量具有中介效果，见表1.19。

表 1.19 利用 Bootstrapping 对领导-成员交换关系中介效果的检验

路径	领导-成员交换关系		
	下限	上限	P
魅力型领导→变化指向型组织公民行为	0.132	0.545	0.026
魅力型领导→创新工作行为	0.086	0.444	0.019

由表1.19可见，在魅力型领导和变化指向型组织公民行为关系中，感情承诺的中介效果为 [0.132，0.545]，$P=0.026<0.05$。区间内不包含 "0"，也就是说，在魅力型领导和变化指向型组织公民行为中，感情承诺具有中介效果，假设4得到支持。

在魅力型领导和创新工作行为关系中，感情承诺的中介效果为 [0.086，0.444]，$P=0.019<0.05$，区间内不包含 "0"，也就是说，在魅力型领导和创新工作行为关系中，感情承诺具有中介效果，假设5得到支持。

（四）领导—成员交换关系的调节效果检验

为了更精确地测定领导成员交换关系的调节效果，我们采用海斯（2013）开发的 SPSS，PORCESS 方法。

通过以上分析我们可以得出 int_1（魅力型领导 × 领导成员交换关系）的置信区间 [-0.2859，0.3535]，中间包含了 "0"，且 $P=0.8349>0.05$，所以说领导交换关系在魅力型领导和感情承诺之间没有调节效果，因此，假设6得不到支持（见表1.20）。

表 1.20   领导—成员交换关系调节效果的检验

变量	系数	标准误差	t	P	置信区间下限	置信区间上限
性别	−0.0961	0.0773	−1.2426	0.2158	−0.2487	0.0566
年龄	−0.1102	0.0918	−1.2000	0.2318	−0.2914	0.0711
学历	0.0260	0.0399	0.6529	0.5147	−0.0527	0.1048
工作年限	0.0307	0.0455	0.6746	0.5008	−0.0591	0.1204
常数	3.7346	0.2451	15.2363	0.0000	3.2507	4.2185
领导 – 成员交换关系	0.1322	0.1028	1.2864	0.2001	−0.0707	0.3352
魅力型领导	0.2401	0.0981	2.4485	0.0154	0.0465	0.4338
int_1 交互项	0.0338	0.1619	0.2088	0.8349	−0.2859	0.3535

注：从属变量为感情承诺；int_1 为魅力型领导 × 领导成员交换关系。

五、结论

（一）研究结果

本研究以北京、天津、青岛地区 5 家民营电子装配公司的员工为研究对象，用实证分析的方法来验证了假设，并通过数据分析软件 AMOS22.0，以 Bootstrapping 的多次抽取样本的方式对感情承诺的中介效果进行了验证。

通过本研究我们得到如下结果：

①在变量的描述性统计和相关分析中，魅力型领导和感情承诺之间存在着高度且显著的相关，魅力型领导对感情承诺的积极（+）作用被证明是成立的。魅力型领导在与员工沟通过程中，注意沟通或命令的方式对员工感受的影响，让员工心里有被领导认可和肯定的感觉。

②感情承诺对变化指向型组织公民行为、创新工作行为都有正（+）的影

响。员工对组织的依附感比较强的话，就会认同组织的目标和愿景，愿意为提升组织业绩、改进工作流程、提高工作效率而自发地去努力。

③感情承诺在魅力型领导和创新工作行为、变化指向型组织公民行为关系中有中介效果。领导的行为对于员工的创新行为有很大关系，领导应该用实际行动来鼓励和支持员工的创新工作行为的进一步发展和深化，对创新工作行为强的员工进行奖励，对员工改善工作的方法要持肯定态度，对于员工改进工作的意见要认真听取，要容得下员工的不同意见，做到有则改之，无则加勉。

④我们通过验证性因子分析来确保变量在研究模型中的独立性，得出的拟合度数值是符合标准数值的，整体模型的拟合度被证明是符合标准的。

（二）研究的启示和局限性

本研究确认了魅力型领导对变化指向型组织公民行为和创新工作行为有积极的影响，我们进一步验证了，感情承诺在它们之间起到中介作用。另外本研究创造性地引入变化指向型组织公民行为这一变量，它是组织公民行为的进一步深化，重在强调具有变化指向型组织公民行为的员工对于提升组织业绩积极地提出意见、改变工作方法、为改进不合理的规则制度等方面而努力。

通过本研究，我们得出以下启示：

第一，魅力型领导对组织成员的行为有很大的影响。组织成员也会被领导的魅力所感染，所以，领导者在自我修养上、沟通方式上都需要注意并改善，因为这些行为会对员工的认知和感受及其感情承诺造成很多影响。

第二，感情承诺对变化指向型组织公民行为有积极作用。变化指向型组织公民行为聚焦于改善组织的境况和绩效，领导在与成员交流过程中，要适当地听取员工对于改进组织不合理规则、制度的建议，增强员工对组织的感情承诺度，要使组织的内部氛围更有利于激励员工创意的开发和应用，这样对于组织的发展有很大帮助。

第三，我国很多企业家为了提升组织的业绩，特别注重外部的"关系"，花费很多精力来维持和开拓"关系"。通过本研究我们得知，领导应该注重于内部人员的心理状态和行为，对于他们对工作的行为和态度，要积极把握，认真了解，这样对于员工提升创新工作行为有积极影响，进而也会提升组织的业绩。

第四，积极创造有利于员工感情承诺的"软件"和"硬件"环境。软件方面可以通过放权和岗位设计增大员工的工作权限和增强工作自主性等方面来实现，硬件方面可以设置灵活多样的奖励及增薪制度，如奖励休假、解决员工子女就学问题等。

由于各种主客观原因的限制，在研究过程中也存在一定的局限性，在后续研究中需要进一步完善。

① 数据来源的局限性。由于本研究是依据自我报告型数据的横向性研究，独立变量和从属变量都是相同的调查者回答，存在共同方法偏差（common method biases，CMB）问题。也就是说，本研究在因果关系的推论中存在着局限性。

② 地区的局限性。虽然在样本的收集过程中我们尽量保证了扩大收集的范围，包括北京、天津、青岛地区，但是由于本研究的样本局限于中国北方发达地区，在研究结果一般化的过程中还是存在一定的局限性。

③ 问卷构成的局限性。本研究的问项测度都是来源于外国的文献，适合中国国情的测量工具还不成熟，以中国公司员工为调查对象，由于文化差异、国情不同，这些问项可能并不能够很好地反映中国公司员工的真实态度、内

心想法。因此对于文化差异的比较分析的研究是有必要的。

④ 社会制度和文化差异的局限性。变化指向型组织公民行为无论是理论上还是在实践上都不太成熟，何况对中国的国情是否适应还需要进一步研究，否则会出现"水土不服"的现象。

⑤ 创新工作行为和创新性的侧重点和研究方向是不同的，虽然有关创新的研究很多，但是在中国本土学术界这两者之间的具体差别研究不足，混用的也很多，有必要对创新的几个相关概念进行区分研究。

第四节　伦理性领导力对感情承诺的影响：以组织政治知觉的中介效果和自我监督的调节效果为中心

一、引言

自 1990 年以来，以魅力型领导力、变革型领导力等非典型领导力为代表的新型领导力成为主流领导力。这段时期组织里需要根本性的变化，能够领导带来这种变化的领导力非常受欢迎。但是进入 21 世纪以后，使用之前很受瞩目的魅力型领导力和变革型领导力的领导越来越少，因此我们对真诚型领导力、伦理性领导力开始进行研究。

随着这种世界性变化趋势，很多国有企业和事业单位就职的高管的伦理性问题更加重视。并且，现今在中国组织里伦理性领导力和组织政治成为多领域的焦点。

伦理性领导力对组织成员对组织的感情和奉献必然是有影响的。但是在此过程中伦理性领导力可以减少组织政治对组织的影响，并且可以增进组织成员对组织的承诺。相反，在非伦理性领导力下，组织政治会增强，组织成员的心理违反程度也会增强，从而减少对组织的感情承诺。

本研究主要以中国中小型企业职员为对象，研究伦理性领导力对组织成员的感情承诺的影响。在此过程中，试图厘清组织政治知觉的中介作用，分析组织政治知觉对组织成员的感情承诺的影响过程中自我监督的调节作用。本研究对伦理性领导力的确立、组织政治的减少，以及在组织里强调实力优先主义的中国组织有很多的实务方面的启示。

二、理论背景

（一）伦理性领导力

对社会性的伦理问题、企业的伦理性和透明性的认识的世界趋势成为组织研究伦理性问题的契机。但是对伦理性行为或伦理性领导力至今都没有具体的实证研究。伦理性领导力被定义为在与组织成员的关系中是规范性的合理性行为的楷模，通过强化跟下属的沟通和决定从而促进下属的合理性行为的领导的行为。负责战略性决定的经营者的意识和行为决定着企业的伦理性活动。之前的研究表明经营者的价值观或哲学对下属的伦理性的选择或者行为有重大的影响。布朗（Brown）和特维诺（Trevino）（2006）强调了伦理性领导力的重要性，领导的伦理性正直的行为是向下属传达战略目标和沟通的手段，并且领导的伦理性行为会转移为下属的伦理性行为。所以理解伦理性领导力，意识到领导的伦理性思想和行为会对组织成员的行为有积极的影响，对组织也有促进作用。

（二）伦理性领导力和感情承诺

伦理性领导力是对组织成员确立伦理标准，并且通过跟下属的沟通影响他们的行为。他们的这种行为并不是出自自己的利益而是利他主义的决定，从而领导可以从下属那里得到信赖，并且对组织的关心和爱护也会增加。组织成员的这种对组织的关心和爱护是属于组织承诺中的感情承诺。感情承诺相比规范承诺和持续承诺来说对价值观的共享或者领导和下属之间的社会交换理解的关联性更大。研究结果表明，凸显伦理性领导力的领导会用自己的公正心、同情心、利他主义的性格及别人对他们的信赖加强下属对组织的感情承诺。所以本研究设立了如下的假设：

假设1：伦理性领导力和感情承诺会有正相关。

（三）伦理性领导力，组织政治知觉和感情承诺

伦理性意识强的领导们在工作环境中设立规定或者政策，认为伦理性行为很有价值，并且对于有伦理性行为的组织成员予以奖赏。伦理性领导遵守原则，对非伦理性的行为予以合理处罚，并且在组织的资源分配没有掺入个人的感情因素，维持原则和一贯性。相反，非伦理性领导在赏罚和资源分配上受自我喜好的左右，不存在一贯性，从而导致政治行为。领导在赏罚和资源分配上不能保持一贯性的话就很容易使政治行为蔓延。领导的非伦理性行为会导致下属的非伦理性行为。如果领导先考虑自身的利益不考虑他人或者组织的利益而做决定的话，下属也会随之反应做出只考虑自己的行为。所以他们在做决定的时候他们不是遵守合理的规定或者指示，而是选择用政治的手段，这样就会引起组织政治。这就是社会交换理论所主张的。所以本研究

设定了如下假设：

假设 2：伦理性领导力和组织政治知觉会负相关。

组织政治知觉和组织承诺有负的关系，即组织成员越感受到组织政治气氛对组织的承诺就会越减少。克罗坦扎诺（Cropanzano）（1997）对于组织政治知觉对组织承诺为什么会有负的影响阐明了基本原理。人们为了获得确定的目标，并且为了达到目的，他们就要考虑支出费用，即组织成员把自己工作的公司当成个人资源的投资。如果工作环境变得政治性很强的话，个人们会通过竞争利用自己储蓄的力量来得到奖赏。但是并不是所有的人能通过这样的方式得到自己想要的东西。所以那样的人就会认为这样的政治环境非常不公平，对组织会产生不满的情绪，备感压力，从而离开这个组织。这样的不确定性会使组织成员不信赖这个组织，所以他们不会投入更多的努力，他们认为对这个组织持续性的贡献是没有未来保障的非常危险的事情。实际上，表明组织政治知觉对组织承诺有负的影响的研究不少。特别是兰德尔（Randall）（1999）的研究表明，组织政治知觉与组织承诺中的持续性承诺没有关系，但是与感情承诺有负的影响。所以本研究设定了如下假设。

假设 3：组织政治知觉和组织成员的感情承诺负相关。

近年来，研究者们也在研究伦理性领导力对成果变量产生影响的过程变量。在本研究当中我们以前面叙述的假设为基础，在伦理性领导力对组织成员的感情承诺的影响关系中假定组织政治知觉为中介变量，即我们预测，如果伦理性领导力的水平低的话，组织政治知觉也会变高，从而对组织成员的感情承诺会产生负的影响；如果伦理性领导力的水平高的话，组织政治知觉就会变低，从而对组织成员的感情承诺产生正的影响。所以我们设定如下假设。

假设 4：在伦理性领导力对组织成员的感情承诺的关系当中组织政治知觉会有中介效果。

（四）组织政治知觉和感情承诺关系中自我监督的调节效果

组织政治知觉对感情承诺的影响过程中会受到个人特性的影响。在本研究中我们以自我监督的个人特性为研究对象。自我监督指的是能够知道什么样的行为是符合当时环境的个人的社会有效性、人际关系能力和理解能力。自我监督能力高的人对社会信号比较敏感，相反，自我监督能力低的人无视社会信号，并且在社会环境中他们要去改变的欲望和效能感比较低。

费里斯（Ferris）（1989）认为自我监督是组织政治知觉的先行要因，但是并没有对其之间的关系加以说明。但是罗森（2006a，2006b）等人认为自我监督弱化了组织政治知觉对组织市民行动产生的负的影响。自我监督能力高的人对于社会信号比较敏感，擅长组织成员之间的政治游戏并且能够更加灵活运用，而且他们会掌握他们工作的环境需要什么样的行为进而加以实行。自我监督能力高的人会注重自己的形象管理，他们会为了得到自己的利益随着环境的需要而改变自己的形象。从这一层面来看，自我监督能力高的人对于自己和环境的统治能力比较强，不会受工作环境的影响，这样一来，统治能力强会弱化组织政治知觉和职务态度之间负的影响。

因为自我监督能力强的人会为了自己的利益而改变自己的行为，以适应工作环境，所以他们对组织的承诺会比自我监督能力弱的人要大，进而会弱化组织政治知觉和感情承诺之间负的影响，所以本研究设定了如下的假设。

假设 5：自我监督能够调节组织政治知觉和感情承诺之间的关系，即自我监督能力强的人比自我监督能力弱的人更能弱化组织政治知觉对感情承诺负的影响。

以上述假设为基础，本研究的研究模型见图1.8。

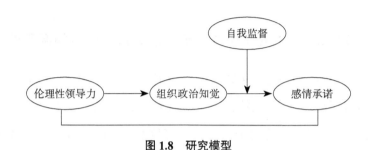

图1.8　研究模型

三、研究方法

（一）选定样本

为了检验研究中所提及的模型和假设，我们以在中国公司工作的职员为调查对象进行了问卷调查。发放了210份调查问卷，回收了200份有效调查问卷。从研究中的人口统计学层面来看，其中，男性职员占总调查对象总数的43%，女性职员占57%。调查对象以年轻人为主，其中，20~30岁的职员占比为66%，30~40岁的人数占比为23%。职业种类中，职员占比最高，为31.5%；服务行业次之，占比为18%。调查对象的职位中，一般职员为大多数，占比为71.5%；主管占比为19.5%；部门经理占比为7.5%；总经理占比为1.5%。在调查对象工作年限的调查中，工作不足一年的人占比为16.5%，1~2年的人占比为32.5%，3~5年的职员占比为17.5%。6~10年的职员占比为13%，从业10年以上的职员占比为12.5%，20年以上的占比为8%。

（二）数据测量

1.伦理性（道德型领导）

道德型领导是指领导者坚持以人为本的理念，以道德信念为核心，以非权力影响为主，通过各种基于伦理的文化塑造与相关制度建构，与被领导者达成一种心理默契，在无形中自然形成群体的价值观和凝聚力，激发被领导者的自觉行动，上下同心协力共同实现领导目标的过程。为了对道德性领导进行测量，本研究中引用了哈托格等（2008）所开发的10项用于测量道德性领导的问项。通过李克特五点量表法（1表示完全不是，2表示不是，3表示一般，4表示是，5表示完全是），得出信赖度的值为0.896。

2.组织政治知觉

组织政治知觉是指组织成员对其工作环境中政治行为的主观知觉，及认知程度。本研究中引用了卡玛（Kacmar）和卡尔森（Carlson）（1997）所开发的15项用于测量组织政治知觉的问项。通过李克特五点量表法，得出信赖度的值为0.722。

3.自我监督

自我监督指行为者个人自觉地调整自己的动机和行为，使之符合一定社会或阶级的道德规范，实现预期的道德目标。本研究中引用了伦诺克斯（Lennox）和沃尔夫（Wolfe）（1984）所开发的13项用于测量自我监督的问项。通过李克特五点量表法，得出信赖度的值为0.624。

4.感情承诺

感情承诺指组织成员被卷入组织、参与组织社会交往的程度。它是个体对一个实体的情感，是一种肯定性的心理倾向。它包括价值目标认同、员工自豪感及为了组织的利益自愿对组织作出牺牲和贡献等成分。本研究中引用迈耶和艾伦（1997）所开发的 6 项用于测量感情承诺的问项。通过李克特五点量表法，得出信赖度的值为 0.897。

四、数据分析与结果

（一）效度的测定与描述性统计

因子分析（factor analysis）可分为探索性因子分析（exploratory factor analysis，EFA）与验证性因子分析。本研究中，为检验所测量数据的信效度，我们进行了验证性因子分析。与探索性因子分析相比，验证性因子分析的进行必须有特定的理论观点或概念架构作为基础，然后借由数学程序来确认评估该理论观点导出的计量模型是否恰当、合理，进而检验次建构效度的适切性与真实性。因此理论架构对验证性因子分析的影响是在分析之前发生的，其计量模型具有先验性。

通过观察表 1.21 的验证性因子分析结果，统计检验量中，模型的绝对适配度指数 χ^2 的值为 191.337（$P<0.001$），RMR 的值为 0.042，GFI 的值为 0.903，RMSEA 的值为 0.049。增值适配度指数中，CFI 的值为 0.964。所有统计检验量的适配度指数的值均符合适配的标准。因此，确保了测量的信效度。

表 1.21　验证性因子分析

区分	χ^2	df	P	RMR	GFI	CFI	RMSEA
模型	191.337	129.000	0.000	0.042	0.903	0.964	0.049

通过相关关系分析能够测量出主要变量间的关系的强弱。因此，进行变量间相关关系的分析是验证假设成立与否的先行条件。另外，相关分析除了

应用于测量变量间的关系的强弱外，也应用于测量其中某一个变量与其他变量关系的密切程度。本研究中，应用了 Pearson 相关关系计算方法。表 1.22 显示了描述统计和相关关系的分析结果。

表 1.22　变量间的相关关系分析

变量	M	SD	道德领导	组织政治知觉	自我监督	感情承诺
道德领导	3.6283	0.7294	1			
组织政治知觉	2.9133	0.81939	−0.284**	1		
自我监督	3.4867	0.59857	0.237**	0.150*	1	
感情承诺	3.465	0.73642	0.589**	−0.279**	0.371**	1

*$P<0.05$　**$P<0.01$。

分析结果显示：独立变量道德领导和组织政治知觉负呈相关，与属变量感情承诺呈正相关。组织政治知觉与感情承诺呈负相关。

（二）模型的拟合度和假设的检验

1. 假设 1、2、3 的验证

通过相关关系分析，可以验证假设 1、2、3 是成立的。表 1.22 中，独立变量道德领导和从属变量感情承诺的相关关系为 0.589（$P<0.01$），在统计学上是有意义的。因此道德领导和感情承诺之间具有正相关的关系。同理，道德领导和组织政治知觉的相关关系为 −0.284（$P<0.01$），在统计学上是有意义的。因此，道德领导和组织政治知觉之间具有负相关的关系。组织政治知觉与感情承诺的相关关系为 −0.279（$P<0.01$），在统计学上是有意义的。因此，组织政治知觉与感情承诺之间存在负相关的关系。假设 1、2、3 全部成立。

2. 假设 4 的验证

关于假设 4，在对组织政治知觉的中介效果检验中，本研究没有使用传统的 Sobel 检验的验证方法，而是应用了最近比较流行的 Bootstrapping 方法。Bootstrapping 方法是非参数统计中一种非常重要的统计方法。这种方法是将从样本中抽样得到的子样本看作样本，每一次抽出子样本后，计算一次统计量的观测值。通过反复抽样，可得到许多的统计量观测值。进一步可获得统计量的经验分布，然后进行统计推断。本研究利用 AMOS 中的 Bootstrapping 方法，通过对数据样本进行多组抽样，在形成的正态分布中，计算出中介效果的分布区间，通过观察该区间中是否包含 "0" 进而验证变量是否具有中介效果。

通过表 1.23 可以看出，中介效果所在的区间下限为 0.007，上限为 0.626. 其中不包含 "0"。另外，表中组织政治知觉作为中介变量时，P 值为 0.022，小于 0.05，综上所述，组织政治知觉具有中介效果。假设 4 是成立的。

表 1.23　组织政治知觉的中介效果

变量	组织政治知觉的中介效果		
	下限	上限	P
感情承诺←道德领导	0.007	0.626	0.022

3. 假设 5 的验证

自我监督的调节效果也是引用 AMOS 中 Bootstrapping 的方法，通过变量自我监督平均值把测量数据分成低自我监督和高自我监督两个集团。通过 t 检验验证两个集团的差异性，进而验证调节效果。本研究中，调节变量自我监督的平均值为 3.5。3.5 以下的数据为低自我监督集团，反之为高自我监督集团。通过分析得出，低自我监督集团中，组织政治知觉对感情承诺的影响的回归系数为 –1.982（b2-1，是低自我监督时，组织政治知觉和感情承诺的回归系数）。高自我监督集团中，组织政治知觉对感情承诺的影响的回归系数为 –0.364（b2-2，是高自我监督时，组织政治知觉和感情承诺的回归系数）。为了验证两个数值在统计学上是否是有意义的差异，本研究通过 AMOS Bootstrapping 的中 Critical Ratios for Differences 方法，用 t 检验来测量该差异是否有意义。

观察表 1.24 可知，t 检验的结果显示高、低集团间的值为 2.105。该数值的绝对值大于 1.96，因此在 95% 的信赖区间内 $P<0.05$。证明两个集团存在差异性。也就是说，调节变量自我监督具有调节效果（见图 1.9）。

表 1.24　t 检验

回归系数	b1-1	b2-1	b1-2	b2-2
b1-1	0			
b2-1	–1.904	0		
b1-2	–1.317	1.706	0	
b2-2	–0.227	2.105	1.804	0

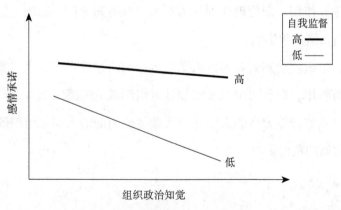

图 1.9　自我监督的调节效果

五、结论

（一）研究结果

本研究是以中国的中小企业职员为对象研究伦理性领导力对组织成员的感情承诺的影响。在研究过程中，分析了组织政治知觉的中介作用，同时分析了在组织政治知觉对感情承诺产生影响的过程中自我监督的调节作用。研究结果如下所述。

第一，伦理性领导力对组织成员的感情承诺产生负的影响。

第二，领导的伦理性领导力和组织成员的组织政治知觉之间有负相关。如果组织成员在组织里认识到非伦理性的领导力，他们就会加强组织政治知觉，所以非伦理性领导力会增加组织成员的组织政治知觉。

第三，组织成员的组织政治知觉和组织成员的感情承诺之间存在负相关的关系。如果组织成员认为自己在政治性的环境里工作的话，他们对组织的承诺会越来越少，并且会慢慢失去工作的热情。

第四，本研究发现伦理性领导力对感情承诺产生的影响过程中组织政治知觉起着中介作用。即伦理性领导力对组织政治知觉产生影响，组织政治知觉又对感情承诺产生影响。

第五，组织政治知觉对感情承诺产生影响的过程当中自我监督的个人特性起着调节作用，即虽然组织政治知觉对组织成员的感情承诺会产生负面影响，但是自我监督能力高的人会比自我监督能力低的人弱化组织政治知觉和感情承诺之间的负面影响。

（二）研究启示

本研究的研究结果对组织有如下启示。

从理论层面来讲，首先，伦理性领导力对感情承诺产生的影响关系中组织政治知觉起到中介作用。之前关于伦理性领导力对类似感情承诺这样的组织成果影响方面的研究虽然不少，但是发现它们之间具体原理的研究很少。本研究的意义在于，发现组织政治知觉起着中介作用。其次，本研究在证明中介效果和调节效果的研究方法论中使用 AMOS 中的 Bootstrapping 代替之前常使用的研究方法。这个方法和之前的研究方法相比不受分布假定的限制，检测性有所改善，可以作为以后的研究方法使用。

从实务性层面来讲，首先，组织成员对组织的感情承诺相联系，确立伦理性领导力是非常重要的。特别是伦理性领导力会减弱组织政治知觉对感情承诺产生的负面影响。在这里确立领导们的伦理性领导力尤为重要。其次，为了确立伦理性领导力，减少组织内的政治环境，对领导也要赏罚分明。对于非伦理性的领导应该进行严格的审查，并且组织内要采取一定的措施对其进行惩处。应该强化使用在人事组织里提倡的面评价（360 度反馈）制度来评价领导，同时，也要加强领导的伦理性领导力教育，并且对领导也要实行监督体系，如设置可以直接向上级汇报的热线专栏。最后，本研究发现，自我监督能够完化组织政治知觉对感情承诺的负面影响。提高个人的自我监督能力需要从个人和组织两个层面来进行。从个人来说，需要加强自我监督的能力；从组织层面来讲，在选拔职员时，把自我监督作为一个选拔标准，也可以进行正规性教育从而加强职员们的自我监督能力。自我监督能力的提高，会让组织成员即使在政治环境下，也很容易改变自己的行为方式，来适应自己的工作环境。

（三）研究限制

本研究也存在如下所述的限制。

第一，是关于研究对象样本的问题。本研究是以中国的中小企业职员为对象，在样本选定的过程中存在地域性差距，并且在形成一般化水平上有局限性。

第二，本研究是以横向研究为基础，变量之间的因果关系存在制约。以后可以尝试纵向研究来弥补这次研究的缺憾。

第三，独立变量和从属变量是由同一资料源得到的，存在同一方法偏差的问题。

第四，在本次回答调查问卷中也存在自我报告的问题，这也是在今后的研究中需要加以改进的。

第二章 消极型领导组织行为研究

第一节 关于知识隐藏对创新和
任务成果的影响关系中
知识自我效能感的中介效果研究

一、引言

越来越多的人已经意识到，为了组织的发展，促进知识或信息在组织内部共享或传递，激发员工与他人分享自己所拥有的知识或信息是十分必要的。为此，学者们一直致力于研究那些能够加强知识共享的因素，如激励、公平、心理契约的维持及知识共享氛围等。然而组织并没有拥有员工的智力财产，故不能强迫员工把他们的知识或信息传递或分享给组织内的其他成员。目前的现实是，尽管人们已经做了很多努力去鼓励组织内的知识共享，但是效果非常微弱。虽然已经有很多人研究了促进知识分享的影响因素，却很少有人探究人们为什么会隐藏自己的知识不愿意与别人分享，以及知识隐藏的行为对组织内员工的业绩及创新产生什么样的影响。知识隐藏是员工没有迫于组织压力而是出于某种目的自愿保留知识或信息。组织开展自主创新的过程中，需要解决"如何激发员工创新行为"的问题，因为个体创新是组织创新的基础，关系到组织的进一步生存和发展。知识隐藏会对组织的创新行为和业绩产生负影响，组织创新行为的提高必须破解组织内部成员之间的知识隐藏行为的难题，使组织成员之间的信息流通与应用效率更高。

知识经济时代，组织的竞争优势越来越依赖于有效的知识管理和组织学习，而成功有效的知识管理系统依赖员工行为特别是组织成员直接的知识共享行为。如果知识共享行为在组织中受到限制，或组织成员不愿意与他人共享自己所独有的知识，就会产生知识鸿沟，使知识或信息流通不及时，这可能直接导致组织的工作业绩和创造力降低。

为了激发员工的创新行为，我国很多企业和组织在资金、设备、场地等硬件设施的投入力度不可谓不大，但是管理者们所期望的"创新热潮"却迟迟没有到来，甚至还得面对"橘生淮南则为橘，生于淮北则为枳"的尴尬现象，即本企业"没有什么能力"的研发人员跳槽到其他公司后，不久就可以研发出新产品或取得技术突破；相反，本企业从海外引进的"研发骨干"多年来却无所建树。很多学者和管理实践者分析认为，这种现象背后的根本原因并非没有资金、设备、场地等硬件设施，而是缺乏自由、宽松、鼓励冒险与试错的创新环境，组织创新行为的最大障碍并非物质条件，而是团队内部的凝聚力、合作意识、知识共享等因素。现在特别是高科技企业很多都是团队集体合作，如果团队成员之间的团队合作意识薄弱，知识或信息分享愿望不强，知识隐藏行为过于严重，会严重影响团队内部的顺利合作及工作进展。

本研究依据实证分析原理，对与互联网密切相关的 IT 类互联网设计企业进行了 225 份的问卷调查。针对以互联网背景的企业，在社会认知理论基础上，通过实证研究的方法来验证知识隐藏的三种构成要素分别对工作业绩和创新行为关系的影响中知识自我效能感的中介作用，这是在中国情境下的开拓性研究。这些研究不仅为知识隐藏的相关研究提供了强有力的支持，也为后续研究提供了良好的研究视角和基础，为企业管理者把握知识隐藏的内涵及把握知识隐藏对个人创新行为的效果提供了理论依据，从而找出更好的策略去促进组织内部的知识或信息的传递，加强组织成员间的知识共享，进一步提升个人工作业绩和创新行为。

二、理论背景

随着以信息技术为代表的新一轮科技革命的迅速发展，互联网日益成为创新驱动发展的核心力量。互联网与经济的各个领域、各个行业的跨界融合，催生了一系列新科技、新形态、新经济、新动态、新理念和新的商业模式。互联网的迅速发展强烈冲击着传统的生产和消费方式及人们固有的观念，逐步推进着商业模式和管理模式的变革。在这样的时代背景下，企业的管理者只有顺应时代的发展潮流，不断革新适应互联网时代发展的领导模式和管理方式，才能在互联网的时代浪潮下激流勇进，使企业立于不败之地。

许多企业虽然意识到知识分享的重要性，并通过加强知识管理系统及利用其他信息技术在一定程度上促进知识共享，却一直难以实现真正意义上的知识共享。一项来自中国的调查显示，有 46% 的员工在工作场所中曾有过知识隐藏行为（Peng，2012）。韦伯斯特（Webster）等（2008）发现，尽管管理者努力让员工分享知识，但很多员工还是倾向于囤积知识，并不情愿与同事分享专业知识或技能，许多公司亦采取激励措施鼓励成员间知识和信息的传播，但经常以失败告终，其称这种现象为工作中的知识保留（withholding knowledge），并从社会交换、秘密规范和区域性行为的角度分析了知识保留的原因。

虽然康奈利（Connelly）等最先提出知识隐藏的概念，然而他们并非关注知识隐藏的第一人，如同光与影一样，当人们在关注知识共享时就不得不注意到知识隐藏。组织中普遍存在知识贮存行为，显然，这里的"知识贮存"实际上指的就是知识隐藏，而且他的描述几乎包括了康奈利的概念里的所有要素：收到他人询问、受个体意愿支配、对知识进行保留。知识贮存行为的产生主要是由于员工普遍有"知识分享敌意"，组织中知识分享行为的失败本质上是由于员工存在知识分享敌意。

阿戈塔（Argote）和英格拉姆（Ingram）（2000）也认为，组织中普遍存在员工故意不与他人分享有价值的信息或知识的"知识保留"现象，其所提到的知识保留与我们所讲的知识隐藏有异曲同工之处。但是知识隐藏与知识贮存、知识共享、工作场所反作用行为、工作场所侵犯、工作场所的社会破坏、欺骗等行为存在潜在的相关，但是它又与以上行为截然不同。尽管与这些行为存在一定的重叠，但知识隐藏是一个独立的概念，有其自身所独有的特点，这些特点可以将它与以上相关或相似的概念加以区别，从而进一步明确知识隐藏的内涵。知识隐藏是一个独立的概念，虽然与相关的概念有部分的重叠，但是这并没有损害它的独立性。康奈利等（2012）也通过探索性因子分析证明了知识隐藏与知识贮存、缺乏知识共享之间有较好的区分效度。由此看来，学者们很早就认识到组织中知识保留现象的存在及对组织的影响，但真正进行研究是近几年才开始的。

组织内部的知识共享已经成为共识，但是知识隐藏行为一直存在，怎么避免和减少知识隐藏，成为每个组织都需要解决的问题，知识隐藏对组织内部的创新和业绩之间的关系也需要我们进一步地去探求。

知识隐藏行为虽普遍存在于几乎所有的组织中，却长期被理论界忽视，近几年才真正受到重视，并成为国外组织行为领域的前沿问题。康奈利等（2012）最早明确提出这一概念，知识隐藏是一种有待深入研究的独特行为，能够拓展对组织中知识传递与生产机制的理解。组织是创新型国家和创新型社会的根基，组织内部的知识隐藏行为严重妨碍员工之间的合作、新思想的开发及新政策的制定，对组织的创新和业绩极为不利。针对组织或企业等创新能力不足的事实，如何发挥各类组织在知识生产与创新中的作用，改善和创新知识在微观主体间的传递和生产机制，实现"创新驱动发展战略"，是亟待研究的重要课题。

鉴于目前理论界及各类管理者对于知识隐藏缺乏足够的认识和了解，本研究对知识隐藏行为进行较为系统的介绍与分析。对构成知识隐藏的三个要素——装傻行为、合理化隐藏、推脱行为对组织成员的创新行为和业绩之间的关系，以互联网公司员工为调查对象进行实证分析，探求三个要素是否都对组织成员的创新行为和业绩产生影响，以及产生何种影响。

（一）知识隐藏与知识自我效能感之间的关系

康奈利等（2012）用经验取样法证明了知识隐藏的存在并把知识隐藏定义为"当接受他人询问时，个体为了保留或隐藏自己所具有的知识所做的有益尝试"，这里的知识主要包括信息、观点及组织成员完成任务业绩相关的专业特长。他们认为知识隐藏可能是这样一种情境：个体已经对他人做出了对特定知识的询问。康奈利等（2012）研究中把知识隐藏分为装傻、合理化隐藏和推脱隐藏。装傻，指被请求者假装听不懂请求者的问题而不愿意帮忙，这种隐藏也带有欺骗性质；推脱隐藏是指隐藏者提供给请求者不正确的信息，或虽然答应帮忙，但尽量拖延，完全没有意图真正帮忙的行为，带有欺骗性质；合理隐藏是指隐藏者以第三方不愿意泄露这一知识或信息为由不提供给请求者想要的知识或信息，这种隐藏不一定涉及欺骗。康奈利（2003）指出之所以出现知识隐藏，主要原因有三种：一是担心提供的信息导致了错误的决策，而这些决策会影响自己的声誉；二是担心自己的优势地位被知识共享打破，所以选择隐藏知识；三是学习是消耗时间和体力的过程，由于不愿意花费精力去传授知识，从而导致了知识隐藏。

需要注意的是，知识隐藏的概念需要与知识共享、反生产行为等概念区分开。其要点是，知识隐藏是完全没有恶意的，对于组织不存在故意的伤害，并且知识隐藏不一定会涉及欺骗行为。一般来说，知识隐藏是不愿意把自己所具有的知识或者信息分享给其他人，所以对组织业绩的提升产生负的作用。本研究把知识隐藏的三个下位概念进行单独分析，来确定是否都有独立性。

班杜拉（Bandura）（1977）把自我效能感（self-efficacy）定义为人们对自身是否能利用所拥有的技能去完成某项工作行为的自信程度。所以加强自我效能感对于提高工作业绩、增强工作动机、改善工作态度都有重要意义。根据班杜拉的理论我们可以把知识效能感理解为人们有自信把自己的知识分享出去，不怕知识或技术让更多的人知道。

根据以上的理论依据，本研究设定了以下的假设：

假设 1：装傻行为对知识效能感产生负（-）的影响。

假设 2：合理化隐藏对知识效能感产生负（-）的影响。

假设 3：拖延隐藏对知识效能感产生负（-）的影响。

（二）知识自我效能感与个人创新行为和工作业绩的关系研究

中国政府目前积极提倡"互联网+"的思想和理念，在科技进步十分迅速的时代背景下，企业和组织要能够适应人才供给侧的要求，为培养创新型人才提供良好的环境（Zhi-Cheng Wang，2016）。经济发展和产业内在驱动要素的核心在于知识或信息的共享而不是隐藏。不仅要加大在创新人才培养上的投入，而且更要避免组织内部的知识隐藏行为。现在企业和组织中都在提倡团队合作精神，如果知识隐藏行为严重的话，会严重影响信息的传递速度和应用价值，造成信息的滞后性，严重浪费人力、物力和财力，不利于企业或组织内部的创新行为。

无论是企业还是理论界，对于个体自我效能感的关注，很大程度上是因为自我效能感对工作业绩和创新行为有重要的影响。吉斯特（Gist）和米切尔（Mitchel）（1992）提出的自我效能感与绩效的关系理论模型影响较为深远。在该模型中，个体对任务要求的分析、对成功或失败经验的归因判断，以及对个体和环境资源或制约因素的评价三个因素共同决定了个体在某一领域的自我效能感，由此所产生的目标层次和努力的持续状况直接作用于个体的绩效水平。

阿玛比尔（Amabile）等（1996）对创新的概念进行了定义，是指个人或团队产生的一些对生产产品、生产实践、服务和生产过程有启发与实际帮助作用的想法及创意。对公司或组织的发展来说，创新是最重要的内在动力之一。知识自我效能感强的员工不担心自己的知识或技能被其他同事知道，有利于信息的流通和传递、共享，对组织内部的创新行为和业绩的提升具有促进作用。

大多数管理学家从过程角度来界定组织成员的个人创新。斯科特（Scott）和布鲁斯（Bruce）（1994）将个人创新行为分为三个阶段：

（1）问题的确立及构想或解决方式的产生。

（2）寻求对其构想的支持。

（3）借由产生创新的标准或模式，使其可以被扩散，大量制造，进而被大量使用，最终完成其创新的构想。

周（Zhou）和乔治（George）（2001）也认为个人创新的表现程度，不应该单指创新想法的本身，应包括创新想法的产生、内容、推广与发展执行方案，如此才能确保创新想法可以被有效地执行。克莱森（Kleysen）和斯特里特（Street）（2001）通过对 28 篇文献中提及的 289 项创新活动的回顾与总结，归纳出个人创新行为包含寻找机会、产生想法、形成调查、支持以及应用五个阶段，并将个人创新视为有益的创意予以产生、导入以及应用于组织中任一层次的所有行为。

卢小君和张国梁（2007）对克莱森和斯特里特（2001）的个人创新五阶段观点进行了检验，发现在中国情境下，个人创新行为可归纳为两个阶段：产生创新构想的行为和执行创新构想的行为。

本书抛开创新和创造力的差异论争，关注个体层次的创新行为，为避免混淆，将之称为"员工创新行为"。考虑到中国情境因素，我们参考了卢小君和张国梁（2007）的研究结果，认可员工创新行为的量维结构，将员工创新行为界定为："它是指员工在工作过程中，产生创新构想或问题解决方案，并努力将之付予实践的行为，包括产生和执行创新构想两个阶段的各种创新行为的表现。"产生创新构想的行为包括员工为了组织的产品、技术、工作流程及服务的提升而广泛地寻找、发现创新的机会，并针对这些机会产生构想或解决方案，对它们的可行性进行试验等行为表现；执行创新构想的行为包括员工为了实现创新构想，积极调动资源，说服及影响他人支持创新，敢于挑战与冒风险，以及通过个人的努力使创新常规化成为组织或企业日常运作的一部分等行为表现。

泰勒（Taylor）（1990）等人实证检验了自我效能感信念对于学术创造过程的影响，结果发现教授如果有信心拿出可以发表的研究成果，一方面直接影响他们对其科研目标的设定；另一方面影响他们同时从事多个研究和写作任务的适应性，进而提高研究产出，最终影响其学术创造力。特别是在教育领域，知识的自我效能感对于教授之间的学术思想共享，提高研究成果的产出有重要影响。自我效能信念影响个体的创新思考（creative thinking）和寻求挑战（challenge seeking）。

根据以上的理论依据和实践研究成果，本研究设定了以下的假设：

假设 4：个人知识的自我效能感对创新行为产生正（+）的影响。

假设 5：个人知识的自我效能感对工作业绩产生正（+）的影响。

（三）知识自我效能感中介效果的关系研究

在认知心理学和人本主义心理学的影响下，班杜拉通过对人性及其因果决定模型——三元交互决定论的理智把握，于 1977 年提出自我效能感（self-efficacy）概念。"它是人们对自身完成某任务或工作行为的信念，它涉及的不是技能本身，而是自己能否利用所拥有的技能去完成工作行为的自信程度。"自我效能感是人的能动性的基础，它不仅以其自身方式影响着人们适应和变化，而且还通过对认知、情感、动机的生理唤醒的影响调节着人们的思想变化和行为选择。

从概念产生起，自我效能感就一直是与特定领域、特定任务，甚至特定问题相互联系的。班杜拉认为，自我效能感随着具体任务和情境的变化而变化。针对特定领域、特定任务、特定问题的自我效能感对于行为或行为绩效最具预测性。一个人对自我效能的判断，部分地决定其对活动和社会环境的选择。人们倾向回避那些他们认为超过其能力的任务和情境，而承担并执行那些他们认为自己能够干的事。影响人们选择的任何因素都会对个人成长造成影响，在工作中，积极的自我效能感能够培养积极的承诺，并促进胜任力的发展，进而对工作业绩的提高有进一步的积极影响。

社会认知理论为解释人类行为的发生动机提供了一个新的视角，它认为影响人类行为的其他激励因素（包括环境因素）可能根植于个体的一个核心信念——人具有通过自己的行动产生效果的力量。班杜拉（1977）指出："一个人除非相信自己能通过自己的行动产生所期望的效果，否则，他们很少具备行动的动机，因而效能信念是行动的重要基础。"

个人的知识自我效能感对知识隐藏具有缓解作用，知识的自我效能感是不介意、不担心把知识或信息传递给别人，可以和同事更好地共享自己独有的知识或信息，进一步发挥了知识或信息的价值，对个人的创新行为和业绩都有促进作用。在以上的论述中，我们已经得知知识隐藏行为对知识自我效能感有负（-）的作用。

蒂尔尼（Tierney）和法默（Farmer）（2004）针对研究人员的研究发现，知识自我效能感在上司的预期、管理者支持性行为和员工认知对创新行为及绩效的影响中起中介作用。这些研究表明知识自我效能感在情境因素与员工创新行为之间可能起着中介或调节作用。在组织管理研究领域有关知识的自我效能感的研究很少，有代表性的还是蒂尔尼和法默（2004）的开创性研究，他们以吉斯特和米切尔提出的自我效能感形成与作用机制，实证检验了知识自我效能感对个体创新行为及绩效的积极作用，并且发现，知识的自我效能感比工作效能感（job self-efficacy）更好地预测了员工的创新行为及工作业绩。

根据自我效能感的理论，先前的绩效水平会对其自我效能感产生影响，但是不同的人所受到的影响不一样。之所以如此，是因为中介性的加工在起作用，其中人们对能力本质所持有的观念是一个重要因素。有的人倾向于能力增长观（increment oriented），相信能力是可变的，可控制的；另一些人则倾向于能力实体观（entity oriented），相信能力是一种固定的、不可控制的特质。前者更多是追求学习目标，以便更快更好地掌握所需的技能，失败对他们来说，是努力不够或策略运用有偏的指示器，从而提高他们行为的动机和效果；后者更多是追求成绩目标，结果是对自己能力的验证。由此可以推论，在低绩效的情况下，增长观定向的人，其自我效能感不会出现明显的降低；而能力实体定向的人，其自我效能则会明显下降。

根据以上的理论依据，本研究得出以下假设：

假设6：知识的自我效能感在装傻行为与个人创新行为的关系中起到中介作用。

假设7：知识的自我效能感在装傻行为与个人工作业绩的关系中起到中介作用。

假设8：知识的自我效能感在合理化隐藏与个人创新行为的关系中起到中介作用。

假设9：知识的自我效能感在合理化隐藏与个人工作业绩的关系中起到中介作用。

假设10：知识的自我效能感在推脱隐藏行为与个人创新行为的关系中起到中介作用。

假设11：知识的自我效能感在推脱隐藏行为与个人工作业绩的关系中起到中介作用。

根据以上所要验证的假设，我们画出了本研究的研究模型，其构成见图2.1。

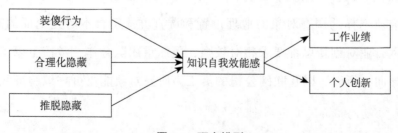

图2.1　研究模型

三、研究方法

（一）选定样本

为了验证以上假设，我们对深圳的互联网公司进行了问卷调查。深圳位于中国南部，与香港毗邻，是中国改革开放的发源地，是 20 世纪 90 年代以来经济发展，尤其是以互联网类企业为主的新兴产业发展最为迅速的城市之一。对在深圳的互联网企业进行问卷调查，为我们的实证分析提供了数据上的支撑和保障。

本研究调查分两步：第一步是初测问卷的施测，收集的数据主要用于问卷的项目分析、探索性因子分析；第二步是正式问卷的施测，收集的数据用于问卷的信效度分析和假设检验。

本研究共收取了 225 份调查问卷，剔除无效问卷后，按照一定的标准筛选废卷，筛选标准主要是：①缺选题项超过五题；②连续五个项目的选择相同。我们最终选定了 187 份问卷用于实证分析，问卷有效回收率为 83%。具体人口统计数据见表 2.1。

在本研究的变量中，正式的知识隐藏的问项由所在公司的下属员工填写完成。作为从属变量的创新行为和业绩由所在公司的直属负责人或经理填写完成。调查采用匿名制，保证公司职员能够按照自身意愿完成调查。本研究所选择的调查对象的地理位置和调查群体符合本研究论证的需要。互联网行业对创新思维要求相对较强，更注重团队合作，考核也以工作业绩为导向，所以，以互联网公司的员工为研究对象能更可靠地验证我们的假设。

表 2.1 样本的人口统计学特征

分类		数量（人）	占比（%）
性别	男	87	46.1
	女	100	53.9
年龄	20 岁以下	15	8
	21~30 岁	128	68.5
	31~40 岁	42	22.5
	41~50 岁	2	1
学历	高中	11	6
	专科	31	16.1
	本科	100	53.9
	硕士研究生及以上	45	24
工作年限	1 年以下	28	15
	1~5 年	91	48.7
	5~10 年	54	28.9
	10~15 年	11	5.8
	15 年以上	3	1.6

（二）控制变量（control variable）

本研究选定了几个已知的会对创新行为产生影响的变量作为本研究的控制变量（Zhou，George，2001），分别为调查对象的性别、年龄、受教育水平及工作年限。通过对这些控制变量效果的分析，可以更精准地验证本研究所提出的假设。

（三）变量的测定

知识隐藏：在本研究中，我们为了测定知识隐藏行为这一变量，采用了康奈利（2012）开发的量表。问项均采用李克特五点量表法。

装傻行为采用了其中的 3 项，举例："即使我做了也说我不知道"总信度为 0.826。

合理化隐藏采用了其中的 3 项，举例："说我不能解答他 / 她的问题"总信度为 0.821。

推脱隐藏采用了其中的 3 项，举例："同意帮助他 / 她，但不是发自内心的"总信度为 0.885。

知识的自我效能感：在本研究中，我们为了测定知识的自我效能感这一变量，采用了斯普雷泽（Spreitzer）（1995）开发的量表。我们采用了其中的 4 项。举例："如果我与我的同事分享我的知识，我会得到组织的认可"。问项均采用李克特五点量表法，总信度为 0.62。

工作业绩：在本研究中，我们为了测定工作业绩这一变量，采用了古德曼（Goodman）等（1999）开发的量表。我们采用了其中的 5 项。举例："我不但能胜任工作，并且很熟练的完成任务""我会主动承担工作之外的任务"。问项均采用李克特五点量表法，总信度为 0.734。

个人创新行为：在本研究中，我们为了测定组织公民行为（organizational citizenship behavior，OCB）这一变量，采用了周和乔治（2001）开发的量表。我们采用了其中的 9 项。举例："我会建议用新的方式去提高产品或工作的质量"，"我会搜寻新的技术，科技和工作方法来完成工作"，"提出新颖的实践理念来提高公司的效益"。问项均采用李克特五点量表法，总信度为 0.851。

四、数据分析与结果

（一）效度的测定与描述性统计

在数据分析之前，我们对效度进行了分析。为了验证效度，我们采用了安德森（Anderson）和格宾（Gerbing）（1988）所推荐的验证性因子分析（confirmatory factor analysis，CFA），并且根据主要的模型适配度指数来进行分析比较，如卡方拟合指数（χ^2）、均方差残根（RMR）、Tucker-Lewis 指数（TLI）、比较拟合指数（CFI）、近似误差均方根（RMSEA）。在表 2.2 中可以看到通过验证性因子分析所得到的拟合指数。

表 2.2　验证性因子分析

区分	χ^2	df	P	RMR	TLI	CFI	RMSEA
模型	502.153	309	0.000	0.043	0.893	0.906	0.057

由表 2.2 可知，拟合指数分别为：χ^2=502.153（df=309，$P < 0.0001$），RMSEA=0.057；RMR =0.043；TLI=0.893；CFI=0.906。在这些拟合指数中，最基本的 χ^2 的 P 值要满足大于基准值 0.05 的条件，实际上，χ^2 的 P 值受到样本大小的影响，很难达到 0.05 以上。RMSEA 的数值一般要小于 0.08，说明数据与模型的拟合度是比较理想的。RMR 的理想数值是小于 0.05，但只要小于 0.10，我们就可以认为数据和模型的拟合度是较好的。CFI 和 TLI 的取值范围是 0~1，一般意义上，只要其数值大于 0.8，我们就认为数据和模型的拟合度较好。本研究的 CFI 的数值为 0.906，相应的其他拟合度指标也都达到了可接受的标准。

（二）模型的拟合度和假设的检验

在验证假设之前，我们先对数据进行了路径分析（见表 2.3）。我们运用 Amos1 7.0 软件进行了分析。在对控制变量即年龄、性别、受教育水平和工作年限进行分析和控制后，其结果回归模型见图 2.2。

表 2.3　路径分析

区分	χ^2	df	P	RMR	TLI	CFI	RMSEA
模型	518.095	316	0.000	0.045	0.890	0.901	0.058

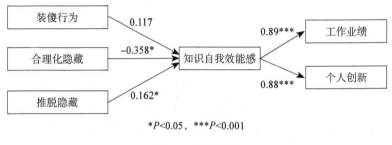

*$P<0.05$，***$P<0.001$

图 2.2　回归模型

通过描述性统计和相关关系以及回归模型我们看到：

装傻行为对知识的自我效能感的作用在统计学上没有意义（$P>0.05$），假设 1 不成立。

合理化隐藏行为对知识的自我效能感产生负（－）的影响 $r=-0.358$，$P<0.005$。假设 2 成立。

推脱隐藏行为对知识的自我效能感产生正（＋）的影响 $r=0.162$，$P<0.05$。假设 3 成立。

知识的自我效能感对个人工作业绩产生积极正（＋）的影响 $r=0.890$，$P<0.001$。假设 4 成立。

知识的自我效能感对个人创新行为产生积极正（＋）的影响 $r=0.880$，$P<0.001$。假设 5 成立。

装傻行为与被测者的内心活动有很大关系，一般人们也不愿意把与装傻行为有关的自己的真实想法告诉别人，也更难以测量。

（三）知识自我效能感的中介效果的检验

一般的中介效果验证都会采用巴伦（Baron）和肯尼（Kenny）（1986）开发的3步骤或用Sobel检验的验证方法。本研究采用的是最近较为流行的自助法（Bootstrapping）的验证方法，采用这个方法的好处是通过多次抽取样本的方法得到多组随机性和可靠性更强的数据，弥补了数据不足的缺陷。Bootstrapping的验证标准是所估算的中介效果区间中，只要不包含"0"，就能判定中介变量具有中介效果。验证效果见表2.4。

表 2.4 利用 Bootstrapping 验证知识自我效能感的中介效果

路径			知识自我效能感		
			下限	上限	P
个人创新	←	合理隐藏	−0.877	−0.076	0.035
个人创新	←	推脱隐藏	0.031	0.302	0.037
工作业绩	←	合理隐藏	−0.735	−0.055	0.049
工作业绩	←	推脱隐藏	0.016	0.260	0.044

由表2.4可见，在合理化隐藏对个人创新行为的关系中，知识的自我效能感的中介效果为 [−0.877，−0.076]，$P<0.05$。区间中不包含"0"，也就是说，在合理化隐藏对个人创新行为的关系中，知识的自我效能感具有中介效果。假设8得到支持。

在推脱隐藏对个人创新行为的关系中，知识的自我效能感的中介效果为 [0.031，0.302]，$P<0.05$。区间中不包含"0"，也就是说，在推脱隐藏对个人创新行为的关系中，知识的自我效能感具有中介效果。假设11得到支持。

在合理化隐藏对工作业绩的关系中，知识的自我效能感的中介效果

[−0.735，−0.055]，$P<0.05$。区间中不包含"0"，也就是说，在合理化隐藏对工作业绩的关系中，知识的自我效能感具有中介效果。假设9得到支持。

在推脱隐藏对工作业绩关系中，知识的自我效能感的中介效果为[0.016，0.260]，$P<0.05$。区间中不包含"0"，也就是说，在推脱隐藏对工作业绩关系中，知识的自我效能感具有中介效果。假设10得到支持。

五、结论

（一）研究结果

本研究以中国深圳互联网公司的员工及其所属领导为调查对象，论证了装傻行为（假设）、合理化隐藏（假设）、拖延隐藏（假设）对知识效能感的影响，以及知识的自我效能感对业绩和创新行为的影响，同时也论证了知识的自我效能感的中介作用。以互联网公司的创新型员工为调查对象，并通过数据分析软件Amos17.0以Bootstrapping的多次抽取样本的方式对知识的自我效能感的中介效果进行了验证。

通过上述研究分析我们得到如下结果：

首先，在变量的描述性统计和相关分析中，知识的自我效能感对工作业绩和个人创新行为之间存在着高度且显著的相关。知识效能感对工作业绩和创新行为的积极（+）作用被证明是成立的。

其次，通过运用AMOS17.0，我们用Bootstrapping的方式证明了，组织成员的知识的自我效能感在合理化隐藏、拖延隐藏对工作业绩和个人创新行为的关系中起到中介作用。组织成员的知识的自我效能感的中介效果被证明是成立的。

再次，为了避免自我报告（self-report）的偏见性问题，变量中，装傻行为、合理化隐藏、拖延隐藏及知识的自我效能感由公司的职员进行作答。个人创新行为和工作业绩作为从属变量，由公司相对应的负责人进行作答，这样的问卷相对客观公正，进一步保证了数据的准确性和有效性。

最后，我们通过验证性因子分析来确保变量在研究模型中的独立性，得出的拟合度是符合标准的，整体模型的拟合度被证明是成立的。

（二）研究的启示和不足

本研究在中国情境下，探索性地从知识隐藏的三个下位构成概念分别对组织员工的创新行为和工作业绩之间的关系进行研究，研究如何激发员工创新行为和提升工作业绩这一基本问题。在此过程中，得到了一些具有理论与实践价值的研究结果。

首先，以前的研究是把知识隐藏作为一个整体来研究，本研究是把构成知识隐藏的三个要素：装傻行为、合理化隐藏、推脱隐藏分别单独进行研究。通过对与互联网密切相关的企业进行问卷调查探究装傻行为、合理化隐藏、推脱隐藏对中介变量知识的自我效能感是否有影响，通过统计分析得知：合理化隐藏、推脱隐藏对知识的自我效能感有负的影响。特别是知识的自我效能感在合理化隐藏和推脱隐藏对工作业绩及创新行为间有中介作用。

其次，组织或企业的管理者应该在减少员工知识隐藏的动机和在强度方面采取适当的措施来进一步减弱它们的影响力。特别是互联网行业更新换代速度特别快，如果组织内部没有形成很好的知识或信息共享氛围，员工的知识的自我效能感不强的话，会抑制或阻挠员工的创新行为或工作业绩，进而会对企业的发展产生负影响。

再次，以自我效能感理论为基础，采用领域相关的自我效能感，即知识的自我效能感的研究思路，对组织内员工的创新行为和工作业绩之间的关系进行了实验研究。这是在知识密集型行业下的开拓新研究，是对知识的自我效能感研究在企业工作场景、员工创新活动领域的拓展。

最后，目前有关知识隐藏及知识的自我效能感的研究还很少，适合中国国情的测量工具还不成熟，本研究引进并修订了国外成熟的问项，通过实证分析进行了详细的信度、效度分析，得到了适合深圳地区互联网行业的、信度良好的测量工具，修订后的问卷可以作为以后相关研究的参考工具。

由于各种主客观原因的限制，本研究存在一定的局限性，在后续研究中需要进一步完善。

①本研究的问卷全部是通过对中国深圳地区互联网设计企业的调查而得到的，对其他行业和地区的预测程度可能存在一定的局限性。

② 受研究成本、时间等条件限制，本研究是以横向研究为基础，并且变量之间的因果关系存在制约。以后可以尝试纵向研究来弥补这次研究的缺憾。

③ 问卷的局限性。本研究的问项都是取自外国的文献，而以中国公司组织成员为调查对象。由于文化差异，这些问项可能并不能很好地反映中国公司组织成员的真实态度、内心想法。对于文化差异导致的比较分析研究是有必要的。

④ 本研究尝试打开了知识隐藏对员工创新行为和工作业绩的影响机制这一"黑箱"，但这只是初步的探索性工作，只是打开了"黑箱"的一角，还有很多问题值得进一步深入探讨。因此，在后续研究中，希望通过更为全面的理论分析及探索性案例分析，识别出其他的中介变量，将其纳入知识隐藏对员工创新行为和工作业绩的影响关系模型中，以建立更为完善的、有解释力的理论模型，进一步提高研究结论的系统性和针对性。

⑤ 从 20 世纪 90 年代开始，班杜拉针对早期的自我效能感研究忽视集体行为研究这一缺陷，对集体效能感概念进行了系统的理论整合和阐释，进一步扩展了其自我效能感理论的内涵。目前，企业管理研究领域中的集体效能感的研究还相对较少，在企业技术创新活动领域的集体效能感研究更是少之又少。后续的研究，可以在本研究的基础上，将本研究的理论框架拓展到集体层次，探讨组织创新氛围、集体层次的创新自我效能感和团队及其成员创新行为的关系，这对于企业技术创新管理实践也具有重要的借鉴意义。

第二节　虐待式管理对
组织成员工作行为的影响研究：
以组织公正性及成员的传统性为中心

一、引言

领导力是对组织的发展和职员的离职意图有重要影响的要素。从 20 世纪初到现在对领导力理论体系的研究层出不穷。领导的判断或决策对组织的成败有很大的影响。马云在 1999 年创立阿里巴巴网络技术有限公司，在那个时候中国国内的电子商务初步发展，没有很好的商业模式，中小型企业发展壮大的机会很少，但是马云独具特色的领导力使阿里巴巴在十几年时间里发展成为跨国公司。从阿里巴巴的案例可以看到，在组织中领导力的存在价值及其重要性对组织的发展有很大的影响。

现在组织行为领域的很多研究理论及其观点在实际应用中的价值不大。

实际上与我们期望的领导相比，产生负面结果的领导行为是很容易观察和体会到的，并且也普遍存在于很多中小型企业和组织中。

对负面领导力的研究发现，最为关注的是上司的虐待式管理（abusive leadership）（Tepper，2000），上司的虐待式管理会导致职员对组织的热爱和投入感下降、个人和组织的紧张程度上升（Tepper，2000）和组织公民行为低下（Zellars，Tepper，Duffy，2002）。个人在组织中生产积极性低下等方面的因素也可以推理出上司的虐待式管理对组织成员的工作投入（job engagement）有负的影响，对组织成员的离职意图（turnover intention）有正的影响。长期的虐待式管理会使组织成员产生各种心理不适，如压抑、郁闷等，从而导致生理上的不适应症状，如身体的消化、免疫、代谢等功能受到损害，最终反映为工作中的职业倦怠，甚至离职。虐待式管理是组织可持续发展的一大障碍。虐待式管理不仅会打击成员的工作积极性，对组织的健康成长也会产生负面影响。

传统的人力资源管理理论认为，减少组织成员的离职意图，应该采取给组织成员更好的工作环境、更高的福利待遇、更多的晋升机会、轮岗、增加工作内容等措施和手段。很多员工离职并不是因为不喜欢某个公司，而是因为不能接受其直接上司或部门领导的做事风格。本研究认为，可以通过改善上司的虐待式管理，提升管理人员的素质和增强组织公正性（organizational justice）来提升组织成员的工作投入和降低组织成员的离职率。

中国人的传统性（traditionality）是指"传统社会中个人所常具有的一套有组织的认知态度、思想观念、价值取向、气质特征及行为意愿"，被认为最能体现传统中国人性格和价值取向，是个人对中华民族传统价值观念的认可（李锐等，2012）。一般来说，国内的中年人群体、工人群体、教育水平较低的群体传统性较高，而且在这个群体中女性一般比男性更传统。

二、理论背景和假设

（一）虐待式管理和组织公正性之间的关系

管理者以不恰当的方式对待下属，导致员工辞职、罢工、工作积极性不高，加速各种反生产行为的产生，成为人们关注的一个热点。值得注意的是，这些现象背后的导火索并不是传统意义上的拳打脚踢的虐待，更多地当前在管理学研究中备受关注的一个概念——虐待式管理。

虐待式管理最早是由美国学者泰珀（Tepper）（2000）提出的，它是员工感受到上级对其持续性地表现出敌意行为，这种敌意既包括言语上的，也包括非言语上的。泰珀（2000）的研究表明，上司的虐待式管理会诱发员工对组织公正性的认识不公、职务满足和情绪投入的低下、职场—家庭的矛盾、心理压力增大等。上司的虐待式管理通过组织公正性的中介作用对组织成员的工作投入（job engagement）产生负的影响。

上司的虐待式管理会使下属的离职意图、心理压力增加，职务满足、组织认同感和组织投入低下，组织成员的自尊心受到伤害，公正感减少，负面情绪及其犯罪行为增加等，并且使下属对组织的认识、态度、行为以及组织认同等方面产生负面影响。

在管理实践中，虐待式管理表现为管理者对下属的敌意、羞辱、恐吓与威胁，如管理者对下属进行冷暴力、言语侮辱等。这些行为会严重伤害组织成员的自尊心，给其带来心理创伤。需要说明的是，虐待式管理并不包括身体上的伤害。

2007 年西方学者的研究数据显示，虐待式管理行为至少影响 13.6% 美国雇员的利益，为此企业每年要花费高达 138 亿美元来弥补员工旷工、生产率低下所带来的绩效损失，以及由虐待式管理行为所导致的一系列医疗保健费用。虐待式管理在组织中产生的最为重要的严重负面的影响之一，就是员工对组织公正感的削弱（刘畅，王垒，2012）。虐待式管理的现象在中外企业中都长期存在，它不但严重削弱员工的组织公正感和幸福感，还会危及整个组织的稳定、绩效与健康发展，并且严重破坏劳资关系的平衡。由虐待式管理引发的罢工、消极怠工现象不仅对组织业绩、人际关系的和谐稳定有负面影响，而且对社会的稳定和可持续发展有不利影响。

高社会支配取向的员工大都认同"领导比自己地位高，一切都要听从领导"的观点，他们在行为和思想上都会服从于领导，当他们受到来自领导的斥责或者冷落时，会认为这没什么大不了的。例如，杰克·韦尔奇时常斥责下属，但在当时的企业文化下，其下属大多是接受这种权利角力与地位差异的，所以更倾向认为这种斥责是合理的。又例如乔布斯用强硬的手段保证各种政策、制度的执行，职员们反而认为他拯救了苹果公司。这也是下属的社会支配在其中起了作用，他们能够理解并接受领导的批评和斥责。他们并不会因为领导的训斥和批评而随意地怠工、降低工作效率、离开组织，反而会虚心接受批评，以能在这样的公司工作而骄傲，更加努力工作，增加对工作的热情，创造出更好的绩效。他们觉得在这样的公司或组织工作更能有成就感，也能体现自己的价值。根据以上分析得出如下假设：

假设1：虐待式管理对组织公正性产生负（−）的影响。

（二）组织公正性、工作投入和离职意图之间的关系

组织公正性由分配公正、程序公正和互动公正三个维度构成。组织公正性是对组织成员的离职意图、组织投入、个人的工作态度和行动产生影响的重要的先行变量（Colquitt et al., 2001），组织献身、职务满足等对组织公正

性相关的变量产生影响。相互作用公正性对组织和个人的离职意图有负的关系（Berry et al.，2007）。组织公正性通过组织成员的感知和认同，不仅会使对组织有益的行为增加，而且使逆向机能的行为减少（손승연 등，2009）。马斯特森（Masterson）（2000）等学者在美国东北部的私立学校选取了651位教师作为样本研究得出，程序公正比互动公正更能解释员工的工作投入，程序公正对工作投入有更显著地影响，提高员工的程序公正感知会提高员工的工作投入，降低离职率。穆尔曼（Moorman）（1993）等学者共选取420个企业员工和管理者作为样本，进一步研究得出，程序公正与情感承诺和工作投入都有显著正相关关系。

基于中国文化背景的研究，互动公正、程序公正和分配公正都对员工的组织承诺、工作投入有积极影响，其中互动公正影响最强，分配公正其次，程序影响最弱。互动公正与情感承诺、工作投入均有显著正相关关系；分配公正与工作投入和离职意图有显著正相关关系；程序公正与工作投入影响关系不大（李秀娟等，2007）。之所以在中西方文化背景下产生如此不同的结论，可能的原因在于，中国人注重人际关系，特别是看重自己与其他成员及其上级领导的关系，所以在中国，互动公正会对工作投入的影响较为明显，程序公正对工作投入的影响较小。然而西方国家人们对程序公正较敏感，程序公正对工作投入和离职意图的影响较显著。

组织支持在互动公正影响的工作投入中起部分中介作用，因此，他们主张通过增加员工的工作内容，改变他们原有的单一枯燥的工作方式，给他们更多机会尝试新的工作，另外根据他们掌握的知识技能与岗位的基本要求之间进行合理的匹配，达到人尽其能，人适其岗，人岗匹配的准则。这样可以提高员工的组织公平感知，进而可以提高员工的组织承诺水平（刘璞等，2008）。

组织不仅要通过建立公正的分配环境来提高员工的工作效率，而且要善于构建能得到员工认同的雇佣关系，尤其是高质量的员工与直接领导之间的关系，提高员工的工作满意度和组织承诺。综上所述，我们得到如下假设：

假设2：组织公正性对工作投入产生正（＋）的影响。

假设3：组织公正性对离职意图产生负（－）的影响。

（三）虐待式管理、组织公正性、工作投入和离职意图间的关系

先行研究的结果表明，虐待式管理使下属所期望的积极的工作态度和行动的数量、质量减少，并且对组织的发展和业绩产生负的影响。席林（Schilling）（2009）指出，对破坏性领导力行为的质的研究发现，上司的虐待式管理会使下属对组织积极的动机产生损伤作用，形成较低水准的组织投入、消极被动的对应、离职率增加等恶性循环。近年来的研究认为，虐待式管理在组织中产生的最为严重的负面影响之一，就是员工对组织公正感削弱，工作投入程度降低，生产效率低下。虐待式管理会影响到下属的组织支持感，从而影响到员工的建言行为和反生产行为（손승연 등，2009）。从员工层面上来看，长此以往，由于虐待式行为的持续影响，会降低员工的工作热情，使员工对组织缺乏认同感，失去对工作的热爱，最终增加员工的离职行为（Wang，2015）。

根据公正理论，个体公正感来自三个方面：分配公正、程序公正和互动公正。与他人相比，受到上级虐待式管理的员工会感到自己的付出没有得到相应的回报，认为分配不公正；此外，他们还认为组织没有建立起完善的制度和程序以约束虐待行为的实施者，保护虐待的受害者，因此感受到程序不公正；上级主管是员工互动公正的来源之一，可以隐瞒重要信息对员工进行人身攻击，会使员工感受到互动不公正。而组织中的不公正感

很可能会转化成为员工对工作的厌烦，工作满意度降低，并促使员工离职寻找新的工作。

越来越多的研究表明，虐待式管理和组织公正性呈负相关关系，即组织中虐待式管理行为越多，员工感受到的组织公正性越低。换言之，组织中频繁出现的虐待式管理行为，会严重削弱成员的组织公正感，组织成员不能容忍虐待式管理行为而导致离职率上升。受到上级虐待式管理的员工感受到组织不公正，这种不公正感进而降低他们的工作满意程度和工作投入感。

如果上司以结果为导向只关心工作任务的完成与否，对员工冷漠，不注重人际关系的话，员工的工作积极性也会不高，迫于工作任务只会完成角色内工作，不会完成角色外工作，组织公民行为减弱或消失，组织公正性的效果也会减弱。在高维度关心的组织里面，如果员工感受到组织公正，他们也会容易提高工作满意度，进而也会产生更多的工作投入，也愿意表现出更多的帮助同事行为，组织公民行为增强，个人主动性也会提高，也会以一种主人翁的态度来更加勤奋地工作。组织提高员工组织公正感，可以加强他们对组织的归属感，进而员工更愿意为组织服务，表现出更多的角色外行为，组织与员工产生良性的互动行为。

值得注意的是，团队层次的公正感和个体层面的公正感有所不同，个体往往会受到从众心理的影响，会努力调整自身的行为方式，使其符合团队的社会表现。由于团队层次的组织公正不可能是所有成员对组织公正感的简单算术平均，所以，团队之间的组织公正感差异对企业内部不同团队业绩的影响不同。

重要的是，组织要提供强有力的支持系统。这个系统可以是来自上级的、来自同事的、来自下属的。在中国，有很多情况和国外是不同的。西方的专业支持更重视心理辅导和训练，通常情况下，来自专业的帮助实际上更重要，也更能解决实际的问题，例如自己业务能力的提升，人际关系的拓展，也容易让员工接受。相比较而言，中国式的人文关怀更加重视情感和物质的支持，但不注重私密性和隐秘性，员工会有所顾虑。所以，在进行员工心理辅导和沟通方面，要注意改进方式和方法，尽可能地做到专业性，或者聘请外部心理咨询师来对员工进行心理辅导，做到有的放矢，有针对性、效果性。综合以上分析我们得到的假设如下：

假设 4：组织公正性在虐待式管理和工作投入的关系中起到中介作用。

假设 5：组织公正性在虐待式管理和离职意图的关系中起到中介作用。

（四）传统性在虐待式管理和组织公正性之间的调节作用

受儒家思想的长期影响，中国是一个以和为贵的社会，特别注重人际关系，尽量避免人际关系冲突和紧张，而且中国传统文化重视秩序与服从，对于高传统性的员工，他们始终恪守感知到的特殊角色和义务，以此指导自己的行为。一方面，高传统性员工谨遵"上尊下卑"的传统思想（Farh et al.，1997），强调个人服从于组织，会尽可能容忍自己在组织中的劣势地位。因此，他们可能压抑自己与组织相左的行为、认知和内心感受。另一方面，高传统性者具有安分守成、宿命自保等特点，注重与领导、同事和谐相处（李锐等，2012）。由此可以推论，员工的传统性会对虐待式管理的感受和认知有缓解作用。

杨国枢等（1991）认为，传统性的主要维度是遵从权威，其他维度包括孝亲敬祖、安分守成、宿命自保和男性优越。也就是说，传统的中国人认为应对权威无条件和无批判地尊敬、信任和服从。他们有非常强烈的家庭种族观念，强调对长辈和祖先的尊孝、对集体忠诚、不犯上不越矩等。中国人的传统性与华人社会的人际关系、商业伦理和管理规范等都息息相关。

西方学术界普遍的看法是，在社会或者组织变革中，个体的传统性是抗压的不利因素。换言之，传统性越高抗压能力越低。由于中国传统文化的影响，大多数传统价值观强的人并没有被社会抛弃的悲观心态，他们的心理和生理状况并不差（谢家琳，2008）。传统中国价值观的确能够影响其对待压力的态度和化解压力的能力。中国的年轻人受到西方思想的影响，即使个人主义的价值观很高，却未必抛弃自己的传统价值观，两者完全可以在一个人身上并存。在西方过去的研究中，这种情况并不多见，这说明中国文化对人的影响是非常深的。企业或组织应该更多地关心员工，更深刻地去理解员工的需求和特质。

虐待式管理强的组织，组织成员在工资、福利及其组织认同的心理方面的不满足感会进一步强化，一般来说工作投入程度也会变低。在儒家文化圈中，中国人传统意识和权威有很紧密的关系。职员的传统性越高越会忽略组织的不利环境来努力工作，组织成员对上司的服从意识也会越强，并且会任劳任怨，更加牺牲自己的时间来用于工作。传统性低的人更自我、更独立，因为他们主要依靠自身能力抗压，所以比传统性高的人更需要授权、自治。传统性高的人对组织公平性不是很敏感，即使受到了不公平的待遇、对待等一般也会默默忍受，会服从上级的安排和指示，传统性低的人会很在意组织的公正性，如果受到不公正对待，就会发牢骚、抱怨。特别是现在的"90后"（指1990年1月1日至1999年12月31日出生的一代中国公民）开始进入职场，由于是独生子女并且具有相对优渥的生活条件，对于挫折的承受能力不强，这一个群体对传统性的认知和感受值得我们进一步研究。本研究中组织成员的传统性的维持程度会对虐待式管理和组织公正性之间的关系产生影响。以上是以先行研究为依据来证实传统性的假设，具体假设如下：

假设6：传统性在虐待式管理和组织公正性之间的关系中起到调节作用。

也就是说传统性意识高的职员比传统性意识低的职员对虐待式管理和组织公正性之间的积极关系更强。

根据以上分析，得出本研究的研究模型，见图2.3。

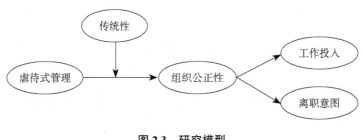

图 2.3 研究模型

三、研究方法

（一）样本的选定

为了验证研究的模型和假设，我们选定了经济发达地区的中国电子装配企业员工进行了问卷调查。为了尽可能地扩大样本收集范围，我们以包括北京、天津、大连等4个城市10个公司的员工作为调查对象，问卷的发放、数据的收集为我们的实证分析提供了数据上的支撑和保障。在这里要说明的是，之所以选择这些城市作为发放问卷的地点，是因为这些城市代表了经济发达的中国地区，而中国绝大部分企业也集中在这里，对于中国企业研究有普遍性的意义。本研究共收取了225份调查问卷，剔除无效问卷后，按照一定的标准筛选废卷，筛选标准主要是：①缺选题项超过五题；②连续五个项目的选择相同。我们最终选定了183份有效问卷用于实证分析，问卷有效回收率为81.3%。此样本的人口统计学的特征见表2.5。

表 2.5　样本的人口统计学特征

分类		数量	占比（%）	分类		数量	占比（%）
性别	男	64	34.97	学历	高中	3	1.64
	女	119	65.03		中专	3	1.64
婚姻状况	未婚	95	51.91		专科	49	26.78
					本科	93	50.82
	已婚	88	48.09		硕士研究生及以上	35	19.13
年龄	20~30 岁	124	67.76	工作年限	1 年以下	15	8.20
	31~40 岁	56	30.60		1~3 年	55	30.05
					4~6 年	50	27.33
	41~50 岁	2	1.09		7~10 年	45	24.59
	50 岁以上	1	0.50		11~20 年	18	9.84

（二）控制变量

本研究选定了几个已知的会对创新行为产生影响的变量作为控制变量，分别为调查对象的性别、年龄、受教育水平及工作年限。通过对这些控制变量效果的分析可以更精准地验证本研究所提出的假设。

（三）变量的测定

虐待式管理：员工感受到上级对其持续性地表现出敌意行为，这种敌意既包括言语上的，也包括非言语上的。为了测定虐待式管理，我们采用泰珀（2000）开发的量表，从 15 个问项中选择 7 个。问卷采用李克特五点量表法，其信度为 0.82。

组织公正性：组织或单位内部组织成员对于个人利益、有关的组织制度、政策和措施的公平感受。为了测定组织公正性，穆尔曼（1991）的研究提出公正性有 3 个构成要素。本研究选择组织公正性的 6 个问项。问卷采用李克特五点量表法，其信度为 0.91。

工作投入：心理上对工作的认同，组织成员完成工作过程中体力的、认知的、情绪的、精力的投入过程。为了测定工作投入，采用舍费利（Schaufeli）（2003）开发的测度。这个测度由活力、献身、投入三个下位测度组成。我们采用缩略版（UWES-9）问项，问卷采用李克特五点量表法，其信度为 0.90。

传统性：个体的价值观，定义为对传统社会的规范和观念的接受、尊重和承诺的程度。我们采用杨等人（1989）开发的量表。问卷采用李克特五点量表法，其信度为 0.73。

离职意图：职员想要离开现在所在的组织的意愿。为了测定离职意图，我们采用泰珀（2009）开发的量表，采用了李克特五点量表法，其信度为 0.92。

四、数据分析与结果

（一）效度的测定与描述性统计

在数据分析之前我们进行了量表的效度分析。为了验证效度，我们采用了安德森和格宾（1988）所推荐的验证性因子分析。在表 2.6 中可以看到通过验证性因子分析得到的拟合指数。

表 2.6　验证性因子分析

区分	χ^2	df	P	RMSEA	RMR	GFI	CFI
模型	793.71	449	0.00	0.07	0.06	0.80	0.88

由表 2.6 可见，拟合指数分别为 $\chi^2=793.71$（df=44，$P<0.001$），RMR = 0.06，CFI=0.88，GFI=0.80，RMSEA=0.07. 这些拟合指数中，最基本的 χ^2 的有意度数值要满足大于基准值 0.05 的条件，但实际上其值受样本大小的影响，当样本的量大的情况下是很难达到基准值 0.05 以上的，RMSEA 的数值小于 0.08，说明数据与模型失误拟合度是比较好的。RMR 的理想数值最好是能小于 0.05，但是只要小 0.10，我们就认为数据和模型的拟合度是比较好的。CFI 和 GFI 取值范围 0 到 1，一般意义上，只要其数值大于 0.90，我们就认为数据和模型之间的拟合度是优秀的。虽然在本研究中 GFI 的值小于 0.90，但是由于其受源于样本特性的非一贯性（inconsistency）的影响，我们可以考虑用对于样本特性来说自由度更高的 CFI 来判定拟合度。本研究中的 CFI=0.88 接近 0.90，说明研究模型的拟合度已经达到了可接受的标准。

本研究中出现的有关变量的描述性统计和它们之间的相关关系见表 2.7。

表 2.7　描述性统计和变量间的相关关系

变量	M	SD	虐待性管理	组织公正性	工作投入	离职意图	传统性
虐待性管理	2.57	0.77	1				
组织公正性	3.42	0.76	−0.21**	1			
工作投入	3.37	0.69	−0.07**	0.42**	1		
离职意图	2.76	0.99	−0.07**	−0.32**	−0.22**	1	
传统性	2.65	0.65	0.25**	−0.04**	0.07**	0.14**	1

**$P<0.01$

由表 2.7 可见，答题者认为组织比较重视组织公正性（M=3.42）；相反答题者认为组织在虐待式管理（M=2.57）和传统性（M=2.65）两方面相对不尽如人意。还有就是，我们可以发现，组织公正性和工作投入之间存在着相对较高的相关关系（B=0.42，$P<0.01$）

（二）模型的拟合度和假设的验证

本研究在验证假设之前，我们先对模型的拟合度进行了验证。为了验证模型拟合度，我们运用分析共变量构造模型的 AMOS17.0 软件进行了分析，在对控制变量即年龄、性别、受教育水平和工作年限进行分析和控制后，其结果见表 2.8。

表 2.8　研究模型测定的适合度

χ^2	df	P	CFI	GFI	RMSEA	RMR
500.31	249	0.00	0.90	0.82	0.07	0.08

通过表 2.7 所提供的数值（CFI=0.90，GFI=0.82，RMR=0.08，RMSEA = 0.07），可以看出拟合度指数都是比较良好的，进而我们可以判断出此模型可以用来进行下一步的假设验证。

为了验证研究模型的适合度，路径的差异性分析见图 2.4 和表 2.9。

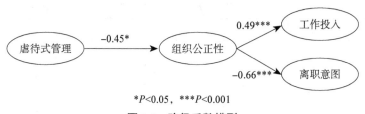

*P<0.05，***P<0.001
图 2.4　路径系数模型

表 2.9　结构方程式路径分析结果

假设	路径	估计值	标准误差	建构信度	P	结果
H1	虐待式管理→组织公正性	-0.45	0.17	-2.68	*	成立
H2	组织公正性→工作投入	0.49	0.09	5.21	***	成立
H3	组织公正性→离职意图	-0.66	0.15	-4.45	***	成立

*P<0.05，***P<0.001。

我们把经过拟合度验证的模型进行了路径分析，并标出了变量之间的路径系数，我们可以看到：

虐待式管理对组织公正性产生负（−）的影响，$r = -0.45$，$P<0.05$，假设1得到支持。

组织公正性对工作投入产生正（＋）的影响，$r = 0.49$，$P<0.001$，假设2得到支持。

组织公正性对离职意图产生负（−）的影响，$r = -0.66$，$P<0.001$，假设3得到支持。

（三）中介变量效果的检测

一般的中介效果检验都会采用巴伦和肯尼（1986）开发的3步骤或用Sobel检验的验证方法，本研究采用的是最近较为流行的Bootstrapping检验方式。鉴于Sobel检验等验证方法存在的一些缺陷，通过Bootstrapping的验证方法，采用这个方法的好处是通过多次抽取样本的方法得到多组随机性和可靠性更强的数据，弥补了数据不足的缺陷。估算出中介效果的区间，只要这个区间内部不包含"0"，就能判定变量具有中介效果，见表2.10。

表 2.10　利用 Bootstrapping 对组织公正性的中介效果的检验

路径			组织公正性的中介效果		
			下限	上限	P
工作投入	←	虐待性管理	−0.56	−0.04	0.02
离职意图	←	虐待性管理	0.03	0.88	0.01

见表2.10所示，在虐待式管理和工作投入的关系中，组织公正性的中介效果［−0.56，−0.04］，$P<0.05$。区间中不包含"0"，也就是说，在虐待式管

理和工作投入的关系中，组织公正性具有中介效果。假设 4 得到支持。

在虐待式管理和离职意图的关系中，组织公正性的中介效果〔0.03，0.88〕，$P<0.05$。区间中不包含"0"，也就是说在虐待式管理和离职意图的关系中，组织公正性具有中介效果。假设 5 得到支持。

由表 2.11 可见，虐待式管理 $B=-0.85$，传统性 $B=-0.48$，$P=0.04<0.05$，所以显著性概率是有意义的。调节效果的分析结果见图 2.5。传统性越高的话，虐待式管理和组织公正性之间的负的关系越弱，反之则越强。假设 6 得到支持。

表 2.11 传统性的调节效果考证结果

变量		非标准化系数		标准化系数		P
		B	标准误差	标准化 B	t	
1	（常数）	3.97	0.20		20.39	0
	虐待式管理	−0.21	0.07	−0.21	−2.39	0
2	（常数）	3.74	0.26		13.93	0
	虐待式管理	−0.23	0.08	−0.24	−3.16	0
	传统性	0.11	0.09	0.10	1.26	0.21
3	（常数）	5.25	0.78		6.70	0
	虐待式管理	−0.85	0.31	−0.85	−2.79	0.01
	传统性	−0.48	0.30	−0.41	−1.59	0.11
	虐待式管理 * 传统性	0.23	0.11	0.90	2.05	0.04
从属变量：组织公正性						

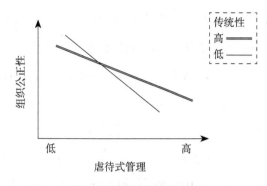

图 2.5 传统性的调节作用

五、结论

（一）研究结果

本研究以中国企业的员工为研究对象，试图用实证分析的方法来验证上司的虐待式管理对组织成员的工作投入和离职意图的影响，同时也试图发现领导模式的哪些方面会对员工的工作态度产生积极的影响。特别要指出的是，在很多的研究中并没有在虐待式管理和工作投入、离职意图的关系中加入组织公正性的中介效果及传统性的调节效果的论证过程。传统性是东方社会中不能不考虑的文化因素，特别是在中国由于受儒家思想的影响，传统性时刻影响着我们的生活、工作，对于现代人力资源管理的研究也有很重要的启示。本研究在实证论证过程中，比较独创性地论证了中介效果和调节效果。另外，从人口统计学的特征来看，年龄在 26~30 岁的人超过总数的 60% 以上，学历在本科以上的超过了 60%，工作的年限在 4 年以上的超过了 60%。这样的比例保证了数据的质量，为数据分析提供了可靠的保障。通过本研究，我们可以得到以下的结果：

第一，变量的相关分析中，虐待式管理与组织公正性有显著的负相关。适当地控制和减少虐待式管理可以有效地强化职员的组织公正性。管理者从自身做起，注意批评的方法和效果，可以有效地减少组织成员的反感心理程度，增加对组织的认同感。

第二，组织公正性与工作投入有显著的正相关，与离职意图有负相关。通过组织公正性的强化，可以增加职员对工作投入的程度，有效减少离职率，保持团队的稳定性。在实践中应该注意组织团体对公正性的认知，还要关注成员个体对公正性的感知程度，才能做到有的放矢，调动组织成员的工作积极性。

第三，传统性可以调节虐待式管理和组织公正性之间的负相关关系。对传统性强的职员来说，虐待式管理对组织公正性的负影响的感知程度较弱。在组织中，组织成员的出身、家庭环境及其所受到的教育背景、人生观、价值观等都是在招聘员工时所要考虑的因素。

（二）研究的启示和局限性

本研究的核心结论是企业或组织中虐待式管理与工作投入、离职意图之间组织公正性的中介作用，以及其传统性在虐待式管理和组织公正性之间的调节效果。通过降低上司的虐待式行为可以增强职员对组织的热爱程度，减少职员的离职意图和行为，研究结果能够给予企业实践性启示。也就是说，如果企业内部上司和下属之间的关系和谐，会有效地增强职员对组织认同和情感，降低员工的离职行为。

第一，研究结果表明组织可以提升管理者素质降低虐待式行为，毕竟虐待式管理行为对组织承诺、工作满意度、员工焦虑、情绪耗竭、工作倦怠等方面都会产生很大的负面影响，这一定要引起管理者足够的重视。可以通过参加管理技能的培训或相关管理课程的学习来提升员工素质。

第二，在组织中，员工是否认为组织对资源的分配是公正合理的，不仅直接关系到员工满意度、员工士气和工作行为，也会影响组织的稳定和良性发展。可以说，员工没有感知到组织公正感，就没有其幸福感，进而组织的健康发展和稳定地位也岌岌可危。

第三，在东方社会中由于受到儒家思想的影响，个人传统意识的强弱，对公司的认同感及员工队伍的稳定性有很大影响。一般电子产品组装工厂都愿意招聘农村出身的员工，因为他们大多传统意识强烈，任劳任怨可以加班加点及时地完成工厂的任务量。

第四，中国社会处于集体主义占主导价值观的文化氛围中，人们会更多地强调等级结构，也更接受等级差异。因此总体来说，中国人的社会支配取向比西方人更高，员工会对管理者的态度进行更好的自我调适，也更容易接受管理者的态度。

第五，管理者应该注意批评方式和方法。由于具有社会支配取向的员工更容易受到伤害，更容易被管理者的虐待式行为所打击，管理者应该找到一种让员工能够接受的途径去对其进行教导，并且在日常工作和生活中多给予员工关心和指导。

第六，建立良好的领导—成员关系。不仅要将合适的人安排在合适的岗位上，还应将合适的人分配给合适的上司。来自非官方的统计资料表明，很多员工离职并不是不喜欢某个组织，而是不能接受其上司的做事风格。

最后，我们附上了本研究所具有的局限性。

第一，由于本研究是依据自我报告型数据（self-report data）的横向研究，存在着与这一类问卷调查型研究相同的局限性。也就是说，本研究在因果关系的推论中存在着局限性。

第二，本研究虽然检验了共同方法偏差（CMV）是否存在的可能性，但是没有从根本上减少这一问题出现的可能性。

第三，地区的局限性。虽然在样本的收集过程中我们尽量保证了扩大收集的范围，但是由于本研究的样本局限于北京、天津地区的中国企业的劳动者，在研究结果一般化的过程中还是存在局限性的，并不是所有的中国企业都是集中在发达地区的。

第四，问卷的局限性。本研究的问项都是取自外国的文献，而以中国公司组织成员为调查对象。由于文化差异，这些问项可能并不能够很好地反映中国公司组织成员的真实态度、内心想法。由于文化差异导致的比较分析的研究是有必要的。

第三节　对沉默行为实证影响研究：以中国员工为研究对象

一、引言

随着竞争的加剧，很多公司或组织为了获取更先进的技术和竞争优势，组织管理者意识到了人力资源的重要性，把员工特别是创新型员工当作组织的重要"财产"。现代的组织结构中，员工的行为受到很多因素的影响，其中组织内部最重要的影响因素就是上司的领导风格。与以前研究的魅力型领导力、变革型领导力等积极领导力相反，本研究聚焦于消极领导力中具有代表性的虐待式管理。

在很多组织中，一种常见的现象就是，员工害怕被领导批评，因此在汇报工作时"报喜不报忧"。他们不敢表达自己的观点，害怕自己不同的观点会激怒上司。一些员工不敢表达他们的想法或观点是因为缺少自信或是怕被贴上不合群的标签。实际上，当组织遇到危机或突发情况时，处于一线的基层员工很清楚事态的发展，拥有解决对策，但是很多时候他们为了躲避指责或批评会选择沉默。这种沉默行为不仅阻碍了组织信息交流和传播，并且降低了上司做出决策的质量，对员工未来的职业生涯的发展也会有不利影响（Lu，Xie，2013）。

犬儒主义是由绝望、不幸福和挫败感等结合形成的一种处世态度（James，2005）。已有研究结果显示，虐待式领导对员工的业绩有负面影响（Tepper，2000）。犬儒主义员工会有很多不同的负面情绪，如焦躁感、厌世感和羞愧感等，这些负面情绪会给员工带来压抑感并消耗能量。持续的犬儒主义行为会使员工变得更加顺从，很少去质疑组织造成的负面影响事件，不会向上级或组织报告发生的问题，造成组织管理成本上升，效率低下。

现在职场中，"80后"已经成为社会各个行业的主要力量，特别是"95后"已经开始大量进入职场。这些"95后"的成长伴随着独生子女政策和科技的快速发展，他们对于新事物的接受能力更强，因此，企业的管理者不得不面对与以往不同的群体，需要用新的方式来了解他们。特别是领导方式的转变和员工处世态度的形成对于组织的进一步发展有重大的影响。

二、理论背景和假设

（一）沉默行为的定义

最早对沉默行为进行研究是在 20 世纪 70 年代，罗森（Rosen）和泰瑟

（Tesser）（1970）的研究指出，一些员工因为害怕领导而保持沉默行为。个人保持沉默是因为他们不想成为负面消息的传播者，这种现象被称为沉默行为。

莫里森（Morrison）和米利肯（Milliken）（2000）正式提出沉默行为的概念，沉默行为是一种集体层面的现象，它指的是组织成员选择隐藏自己的想法和观点。平德（Pinder）和哈洛斯（Harlos）（2001）指出员工沉默行为是对组织环境的行为、情感和认知评估的真实表达，迫使员工个人保持沉默，作为对不公正的回应。戴恩（Dyne）等人（2003）建议在讨论组织成员沉默行为之前，需要设定边界条件。首先，沉默行为不包括无意识的行为；其次，排除员工没有相关信息、意见和想法的沉默行为；最后，强调成员沉默发生在员工与上司面对面的交互过程中，如讨论和会议场景。

蔡翔和马辉（2011）根据"4W"来定义沉默行为（谁沉默？对谁沉默？什么问题导致的沉默？是什么形式？），员工（基层员工或中层管理人员）可以提供信息、想法和建议来实现组织内部和外部的目标，但由于不可预测的原因，他们可能隐藏想法，过滤或夸大他们的观点。

沉默行为的维度。自从提出组织成员沉默行为后，平德和哈洛斯（2001）把定义划分为两类：静止沉默和默许沉默。静止沉默是基于害怕说出自己的意见会令人不愉快，为了保护自己而积极地持有意见。默许沉默表明持有建议是消极的，这意味着被动的服从。平德、哈洛斯和戴恩（2003）依据员工动机，提出默许沉默、亲社会沉默和防御沉默。事实上，静止沉默和亲社会沉默十分接近，不同之处在于亲社会沉默是基于组织公民行为，他们将其定义为保留与工作相关的信息、想法和观点，目的是使他人或组织的收益基于利他主义或合作动机。亲社会沉默是基于对替代的意识和考虑，以及隐瞒想法、信息和意见的有意识的决定。与防御性沉默相反，亲社会的沉默是出于对他人的关注，而不是对负面的个人关系的恐惧。

由于不同文化的影响，员工沉默行为的结构在不同的国家和地区可能不一致，因此，一些中国学者在西方学术成就的基础上开始研究中国文化背景下的员工沉默，他们把"4W"理论与行为改变理论基础上的沉默现象相结合，将其分为双赢沉默、零和沉默，研究对个体造成损害并使整个组织收益的沉默行为，或损害整个组织并使个人收益等。赵春莲（2012）根据影响员工沉默行为的因素：领导、组织、同事和个体成员，将员工对企业的沉默分为三个相应的维度：组织系统沉默障碍、人际关系恐惧沉默和低自尊个体沉默。

（二）虐待式管理

越来越多的学者关注工作场所的偏离或反生产行为。因此，对虐待式管理或者领导力的"黑暗面"的研究已经出现，它强调对员工不利的影响（Tepper，2007）。

虐待式管理被定义为下属对其上司"持续展示出敌对的言语或非言语行为，不包括身体接触"的看法（Tepper，2000）。虐待式管理可能包含使用贬义名称的行为、情感爆发，包括进攻型眼神接触、沉默应对及在他人面前羞辱或嘲笑某人（Zellars et al.，2002）。研究表明，员工对组织不利的虐待式管理做出负面回应，而主管的负面行为导致员工沉默行为加剧。这种情景下，员工倾向于减少对组织有益的行为，因自我保护而表达改进意见。

当面对一个虐待型的上司时，根据社会交换理论，追随者会以负面的方式回应主管，如参与犬儒主义行为。这与先前的研究是一致的，当员工认为他们受到消极对待（如被羞辱、被嘲笑）时，他们会对这种行为做出反应，以回击那些虐待他们的人（Bennett，Robinson，2003）。虐待式管理的现象在中外企业中都长期存在着，它不但严重削弱员工的组织公正感和幸福感，还会危及整个组织的稳定、绩效与健康发展，并且严重破坏劳资关系的平衡（康东伟等，2017）。

上司虐待行为威胁员工的个人和社会资源。犬儒主义的下属宁愿采取沉默来使自己与工作隔离开来，以保护他们有限的宝贵资源。在论证之后，我们提出犬儒主义是一种积极的应对策略，当面对持续的虐待式管理时，玩世不恭的下属会采取这种策略。根据以上研究得出如下假设：

假设1：虐待式管理对员工的犬儒主义行为有正（＋）的影响。

假设2：虐待式管理对员工的沉默行为有正（＋）的影响。

（三）犬儒主义对沉默行为的影响

犬儒主义会对员工的工作态度和行为产生消极影响。研究表明，犬儒主义会降低员工的组织公民行为（Andersson，Bateman，1997），会破坏员工情绪进而减少感情承诺,对员工的角色内、角色外行为均产生负面影响（Johnson，O'LearyKelly，2003）。根据态度与行为的一致性理论，员工沉默行为的发生受犬儒主义的作用。犬儒主义者习惯于将组织问题无法解决归因于上司的自私自利，对组织漠不关心，倾向于消极退让，失去组织承诺的热心，内心充满不信任感。因此，员工的犬儒主义水平越高，对组织的感情承诺越低，很难从组织角度考虑问题，从而保持沉默行为（郑晓涛等，2008）。与此同时，持续的犬儒主义态度会使员工变得更加顺从，很少对有负面影响的事件发表看法。由于缺乏对组织和上级的信任，犬儒主义者担心自己的建议可能不被上级重视，甚至会被认为是挑战领导的权威，进一步影响绩效评估，阻碍职业发展。因此即使他们有能力处理当前的问题，对组织的管理问题提出改进的建议与意见时，也会为了自身的发展而选择沉默。根据以上研究得出如下假设：

假设3：犬儒主义对沉默行为有正（＋）的影响。

（四）犬儒主义的中介效果

犬儒主义可以追溯到公元前400年的古希腊（Stanely et al.，2005），它的本意是指雅典附近的一个城市。因为古希腊有着很高的道德标准，他们经常用幽默作为武器去反抗强权和财富（Anderson，Batman，1997）。从20世纪90年代开始，犬儒主义被应用到很多领域，如心理学，社会学和管理领域。这时犬儒主义的概念和定义发生了革命性的变化。如今，一般的犬儒主义指的是对社会或组织环境的负面情绪。员工的犬儒主义行为是作为员工与雇主关系中的一个新概念，被认为是员工可能拥有的最重要的态度之一。

在本研究中，我们采用科尔（Cole）等人（2006）的定义，员工的犬儒主义是由员工对组织的看法所形成的判断。犬儒主义是指一种在工作场所中所产生的负面态度，具体表现为针对组织和上级，认为组织和上司是基于组织利益或个人利益，违反诚信、公平的原则，而使员工对组织和上级产生悲观、讽刺及不信任的想法。多数研究认为，犬儒主义是一种习得性反应，会受到外部环境因素影响（Andersson，Bateman，1997）。犬儒主义本是一个哲学概念，但随着在各个领域的应用，它的概念和内涵也发生了很大的变化。安德森（1996）指出，三个因素在组织中产生犬儒主义：高度不切合实际的期望、失去希望和沮丧。

一般来说，员工犬儒主义也被定义为对组织的消极态度。一般确定为三个方面：认为该组织是不诚实的；对组织的负面情绪；倾向于向组织表现出羞辱和恶意的行为，这与消极的信念和情绪一致（Carth et al.，2006）。他们认为组织是不诚实的是犬儒主义的第一个维度，如果员工受到虐待行为，那种玩世不恭的感觉会变得强烈，导致员工和上司之间的不信任程度增加。犬儒主义不是对组织的公正判断，它可能包括情绪反应（Izard，1997）。先行研究表明，犬儒主义的态度倾向于导致沉默行为。批评是犬儒主义者最常见的行为，批评会对感情承诺产生不良影响。因此，我们得出如下假设：

假设4：犬儒主义在虐待式管理对沉默行为的影响中有中介作用。

（五）传统性的调节作用

传统性是指"传统社会中个人所常具有的一套有组织的认知态度、思想观念、价值取向、气质特征及行为意愿"（李锐等，2012），被认为最能体现儒家性格和价值取向，特别是对中国传统价值观念的认可（Farhetal.，1997）。

杨国枢等（1991）将传统性视为一种多维度的心理表现，在不同的文化中具有不同的内涵。他们的实证研究表明，中国人的个人传统性涵盖5个成分：

① 遵从权威：强调在各种角色关系与社会情境中应该遵守、顺从、尊重及信赖权威。

② 孝亲敬祖：主要强调孝敬父母与敬拜祖先。

③ 安分守成：强调安守本分、与人无争及逆来顺受，接受现实。

④ 宿命自保：强调少管闲事以避免麻烦，保护自己与家庭，也包括自利行为。

⑤ 男性优越：主要表现男性优于女性的态度。

杨国枢（2002）指出，个人以前的传统性心理与行为并不会随着社会的发展而消失，而是会与适应现代化生活的心理与行为共存，形成独特复杂的心理特征。

中国文化注重等级制度，组织中领导与下属之间会形成一种"尊卑"的关系，上司和下属的角色并不是对等的并且上司可对下属施加影响而不受角色规范的约束。高传统性的个人由于具有较强的遵从权威的取向，往往能恪守传统社会所普遍强调的"尊卑"的角色关系，高传统性的个体强调个人服从组织，也习惯于接受组织中领导的不公平的行为。因此，他们会压抑自己与组织相左的行为、认知和内心感受。因此可以推论，传统性会强化虐待式领导行为对犬儒主义的正向影响。在面对上司的批评和斥责时，与低传统性员工相比，高传统性员工的往往无处发泄内心的不满而选择忍耐和沉默，但是会导致其内心对组织的负面认知更强，对组织的承诺程度降低，不信任感增强，间接地增强了犬儒主义行为。因此，本研究提出如下假设：

假设5：传统性调节虐待式行为与犬儒主义之间的关系，即高传统性强化了虐待式管理对犬儒主义的影响，反之则弱。

根据以上分析，本研究的研究模型见图2.6。

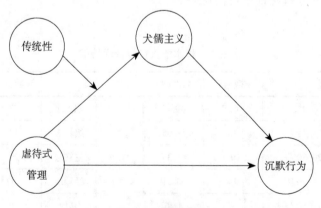

图2.6 研究模型

三、研究方法

（一）研究对象

为了验证模型和假设，本研究以北京地区的 5 家电子产品研发制造公司的员工作为调查对象进行了问卷调查。本次调查对象的岗位是研发岗位和研发支持岗位。为了提高员工回答问卷的积极性，我们设立了奖励制度，填写一份问卷会得到大约 10 元的微信红包或者等额的其他赠品。在调查过程中，我们采用匿名的方式，使受访者能够更真实地表达自己的看法。本次研究共收集了 205 份调查问卷，删除无效问卷之后，最终得到有效问卷 157 份，回收率为 76.6%。

此外，由于本研究的调查问卷都来源于英文问项，所以，为了保证问项意思的准确性，本研究按照布里斯林（Brislin）（1980）的回译（back translation）方法，先将调查问卷的问项从英文翻译成中文，再将中文翻译成英文，经过专业人士的确认和校对后才使用，通过这种方式来保证问卷所要表达内容的完整性。

此样本的人口统计学特征见表 2.12。

表 2.12　样本的人口统计学特征

分类		数量	占比（%）	分类		数量	占比（%）
性别	男	69	43.95	职级	职员级	83	52.87
	女	88	56.05		组长级	14	8.92
年龄	20~30 岁	101	64.33		主管级	21	13.38
	31~40 岁	49	31.21		经理级	9	5.73
	41~50 岁	7	4.46		其他	30	19.11

分类		数量	占比（%）	分类		数量	占比（%）
学历	高中及中专	5	3.18	工作年限	1 年以下	38	24.20
	大专	28	17.83		1~3 年	48	30.57
	大学本科	61	38.85		4~6 年	22	14.01
	硕士研究生	54	34.39		7~10 年	35	22.29
	博士研究生及以上	9	5.73		11 年以上	14	8.92

（二）操作性定义和变量的测定

虐待式管理：员工受到上司持续性的敌意行为，包括语言或非语言上的。我们采用泰珀（2000）开发的 15 个量表中的 7 个代表性量表，如 "上司直截了当地说我的想法是愚蠢的" "上司经常提及我过去的失误或错误" 等。问卷采用李克特五点量表法，其信度 Cronbach's $\alpha = 0.81$。

犬儒主义：认为上司基于个人利益，违背公平诚实的原则，使员工对组织产生不信任的想法。本研究采用科尔、布鲁赫（Bruch）和沃格尔（Vogel）（2006）开发的 7 问项量表，如 "我的周围有一种愤世嫉俗的氛围" "我们小组内部的沟通是十分消极的" 等。问卷采用李克特五点量表法，其信度 Cronbach's $\alpha = 0.77$。

传统性：对传统社会规范和观念的接受和尊重程度。我们采用杨等人（1989）开发的 6 问项量表，如 "避免错误的最后方法是跟着资深人士的指示" "两人在争论时，应让资历年长者来评定孰对孰错" 等。问卷采用李克特五点量表法，其信度 Cronbach's $\alpha = 0.71$。

沉默行为：员工有能力改进组织的状况时，处于自我保护的目的却保留的真正的想法和认知的行为。我们采用戴恩、安格（Ang）和博特罗（Botero）（2003）开发的 15 问项量表中的 12 问项，如"我经常顺从公司的决定，消极地保留自己的意见""出于担心的目的，我会保留公司解决问题的想法"等。问卷采用李克特五点量表法，其信度 Cronbach's $\alpha = 0.88$。

控制变量：本研究中，研究者选择了 4 个组织行为学中常见的人口统计学变量（性别、年龄、学历和职级）来作为控制变量。通过对这些控制变量效果的分析可以更精确地验证本研究所提出的假设。

（三）数据的分析方法

为了验证研究模型的适配度，以及验证性因子分析。本研究采用了 SPSS24.0 和 AMOS22.0 统计分析软件进行数据分析。为了验证假设，本研究采用了层级回归分析（hierarchical regression analysis），并且在进行分析之前，对所有的变量进行了平均中心化（mean-centering）计算处理。

四、数据分析结果

（一）效度的测定与描述性统计

为了更好地测定本研究中模型的适配度，通过统计分析软件 AMOS22.0，比较四因子模型（虐待式管理、传统性、犬儒主义、沉默行为），三因子模型（虐待式管理、犬儒主义、沉默行为和传统性合为一个变量），双因子模型（虐待式管理和犬儒主义合为一个变量、沉默行为和传统性合为一个变量），单因子模型（四个变量合为一个变量）之间的适配度指数。

为此，我们根据主要的模型适配度指数来进行分析比较，如卡方拟合指数（χ^2）、均方差残根（RMR）、拟合优度指数（GFI）、比较拟合指数（CFI）、Tucker–Lewis 指数（TLI）、近似误差均方根（RMSEA）。本研究采用安德森和格宾（1988）研究中采用的验证性因子分析来验证模型的效度。

通过验证性因子分析所得的拟合度指数见表 2.13。

表 2.13　验证性因子分析

区分	χ^2	df	P	RMR	GFI	CFI	TLI	RMSEA
四因子模型	362.72	246	0	0.06	0.84	0.92	0.91	0.05
三因子模型	449.98	249	0	0.08	0.79	0.86	0.84	0.07
双因子模型	594.56	251	0	0.09	0.72	0.76	0.73	0.09
单因子模型	689.07	252	0	0.10	0.68	0.69	0.66	0.11

Harman 单因子检测结果显示，四因子拟合指数：χ^2=362.72，df = 246，RMR=0.06，GFI=0.84，CFI=0.92，TLI=0.91，RMSEA=0.05；单因子模型拟合指数：χ^2=689.07，df=252，RMR=0.10，GFI=0.68，CFI=0.69，TLI = 0.66，RMSEA=0.11。通过对比，四因子模型的拟合度指标优于其他模型的拟合效果。上述结果表明，虽然本研究不能排除共同方法偏差的影响（common method bias），但是共同方法偏差并不显著。

在拟合度指数中，RMR 和 RMSEA 的取值一般小于 0.08，本研究中 RMR=0.06，RMSEA=0.05，说明此模型的拟合度比较理想。CFI、GFI 和 TLI 的取值大于 0.9，被认为数据和模型的拟合度是很好的。虽然本研究中的 GFI=0.84<0.9，但是由于受到样本特性的非一贯性的影响，CFI、TLI 对拟合度的说明作用也是十分明显的。本研究中，CFI=0.92，TLI=0.91，也都达到了可接受的标准。

本研究中变量的描述性统计和它们之间的相关关系见表 2.14。虐待式管理及犬儒主义和沉默行为之间存在较高的相关关系（$r = 0.55$，$P<0.01$）。虐待式管理和犬儒主义之间存在较低的相关关系（$r = -0.20$，$P<0.05$）。性别与传统性及沉默行为（$r = -0.32$，$P<0.01$），犬儒主义（$r = -0.37$，$P<0.01$）之间存在较弱的相关关系。

表2.14　描述性统计和相关关系

变量	评价	标准偏差	性别	年龄	学历	职级	虐待式管理	传统性	犬儒主义	沉默行为
性别	1.56	0.50	1							
年龄	1.40	0.58	0.04	1						
学历	4.22	0.92	0.03	−0.13	1					
职级	2.29	1.59	0.07	0.06	0.09	1				
虐待式管理	2.52	0.85	−0.21**	−0.15	0.02	−0.21*	1			
传统性	2.58	0.66	−0.32**	0.01	0.04	−0.13	0.49**	1	0.31**	
犬儒主义	2.96	0.63	−0.37**	−0.17*	0.00	−0.20*	0.49**	0.31**	1	
沉默行为	2.76	0.76	−0.32**	−0.05	0.06	−0.26**	0.55**	0.39**	0.55**	1

*$P<0.05$，**$P<0.01$

（二）研究模型的拟合度和假设的检验

在验证假设之前，对研究模型进行了拟合度分析，分析结果见表2.15。

表2.15　研究模型的拟合度

χ^2	df	P	RMR	GFI	CFI	TLI	RMSEA
234.45	149	0	0.06	0.86	0.93	0.92	0.06

表2.15拟合度结果为：RMR=0.06，GFI=0.86，CFI=0.93，TLI = 0.92，RMSEA = 0.06，可以看出研究模型的拟合度指数都是比较优秀的，进而可以判断此模型可以用来进行下一步的假设验证。

通过路径系数模型分析（图2.7），可以得到如下结果：

虐待式管理对犬儒主义产生正（＋）的影响，$r=0.34$，$P<0.001$，所以假设1得到支持。

虐待式管理对沉默行为产生正（＋）的影响，$r=0.33$，$P<0.05$，所以假设2得到支持。

犬儒主义对沉默行为产生正（＋）的影响，$r=0.95$，$P<0.001$，所以假设3得到支持。

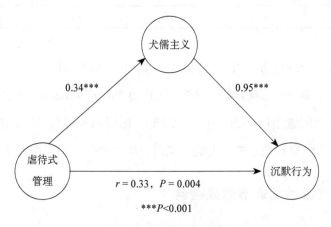

图2.7　路径系数模型

（三）犬儒主义的中介效果的验证

为了更精确地验证犬儒主义的中介效果，本研究采用了Bootstrapping检验和海斯（Hayes）（2013）开发的SPSS、PROCESS方法。这两种方法的好处是通过多次抽取样本可以得到多组随机性和可靠性更强的数据，弥补了数据不足的缺陷。用这两种方法验证标准是所估算的置信区间内不包含"0"且 PROCESS 方法还可以免去 P 值范围的考虑，就能判定中介变量具有中介效，见表2.16、表2.17。

表 2.16 通过 Bootstrapping 验证犬儒主义的中介效果

路径		犬儒主义的中介效果		
		下限	上限	P
虐待式管理	沉默行为	0.11	0.44	0.01

表 2.17 通过 Process 验证犬儒主义的中介效果

变量	效应值	标准差	置信区间下限	置信区间上限
犬儒主义	0.16	0.04	0.09	0.26

在 Bootstrapping 方法中，犬儒主义的中介效果的置信区间为 [0.11，0.44]，置信区间的数值都大于"0"，且 $P<0.05$。在 Process 方法中，犬儒主义的中介效果的置信区间为 [0.09，0.26]，区间内不包含"0"。在虐待式管理对沉默行为的影响关系中，犬儒主义具有中介效果，所以假设4得到支持。

（四）传统性的调节效果检验

本研究采用 SPSS 中的线性混合模型来进行多层回归分析。为了避免加入交互项后带来的多重共线性问题，分别对变量进行平均化处理，然后再计算其交互项并带入回归方程之中。传统性调节效果的验证结果见表2.18。

由表 2.18 可见，虐待式管理 $B=-0.177$，传统性 $B=-0.318$，显著性概率 $P=0.045<0.05$，所以虐待式管理 × 传统性对犬儒主义的影响是有意义的。调

节效果见图 2.8：传统性越高，虐待式管理对犬儒主义正（＋）的影响关系越强，反之则弱。假设 5 得到支持。

表 2.18　传统性调节效果的验证

变量		非标准化系数		标准化系数	t	P
		B	标准误差	Beta		
1	（常数）	1.801	0.158		11.426	0.000
	虐待式管理	0.397	0.058	0.489	6.803	0.000
2	（常数）	1.503	0.222		6.779	0.000
	虐待式管理	0.334	0.067	0.412	5.014	0.000
	传统性	0.175	0.093	0.155	1.889	0.061
3	（常数）	2.766	0.662		4.179	0.000
	虐待式管理	0.177	0.262	−0.219	−0.678	0.499
	传统性	−0.318	0.261	−0.282	−1.221	0.224
	虐待式管理 ×传统性	0.193	0.095	0.940	2.022	0.045

结果变量：犬儒主义。

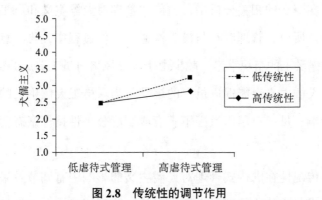

图 2.8　传统性的调节作用

五、结论与讨论

（一）研究结果

本研究以中国企业员工为调查对象，试图用实证分析的方法来验证上司的虐待式管理对组织成员沉默行为的影响，同时也试图发现犬儒主义在二者之间是否有调节作用及其对沉默行为的影响作用。犬儒主义更多地被认为是哲学或社会学中的专业术语，本研究通过实证研究来验证犬儒主义的作用效果。现在的人力资源管理更多的是借鉴西方的管理理论体系，但是任何管理理论都要考虑文化和社会背景，本研究创造性地引入传统性这一概念，由于中国社会受儒家思想影响，传统性时刻影响着我们的社会行为，是我们在进行研究时特别需要考虑的重要变量。

从人口统计学特征来看，年龄在 26~30 岁的人数比重超过了 60%，学历在大学本科及以上的约 80%，工作年限在 1~10 年的超过了 60%，这样的比重保证了数据的质量，为数据分析提供了可靠的保障。通过本研究，我们可以得出以下结论。

第一，在变量的相关分析中，虐待式管理对犬儒主义和员工沉默行为有显著的影响。所以，管理者在与员工沟通及工作过程中，要注意沟通的方法和技巧，增强员工的组织承诺，减少由于领导风格对员工造成的负面影响。

第二，犬儒主义也能促进员工的沉默行为。员工犬儒主义的成因受到周边环境的影响，员工对组织氛围不满意或制度公平性持怀疑态度，进而导致犬儒主义。

第三，传统性在虐待式管理对犬儒主义的影响中有调节效果，并且随着传统性的增强，虐待式管理对犬儒主义的影响更明显。由于员工的传统意识很强，对于领导言听计从，不敢有反对意见，但是内心对于组织是不信任的，甚至通过"磨洋工"的方式报复组织。

（二）研究启示

1. 理论启示

首先，探讨了中国文化背景下虐待式领导对员工沉默行为的影响。虽然大量研究表明了变革型领导、魅力型领导、变革型领导等对员工沉默行为的影响，但忽视了消极的领导方式对员工沉默行为的影响。本研究在一定程度上补充了虐待式管理对沉默行为影响的研究，且通过实证研究证实虐待式领导对员工沉默行为的促进作用。

其次，基于社会交换理论，选取了对员工的心理与行为有消极影响的个体变量（犬儒主义），探讨消极因素对员工沉默行为的影响机制。沉默行为作为一种消极的员工行为，从消极影响因素入手，更有利于发现它的发生机制，从而拓展现有关于沉默行为的研究边界。

2. 实践启示

近年来，随着以高科技为主导的新兴产业的迅速崛起，员工的价值已经不仅仅体现在他们所拥有的劳动力上，而且还体现在他们能够产生的具有创新性的思想和观点上。员工若能积极将自己的建设性想法表达出来，协助管理者及时发现机会、解决问题，将会有助于组织效能的改善和竞争力的提升。然而，很多员工经常担心发表自己的看法会挑战领导的权威，担心自己被组织孤立，不利于自己未来的职业生涯发展。这种担心常常导致员工保持沉默行为，这对于企业的运营管理、技术创新及生存发展是不利的。

本研究的结果显示，员工的沉默行为受到内部因素（犬儒主义）和外部因素（虐待式管理）的综合影响。管理者应该注意与员工（特别是关键人才或核心员工）的交流和沟通方式，找到一种员工能够接受的途径去对其进行人际互动来努力发展和维系良好的私人关系，进而与他们建立高水平的相互信任，从而最终降低员工的犬儒主义和沉默行为，激发他们突破某观念的桎梏，为组织发展献计献策。

（三）局限性和未来研究

第一，戴恩等（2003）将沉默行为划分为默许性沉默、防御性沉默和亲社会性沉默。本研究将三个下位概念合并成一个变量进行研究，在未来的研究中可对沉默行为分维度进行检验，以便更清楚发现不同类型沉默行为的发生机制，从而进一步深化对沉默行为的理解。

第二，在研究设计方面，本研究属于横断面研究。这使得我们不能严格地评估变量之间的因果关系。未来研究最好能收集具有较大时间跨度的纵向追踪数据来对研究结果做出更为严格的检验，使得变量之间的研究结果更有说服力。

第三，本研究虽然检测出共同方法偏差问题不严重，但是由于采用自我报告型数据，没有从根本上减少这一问题出现的可能性，在未来的研究中可以采用小组研究，能更好地检测共同方法偏差。

第四，由于问项都来源于国外文献，而以中国公司员工为调查对象，有一定的局限性。任何理论和思想的形成都要考虑社会环境和文化，特别是人力资源管理领域，由于文化差异和组织环境导致问项结果不能很好反映组织成员的真实想法，所以开发适合中国国情的沉默行为的问项是有必要的。

第三章 领导组织行为对创新行为的影响研究

第一节 关于"互联网+"背景下正式导师制对个人创新行为的关系中情感承诺的调节和心理安全感中介效果的研究

一、引言

随着互联网技术的不断发展与进步，企业的管理层也面临着严峻的挑战。如何正确地革新企业的管理理念和模式成为企业人力资源管理者需要面对的新的挑战。李克强总理提出的"大众创业，万众创新"意在推动和促进中国企业顺应时代进步，加快企业人力资源供给侧及创新人才供给侧的改革。以顺应"互联网+"时代背景下中国经济的发展需要。那么，作为企业的管理者，如何最大限度地增加员工的创新行为和思维，如何保障企业员工的心理安全感知及如何加强员工对组织和企业的归属感，应该成为改革和革新的重点和要点。

本研究为组织的管理者提供了一种思路，认为员工可以通过导师模式（formal mentoring），尽快融入企业文化和工作中，可以最大限度地加强新入职员对企业的归属感，使新入职员产生安定的信赖感知，进而保证企业内部的创新行为和创新思维。

本研究依据实证分析原理，对与互联网密切相关的 IT 类互联网设计企业进行了 167 份的问卷调查，确认了在互联网为背景的企业中，导师制度与个人创新行为的关系中心理安全感知的中介效果，以及在个人创新行为和导师制度与心理安全感知的关系中感情承诺的调节作用，为企业管理者确定把导师制度应用到组织中提供了理论依据。

二、理论背景

随着以信息技术为代表的新一轮科技革命的发展，互联网日益成为创新驱动发展的核心力量。互联网与经济的各个领域、各个行业的跨界融合，催生了一系列新科技、新形态、新经济和新动态，强烈冲击着传统的生产和消费方式，逐步推进着商业模式和管理模式的变革。在这样的时代背景下，企业的管理者只有顺应时代潮流，不断革新适应互联网时代发展的领导模式和管理体制，才能在互联网的时代浪潮下激流勇进，使企业立于不败之地。

（一）正式导师制度与心理安全感和感情承诺的调节作用的关系研究

正式导师制度是指组织通过正式的任命，让有经验的前辈职员（mentor）

对公司或企业的新入职员（mentee or protege）在工作业务上进行帮助和指导的方法。克拉姆（Kram）认为（1985），根据组织有无正式的任命行为，可分为正式导师制度（formal mentoring）和非正式导师制度（informal mentoring）。卡哈（Kaha）（1990）率先提出个体心理安全感的概念，他认为心理安全感包含两个部分：自我心理安全感和他人心理安全感。自我心理安全是指个体感知到他人对于自身安全的影响。布朗和利（Leigh）（1996）首次把心理安全感正式引入组织层面，将心理安全感作为组织氛围的影响因素之一，将组织安全感定义为"员工从心理上认为环境是安全和有意义的程度"。艾伦和迈耶（1996）认为，感情承诺（affective commitment）是指企业的员工对所在企业的归属感，以身在自身的企业为荣耀。羊米林、韩仁洙、王志成（2015）证明了正式导师制度对心理安全感知存在正（＋）的积极的影响，并证明了正式导师制度对员工对组织和企业的归属感起到了正（＋）向的积极作用。本研究意在研究在正式导师制度与心理安全感的关系中，员工的感情承诺的调节效果。根据以上的理论依据，本研究设定了以下的假设：

假设 1：正式导师制度会对组织成员的心理安全感产生正（＋）的影响。

假设 2：感情承诺在组织成员的正式导师制度与个人创新行为的关系中起到调节作用，员工的感情承诺越强，组织成员的导师制度与个人创新行为的正（＋）关系就越强；反之，员工的感情承诺越弱，组织成员的导师制度与个人创新行为的正（＋）关系就越弱

（二）心理安全感与个人创新行为的关系研究

"互联网＋"背景下的中国是"大众创业万众创新的中国"。"互联网＋"时代背景下的企业和组织，要能够适应人才供给侧的要求为培养创新型人才提供良好的环境。经济发展和产业内在驱动要素的核心在于创新人才的培养。

加大在创新人才的培养上的投入，用互联网思维与技术改造传统人力资源体系，才能使企业在激烈的市场竞争中激流勇进，立于不败之地。阿玛比尔等（1996）对创新（creativity）的概念进行了定义，认为创新是指个人或者团队产生的一些对生产产品、生产实践、服务和生产过程有启发与实际帮助作用的想法及创意。对公司或者组织的发展，创新是最重要的内在动力之一。个人创新行为是组织获得新想法和新产品必不可少的环节。所以我们在研究中，试图证明正式导师制度对个人创新行为的正向（＋）积极作用。王伟（2007）的研究证明了导师制度对创新行为具有积极的促进作用。根据以上的理论依据，本研究设定了以下的假设。

假设3：正式导师制度对个人创新行为有正向（＋）的积极作用。

（三）心理安全感的中介作用及感情承诺的调节效果的关系研究

正式导师制度的确立会增强员工的心理安全感，进而我们推测员工心理安全感的增强能进一步增加个人创新行为的可能性和积极性。因此，我们试图证明心理安全感在正式导师制度对个人创新行为的关系中起到中介作用。前面已经提出假设1，意在证明正式导师制度对心理安全感的正向（＋）积极作用，并列举了先行研究的论文为本研究的假设1提供了理论支撑。员工的感情承诺作为组织承诺（organizational commitment）的主要因素之一，经常用于强化独立变量与从属变量间的关系（王志成等，2016）。在本研究中，我们试图证明在心理安全感对个人创新行为的关系中，感情承诺具有调节效果。根据以上的理论依据，本研究设定了以下的假设。

假设4：员工的心理安全感在正式导师制度对个人创新行为的关系中起到中介作用。

假设5：感情承诺在组织成员的心理安全感与个人创新行为的关系中起到

调节作用，员工的感情承诺越强，组织成员的心理安全感与个人创新行为的正向（＋）关系就越强；反之，员工的感情承诺越弱，组织成员的心理安全感与个人创新行为的正向（＋）关系就越弱。

假设6：感情承诺在组织成员的心理授权感知与组织公民行为的关系中起到调节作用。

根据以上所要验证的假设，我们形成了本研究的研究模型，其构成见图3.1。

图3.1　研究模型

三、研究方法

（一）选定样本

为了验证以上假设，我们对深圳的互联网网页设计公司进行了问卷调查。深圳位于中国广东省，是中国改革开放以来经济发展，尤其以互联网类企业为主的新兴产业发展最为迅速的城市之一。在深圳的互联网企业进行问卷调查，为我们的实证分析提供了数据上的支撑和保障。本研究共收取了200份调查问卷。剔除无效问卷后，我们最终选定了167份问卷用于实证分析。其中46.1%是男性。总体参加工作平均时间为1.78年（SD=0.84）。高中学历占比 6%，大学专科占比 16.2%，大学本科占总比 53.9%，硕士及硕士以上占比 24%。本研究的变量中，正式导师制度、心理安全感、感情承诺由所在公司的下属员工填写完成。作为从属变量的个人创新行为由所在公司的直属负责人或经理填写完成。调查采用匿名制，保证公司职员能够按照自身意愿完成调查。本研究所选择的调查对象的地理位置和调查群体符合本研究论证的需要。互联网网页设计行业对创新思维要求相对较强，能更可靠地验证我们的假设。

（二）控制变量

本研究选定了几个已知的会对创新行为产生影响的变量作为控制变量（George，Zhou，2001；Shalley et al.，2014），分别为调查对象的性别、年龄、受教育水平及工作年限。通过对这些控制变量效果的分析可以更精准地验证本研究所提出的假设。

（三）数据测量

正式导师制度：在本研究中，我们为了测定正式导师制度这一变量，采用了斯坎杜拉（Scandura）和拉金（Ragin）（1993）开发的量表。我们采用了其中的 11 项，如"我的导师在工作上给我特别的指导""我与我的导师分享个人问题""我很欣赏我的导师激励别人的能力"。问项均采用李克特五点量表法，总信度为 0.889。

心理安全感：在本研究中，我们为了测定心理授权感知这一变量，采用了尼姆巴德（Nembhard）和埃德蒙森（Edmondson）（2006）开发的量表。我们采用了其中的 7 项，如"即使你在组织中犯了错，别人也不会贬低你"；"组织里的成员不会向你提出质疑或棘手的问题"；"与组织里的成员一起工作时，我特有的技能及天赋被认为是有价值的并且得到利用"。问项均采用李克特五点量表法，总信度为 0.735。

感情承诺：在本研究中，我们为了测定感情承诺这一变量，采用了迈耶等人（1993）开发的量表。我们采用了其中的 5 项，如"身为组织一员，我感到骄傲"；"我的组织对我有吸引力"。问项均采用李克特五点量表法，总信度为 0.809。

个人创新行为：在本研究中，我们为了测定组织公民行为这一变量，采用了周和乔治（2001）开发的量表。我们采用了其中的 7 项，如"我会建议用新的方式去提高产品或工作的质量"；"我会搜寻新的技术，科技和工作方法来完成工作"；"提出新颖的实践理念来提高公司的效益"。问项均采用李克特五点量表法，总信度为 0.675。

四、数据分析与结果

（一）效度的测定与描述性统计

在数据分析之前，我们对效度进行了分析。为了验证效度，我们采用了安德森和格宾（1988）所推荐的验证性因子分析。在表 3.1 中可以看到通过验证性因子分析所得到的拟合指数。

表 3.1　验证性因子分析

区分	χ^2	df	P	RMR	TLI	CFI	RMSEA
模型	620.765	399	0.000	0.062	0.851	0.863	0.058

由表 3.1 可见，拟合指数分别为：χ^2=620.765（df=399，$P<0.001$），RMSEA =

0.058；RMR = 0.062；TLI = 0.851；CFI = 0.863。在这些拟合指数中，最基本的 χ^2 的 P 值要满足大于基准值 0.05 的条件，实际上 χ^2 的 P 值受到样本大小的影响，很难达到 0.05 以上。RMSEA 的数值一般要小于 0.08，说明数据与模型的拟合度是比较理想的。RMR 的理想数值小于 0.05，但只要小于 0.10，我们就可以认为数据和模型的拟合度是较好的。CFI 和 TLI 的取值范围是 0 到 1，一般意义上，只要其数值大于 0.8，我们就认为数据和模型的拟合度较好。本研究的 CFI 的数值为 0.863，相应的其他拟合度指标也都达到了可接受的标准。

有关本研究中出现的变量的描述性统计和它们之间的相关关系见表 3.2。

表 3.2　均值、标准差和相关性矩阵

变量	M	SD	教育背景	年龄	性别	任职时间	导师制	感情承诺	心理安全感	创新行为
教育背景	2.98	0.85	1							
年龄	2.04	0.35	0.33**	1						
性别	1.54	0.50	−0.05	−0.11	1					
任职时间	1.78	0.84	−0.06	0.42**	0.02	1				
导师制	3.33	0.61	0.12	0.08	−0.03	0.07	1			
感情承诺	3.46	0.66	0.16*	0.06	−0.02	−0.04	0.51**	1		
心理安全感	3.27	0.54	0.15	0.11	−0.07	0.13	0.38**	0.59**	1	
创新行为	2.98	0.57	0.23**	0.16*	−0.21**	−0.01	0.32**	0.34**	0.36**	1

*$P<0.05$，**$P<0.01$

（二）模型的拟合度和假设的检验

在验证假设之前，我们先对数据进行回归分析。我们运用 SPSS18.0 软件进行了分析。在对控制变量即年龄、性别、受教育水平和工作年限进行分析和控制后，其结果回归模型见图3.2。

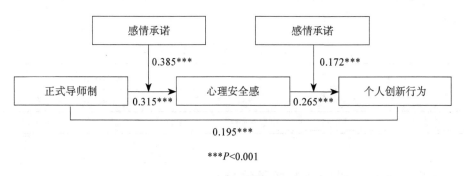

***P<0.001

图3.2　回归模型

通过描述性统计、相关关系和回归模型我们看到，正式导师制度与员工的心理安全感的相关关系为 0.38（P<0.01），正式导师制度对员工的心理安全感产生积极（＋）的影响，r=0.315，P<0.001。假设 1 被支持。正式导师制度与个人创新行为的相关关系为 0.32（P<0.01），正式导师制度对个人创新行为产生积极（＋）的影响，r=0.195，P<0.01。假设 3 被支持。

（三）心理安全感的中介效果的检验

一般的中介效果验证都会采用巴伦和肯尼（1986）开发的 3 步骤或用 Sobel 检验的验证方法。本研究采用的是近年来较为流行的 Bootstrapping 的验证方法，采用这个方法的好处是通过多次抽取样本的方法可以得到多组随机性和可靠性更强的数据，弥补了数据不足的缺陷。Bootstrapping 的验证标准是所估算的中介效果区间中内不包含"0"就能判定中介变量具有中介效果，见表 3.3。

由表 3.3 可见，在正式导师制度对个人创新行为的关系中，心理安全感的中介效果 [0.062, 0.271]，$P<0.01$。区间内不包含"0"，也就是说，在正式导师制度对个人创新行为的关系中，心理安全感具有中介效果。假设 4 得到支持。

表 3.3 自我激励对心理授权的中介作用

变量			心理安全感		
			下限	上限	P
个人创新行为	←	正式导师制	0.062	0.271	0.001

（四）感情承诺的调节效果的检验

对感情承诺的调节效果的检验，我们采用了 SPSS 18.0 进行了验证。在正式导师制度与员工的心理安全感的关系中，感情承诺调节效果的验证步骤如表 3.4~ 表 3.6 所示。

表 3.4 模型汇总

模型	R	R^2	调整后的 R^2	估计值的标准误差
1	0.216	0.046	0.023	0.53413
2	0.414	0.172***	0.146	0.49935
3	0.621	0.386***	0.362	0.43145
4	0.677	0.458***	0.435	0.40635

***$P<0.001$

表 3.5 方差分析

模型		平方和	df	均方	F	P
1	回归	2.254	4	0.563	1.975	0.101
	残差	46.218	162	0.285		
	总和	48.471	166			

模型		平方和	df	均方	F	P
2	回归	8.325	5	1.665	6.677	0.000
	残差	40.146	161	0.249		
	总和	48.471	166			
3	回归	18.688	6	3.115	16.732	0.000
	残差	29.784	160	0.186		
	总和	48.471	166			
4	回归	22.218	7	3.174	19.222	0.000
	残差	26.254	159	0.165		
	总和	48.471	166			

表 3.6　相关系数

模型		非标准化系数		标准化系数	t	P
		B	标准误差	Beta		
变量	常值	5.977	1.042		5.734	0.000
	性别	−0.018	0.064	−0.017	−0.282	0.779
	年龄	−0.023	0.111	−0.015	−0.209	0.835
	教育水平	0.024	0.041	0.038	0.591	0.556
	工作年限	0.080	0.043	0.125	1.853	0.066
	导师制	−1.266	0.296	−1.437	−4.280	0.000
	感情承诺	−0.910	0.298	−1.113	−3.051	0.003
	交互项	0.385	0.083	2.783	4.624	0.000

通过观察表 3.4，我们可以判定：代入调节变量后整个模型的变化是有效的。R 的变化量为 0.458，$P<0.001$。通过表 3.5，我们可以得知模型 3 的回归平方和与残差平方和，回归平方和约占二者总和的 1/3，$P<0.001$。可以显著地拒绝总体回归系数为 0 的原假设。表 3.6 给出了所有模型的回归系数估计值，

经 *t* 检验，调节效果的系数为 0.385，*P*<0.001。显著性小于 0.05，因而具有显著性意义。也就是说，在正式导师制度与员工的心理安全感的关系中，感情承诺是具有调节效果的。假设 2 被支持。感情承诺的调节效果见图 3.3。

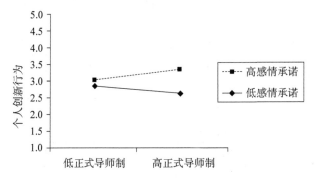

图 3.3 情感承诺的调节效应

如图 3.3 所示，在变量正式导师制度水平一定的条件下，员工对组织的感情承诺越高，员工的个人创新行为就越频繁。假设 2 被支持。

在员工的心理安全感与个人创新行为的关系中，感情承诺调节效果的验证过程见表 3.7。

表 3.7 相关系数

模型		非标准化系数		标准化系数	*t*	*P*
		B	标准误差	Beta		
变量	常值	3.602	1.232		2.923	0.004
	性别	−0.194	0.081	−0.169	−2.400	0.018
	年龄	0.151	0.140	0.091	1.082	0.281
	教育水平	0.070	0.053	0.104	1.332	0.185
	工作年限	−0.055	0.055	−0.081	−0.998	0.320
	心理安全感	−0.380	0.363	−0.358	−1.049	0.296
	感情承诺	−0.426	0.333	−0.491	−1.278	0.203
	交互项	0.172	0.097	1.122	1.767	0.079

表 3.7 给出了所有模型的回归系数估计值，经 t 检验，调节效果的系数为 0.172，P=0.79。显著性大于 0.05，因而不具有显著性意义。也就是说，在员工的心理安全感与个人创新行为的关系中，无法确定感情承诺是否具有调节效果。因此，假设 5 不成立。

五、结论

（一）研究结果

本研究以中国深圳互联网设计公司的员工及其所属领导为调查对象，用实证分析的方法证明了正式导师制度对员工心理安全感的积极影响（假设 1）。同时也论证了感情承诺在正式导师制度与员工的心理安全感的关系中起到调节作用（假设 2）。以互联网公司的创新型员工为调查对象，通过实证分析得出，企业中正式导师制度的应用能够显著地增加员工的创新行为（假设 3）。通过数据分析软件 Amos17.0 以 Bootstrapping 的多次抽取样本的方式对员工的心理安全感的中介效果进行了验证，证明了员工的心理安全感在正式导师制度与个人创新行为的关系中具有统计学上显著的中介效果（假设 4）。最后，我们试图探索感情承诺在员工的心理安全感与个人创新行为的关系中是否具有显著的调节效果。通过 SPSS18.0 的回归分析得出：在员工的心理安全感与个人创新行为的关系中，对组织的感情承诺不具备统计学上显著的调节效果（假设 5）（P=0.79，大于 0.05）。

通过本研究我们得到如下结果：

首先，在变量的描述性统计和相关分析中，正式导师制度、员工心理安全感、感情承诺和个人创新行为之间存在高度且显著的相关。正式导师制度对员工的心理安全感的积极（＋）作用被证明是成立的。

其次，通过运用 AMOS17.0，我们用 Bootstrapping 的方式证明了，组织成员的心理安全感在正式导师制度与个人创新行为的关系中起到中介作用。组织成员的心理安全感的中介效果被证明是成立的。

再次，我们运用 SPSS18.0，对感情承诺的调节效果进行了回归验证。证明感情承诺在正式导师制度与员工的心理安全感的关系中起到调节作用。并用图示对其调节效果进行了充分的说明。但是，在员工的心理安全感与个人创新行为的关系中，对组织的感情承诺不具备统计学上显著的调节效果。

复次，为了避免自我报告的偏见性问题。变量中，正式导师制度、心理安全感和感情承诺是由公司的职员进行作答。个人创新行为作为从属变量，由公司相对应的负责人进行作答。

最后，我们通过验证性因子分析来确保变量在研究模型中的独立性。得出的拟合度是符合标准的。整体模型的拟合度被证明是成立的。

（二）研究的启示和不足

本研究通过对与互联网密切相关的互联网设计企业进行问卷调查，确认了在互联网为背景的企业中，导师制度与个人创新行为的关系中心理安全感知的中介效果，以及在心理安全感知与个人创新行为和导师制度与心理安全感知的关系中感情承诺的调节作用，为企业管理者在确定把导师制度应用到组织中提供了理论依据。在大数据互联网与供给侧改革的时代，互联网企业的人力资源管理体系必须通过转型和升级，从而使企业自身在汹涌的竞争浪潮中激流勇进，始终立于不败之地。然而，企业人力体系改革的核心在于创新型人才的发掘和培育。因此，如何通过企业人力资源的战略改革以吸引更多的创新型人才、增加更多的创新行为成为当代新的课题。正式导师制度为企业的管理者提供了一种新的思路。这一制度的实施有利于创新型人才尽快地适应企业的文化和制度，能够有效地增加企业在生产产品、服务产品和生产过程中的创新思维和行为。

另外本研究也存在一定的局限性。

①本研究的问卷全部是通过对中国深圳互联网设计企业的调查而得到的，对其他行业和地区的预测程度可能存在一定的局限性。

②本研究是以横向研究为基础并且变量之间的因果关系存在制约。以后可以尝试纵向研究来弥补这次研究的缺憾。

③本研究的调查问卷是以中国企业为依托进行的问卷调查，在其他国家或文化中是否具备普遍性也存在一定的局限。

④本研究意在探索正式导师制度对个人创新行为的影响。今后的研究方向可以放大到团队或组织水平的研究。探索正式导师制度对团队或组织创新行为的影响，以及相应的影响因素。

第二节　授权型领导力对中国"80后""90后"职场员工的创新行为的影响：有调节的中介效果研究

一、引言

放眼当今的中国，"80后""90后"已经成为社会各行各业的主要生力军，实际上，几年前，中国的"80后""90后"就已经成为当时主流媒体的焦点，尽管有一部分是以批评为主。自从中国 1978 年开始的改革开放和 1999 年开始的全国高校扩招，中国的经济得以高速发展，高等教育也得到大范围普及，出生在 20 世纪 80 年代和 90 年代的这两代人，相比于父辈，他们享受着经济高速发展带来的富足生活，接受良好的教育。此外，由于 1980 年开始的计划生育，即独生子女政策，很多中国家庭都只有一个孩子。以上这些原因，都让中国的"80 后""90 后"带有鲜明的时代特征，既有缺点，也有不少优点。缺点，如自我优越感、高自尊心、自恋倾向和自我中心等现象，广泛存在于"80 后""90 后"这一群体中。但是，他们的优点也相当地明显，例如更突出的学习能力和动力、冒险精神，他们充满自信和创造力，乐于尝试新鲜事物。特别是"80 后""90 后"的成长恰巧伴随着科技的快速发展，比起父辈，他们对科技有更深入的理解。如今，几乎所有的"80 后"都已经在职场工作多年，"90 后"也已经陆续开始他们的职场生涯，他们已经成为当今中国社会生产活动的主力军。为此，企业的管理者不得不面对上述这些问题，也可以称为挑战或机遇，需要去了解他们，学会如何与他们打交道，正确地引导他们。同时，为了应对全球经济一体化所带来的激烈竞争，中国企业家比以往任何时候都注重企业的改革和创新，许多企业正经历着巨大的产业结构调整。这一时期的中国企业必须加快构建现代产业体系，推动产业转型升级，以此来应对国内外的市场竞争。上升到国家层面而言，在政府"大众创业，万众创新"的政策号召及"中国制造 2025"的强国战略下，坚持创新驱动、智能转型、强化基础、绿色发展，加快从制造大国转向制造强国。其中，科学技术的创新又是经济发展的主要因素。为了今后的发展，也需要人们能够拥有创造性思考的能力。所有这些都使得创新变得非常重要。

如今，几乎在所有行业领域，中国的"80 后""90 后"都占据着重要地位，他们理所当然被看作创新的引擎。但是，对中国"80 后""90 后"的相关实证研究还不够全面，特别是在关于领导力、个性特征和创新的方面还没有很深入的研究。为此，在本研究中，我们根据自我评价理论，从中国"80后""90后"职场员工的自尊心方面展开研究。员工的自尊心可以是一把双刃剑，如果管理者处理得当，不论对员工自身还是队组织都会有益处，反之，对两者都会带来伤害。

综上所述，本研究的目的是探究授权型领导力对中国"80后""90后"职场员工的个人创新行为的过程中，中介变量内在动机和调节变量个人自尊心（见图3.4）的影响作用。具体来说，本研究研究了员工自尊心在授权型领导力和内在动机之间的调节效果，以及员工的内在动机在授权型领导力和个人的创新性行为之间的中介效果。本研究提出的研究模型为相关学术发展提供了一些贡献，首先，授权型领导力的实施能够提升员工的内在动机，但是对于那些自尊心相对偏高的员工，它们之间的关系会减弱。授权型领导力对员工的个人创新行为有着积极的影响。其次，员工的内在动机在授权型领导力和个人创新行为之间有着中介效果。最后，员工的自尊心强弱程度，对这一中介过程有着调节效果，即当员工的自尊心偏高时，会弱化这一中介效果，不利于个人创新行为的产生。

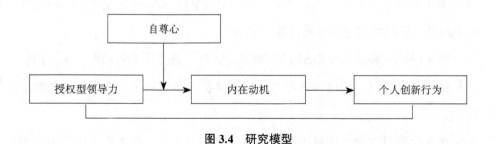

图 3.4　研究模型

二、理论背景

（一）授权型领导力和创新工作行为

许多学者将授权型领导力定义为把部分权利赋予下属，并向下属强调他们自身工作的重要性，提供更多的决策自由，肯定下属的能力，以及排除工作场所中障碍的一个实施过程。授权型领导力主要着眼于发展下属的自我控制能力和自我行动能力。因此，通过赋予一定权利给下属，帮助企业提升员工的工作效率和表现。

授权型领导力行为的核心部分是将权利分享给下属，让他们进行自我决策，不必经过直属上司的许可或者干预，能够自己直接采取行动。在学者雷祖格（Reitzug）（1994）的研究中，授权行为包括了三个细分的形式，分别为支持、促进及可能性（发展前途）。此外，阿诺德（Arnold）等（2000）学者提出，授权型领导力可以分为五个方面：榜样的作用、指导、决策制定的参与、关心及激励。在理论上，这些行为与员工的创造力高度相关，特别是激励和自主权，不论是在团队内还是团队外，都能够促进员工寻找问题的解决方法。同时，史密斯（Smith）和谢弗（Schaefer）（1969）开发了一个关于性格测定的测量工具，它包含了创新思维产生的五大特征：自主权、对改变的开放性、广泛的兴趣、自发性及想象力。

陈（Chen）和坎弗（Kanfer）（2006）认为，通过员工的动机状态，如感情承诺和心理授权，授权型领导力可以间接提高员工对组织做出贡献的意愿程度。

在文化背景方面，相对于西方文化中的个人主义，东方文化更偏向于集体主义。西方国家，如美国和很多欧洲国家，个人选择和自主权与个人的自我认同感紧密地联系在一起。相反，大多数非西方国家，特别是东亚国家，如中国、韩国和日本都是属于儒家文化圈的高情境国家。在中国的传统文化中，等级观念有着强大的历史惯性和基础地位，但是经过几次历史文化动荡，以及 20 世纪 80 年代开始的改革开放以后，西方文化逐渐进入中国，人们开始受到西方的个人主义平等自由意识等的影响，特别是中国 80 年代、90 年代出生的群体在成长过程中深受西方文化的影响。他们聪明，乐于表现，拥有主见，喜欢自由和无拘无束。因此，授权型领导力在中国"80 后""90 后"的年轻人中有着很强的吸引力。

此外，赋予员工更多的权利和自主权也已经开始成为一种趋势，使得授权型领导力也变得更加的重要。

在理论层面，授权是指权力的分享，它应该包括赋予员工权利而产生的激励效果。授权型领导力强调推动权利分享的重要性，主要指提高员工对他们自己工作的动机和投入程度（Kirkman，Rosen，1997）。领导通过分享权利，提高员工的内在动机，同时也能够提升员工的效能感（Conger，Kanungo，1988）。因此，授权型领导力也可以被定义为领导分享自己的权利给下属，加强他们的内在动机。尽管学者经常把创新和创意两者相互交替使用，但是很多时候创新（innovation）在工作上是不同于创意（creativity）的。一般来说，创意被认为是一个产生新颖想法的认知过程。然而，创新是指个人或团队的新颖、有用想法的创造（Zhou，Shalley，2003）。

当然，也有一些学者将个人创新行为定义为一个包含创意意味的，动态的、复杂的现象。同时，芒福德（Mumford）和古斯塔夫森（Gustafson）（1988）也指出，创意代表着新颖主意和创新的形成，使得它们具有实际的应用价值。因此，个人创新行为同时包含了创意和创新两个观点（Janssen，2002）。

法尔和福特（1990）将个人创新行为定义为个人行为的目的是将个人的、团队的或者组织中新颖的想法、过程、产品或者程序进行形成、提升及实现，这是一个新颖想法的提出和采用的行为过程（Bindl et al.，2012），它包括了工作场所中新颖有用想法的形成、提升及应用。

几年前，学者们便已经开始呼吁人们更多地去关注头脑中新想法的形成及实现（Mumford，2003）。同样，一般而言，个人创新行为主要包含大量与新想法的形成、支持、实现的相关行为（Scott，Bruce，1998）。

综合而言，个人创新行为是一个复杂的运作过程，它的目的在于提高个人或者组织的绩效成果。特别是对组织的发展而言，在竞争日益激烈的全球化环境下，个人创新行为是确保组织的生存和成长的关键因素。

此外，学者们也已经证实领导力与员工的创意之间有着密切的联系。同时，许多学者认为，授权型领导力对创造力有着积极的影响（Zhou，1998；Amabile et al.，2004）。

在现代组织中，个人创新行为的出现更加归功于有效的领导力。的确，早期的一些研究肯定了领导力的作用，它可以作为工作场所中个人创新行为产生的良好预测因素。而且也有研究证实，那些被认为是支持性、授权型及沟通式的领导力与个人创新行为有着积极的关联（Martins，Terblanche，2003）。因此，我们提出以下假设。

假设1：授权型领导力会对员工的个人创新行为产生积极（＋）的影响；

假设2：授权型领导力会对员工的内在动机产生积极（＋）的影响。

（二）内在动机的中介效果

动机被定义为是一般行为（Deci，Ryan，1987）、信息技术接受行为（Davis et al.，1992）、工作相关行为（George，Brief，1996）的核心因素。

根据德西（Deci）和里安（Ryan）（1985）的自我决定理论（self-determination theory，SDT），基于不同的原因或者目的而产生的行动，动机可以被分成不同的形式。一般来说，动机可以被分为内在动机和外在动机。

内在动机是指由于自身喜欢或者满足而去做某件事，而外在动机是指为了特定的目标或者报酬而去做某事。内在动机作为一种积极的性格特征，它具有内倾性的特点，能够提升个人的能力，寻找新事物，深入探究，渴望学习等。

很多关于工作环境对内在动机的影响问题上，比起个人能力，更多地关注到了自主性和约束性的问题上。之前的研究认为，除非拥有自主权，否则个人的内在动机不能够通过对自身的能力感知而得到提升（Fisher，1978）。

在对员工的激励作用的相关研究中，以往的研究从三个方面对授权这一概念进行了探究，分别是领导力观点、结构观点和心理观点。从领导力观点来看，重点在于领导的授权风格和行为的激励方面；从心理观点来看，内在激励产生的活动行为被认为是提供了个体内在心理需求的满足，而心理需求是指个体对自身能力、自主权和人际关系的内在需求（Hull，1943）。

德·查姆斯（De Charmes）（1968）的研究将内在动机等同于个人选择和个人的自我决定。个人的选择和自我引导的机会可能具有心理上的好处，而且能够增加内在动机，因为这能使他们感受到被赋予了更多的自主权、控制权或者权力。

大量的研究显示，内在动机在组织的创新活动中扮演着重要的角色，而且一些证据也指出，员工的内在动机和他们的创新行为之间有着积极的联系（Taggar，2002）。学者阿玛比尔（1983）认为，个人的内在工作动机对自身行为的决定有着显著的影响，能够促进创新成果的产生。

之前的研究认为，个体的创造力很大程度上受到内在动机的影响。同时，内在动机也被定义为一个中介变量，各种情境因素有利于创造力的产生（Shalley，1995；Shin，Zhou，2003）。根据坎弗（1990）的研究，员工更有可能对全身心投入的工作中所遇到的问题给予更多的关注，这样的关注能够引导员工进入创造性的过程。因此，内在动机影响着个人在取得创造性成果过程中的坚持程度。从概念上讲，一些研究已经检验了内在动机对预测创新过程中所扮演的角色。所以，根据以上的观点，我们提出了以下的假设。

假设3：内在动机会对个人的创新行为产生积极（＋）的影响；

假设4：内在动机在授权型领导力和个人创新行为之间具有中介效果的作用。

（三）自尊心

一般而言，自尊心是指个人对自身的评价或态度。自尊心作为个体日常生活体验的主要组成部分，是一个重要的心理学概念，而且自尊心与个体心理系统密切相关，包括性格特征、动机趋向、情感倾向，以及认知过程的方式。贾奇（Judge）等学者（1997）认为，自尊心是四大主要自我评价要素的最基本的表现形式。根据贾奇（2001）等学者的实证研究显示，与工作绩效相关性最高的是员工的自尊心程度。此外，学者布罗克纳（Brockner）（1988）将自尊心定义为个人对自我价值的一种普遍的感觉。通过自尊心，个体会认为自身是有价值的人，有能力做出一定的贡献，因此，他们很有可能采取一种积极的姿态来应对自身的工作（Gist，Mitchell，1992）。

自尊心是四大主要自我验证特质中的一个，其他三个分别是自我控制、一般自我效能感和情绪稳定性。自尊心被认为是授权的一个前提条件，因为自尊心可以改变员工对自身工作的看法。一些研究者认为，自我评价理论应该与个人的工作动机和工作绩效有关联。

自尊心体现了一种自我价值的感觉，包含了积极结果与消极结果的对立，理论上它与乐观主义有着紧密的联系。而且，乐观主义可以被认为与自我价值和积极结果之间有着内在的联系（Scheier et al.，1994）。

在本研究中，我们采用了罗森伯纳（Rosenberg）（1965）开发的自尊心测量工具，通常称为罗森伯格自尊量表（rosenberg self-esteem scale，RSE），它是一个专业的对自身认识的测量工具，可以理解为一种情感上的构成，包括与自身相关的价值感、喜爱度和接受程度。

此外，对于高自尊心，很多学者将其定义为自我悦纳、自我价值、尊敬和接受（Rosenberg，1965），高自尊心的个体更有可能表现出自负、傲慢，或者自恋的倾向，并且期望从别人那里得到积极肯定的评价（Baumeister et al.，1996）。

特别是，相比于那些低自尊心的个体，高自尊心的个体更有可能将自身看作有价值的人，能够胜任任何的事情，充满着自信，认为自己能够做得比别人更好（这与被测试者在罗森伯格自尊量表中的描述相类似）。所以，我们提出了以下假设。

假设 5：员工的自尊心在授权型领导力和内在动机之间起到了调节效果的作用，即在授权型领导力对内在动机的正向影响过程中，自尊心偏高的话，它们两者之间的正向关系会变弱。

（四）高自尊心和个人的创新行为

近几十年来，学者们对高自尊心的作用有着各种各样的看法。高自尊心是一个较为多样化的概念，无论是对于个人还是组织，高自尊心都可能是一把双刃剑。

大量关于创新的研究已经探究过个体的性格与创新之间的关系。其中一些研究指出，那些总是拥有新想法的人更具备领导能力和积极主动的精神，他们被认为是有自我主见的、有影响力的、有进取心和过于自信的。也有研究显示，那些具有创造性的个体倾向于自我接受，并且不太会去在意别人的看法。

目前已经有很多研究发现创新与个人的性格特征有关。创新与独立的判断、自主权、自信心和不被约束相关联。例如，有研究显示，那些被认为是有用的、多产的、有创造性的和高自尊心的人，被定义为是不喜欢受到约束，拥有自信，持有开放的态度，善于自我接受和内控评价。另一个关于创造力和自尊心的比较研究指出，比起低自尊心的个体，高自尊心的个体可能拥有更多的创造力、自信心及独立自主的意识。

同时，根据韦斯（Weiss）（1977）的研究，自尊心相对较低的员工会以上司的行为作为榜样来学习。相反，那些自尊心较高的员工则不太会将上司当作模仿学习的对象。这意味着上司的行为对自尊心较高的下属不会有太大的影响作用。此外，也有研究指出，自尊心较高的员工更多地依靠自身的能力来完成工作，而自尊心较低的员工则会更多依赖工作环境，如管理者支持、同事支持、技术支持等（Mossholder et al.，1981）。

尽管自尊心与很多积极的含义有关，但是它也包含了很多复杂的因素，包括自我中心、自大自负、自恋及自我优越感等。有时，员工的工作绩效与其自尊心有关，尽管这个相关性的变化范围很大，具体的因果关系还没有被完全证实。但是，可以明确的是，关于高自尊心个体所表现出的强烈的，有时甚至是不合理的反应行为的负面反馈已经被大量文献所记载（Baumeister，Tice，1985；Blaine，Crocker，1993）。而在当今社会，创新更有可能是在一种开放的、信任的氛围下，通过互相合作的方式发生的。工作上创新的产生是必需要与他人进行交流联系的，因为个体是在团队中活动的，这本身就是一种社会性的活动，也能够提高新想法被采用的可能性（Van de Ven，1986；West，Farr，1989）。

还有一些研究指出，高自尊心的个体比低自尊心的个体会显示出更强烈的内群偏私，这会导致差别对待、歧视和偏见现象的产生。同时，也有研究认为，相对于低自尊心的个体，高自尊心的个体对自身相关的批评更为敏感，这可能会破坏组织内合作和信任的氛围。此外，一些先前的研究认为，授权型领导力是一种团队层次的激励形式，也就是说，团队被看作一个整体，领导的行为是直接作用于这一整体的（Kirkman，Rosen，1999；Chen et al.，2007）。但是，高自尊心个体自负的特点，会希望自身得到更多的关注和好处，如果这时其他人对他有阻碍或潜在的威胁，这就意味着他们有可能会破坏团队的合作（Baumeister，1996）。

根据布道尔（Preacher）、爱德华兹（Edwards）等学者的研究，有调节的中介模型的结构是指从独立变量到中介变量的路径受到了调节变量的作用，那么这整个中介作用一般会受到这个调节变量的影响。在本研究中，从授权型领导力到内在动机这一过程中，受到自尊心的调节作用，同时，通过内在动机，授权型领导力对个人创新行为这一中介作用的过程中，形成了一个带有调节的中介效果模型。

所以，在本研究中，我们假设自尊心这一变量在授权型领导力和内在动机之间具有调节作用，而且，我们也提出了一个有调节的中介效果的模型，即自尊心这一变量调节以内在动机为中介变量，授权型领导力对个人创新行为的影响过程。所以，我们提出以下假设。

假设6：授权型领导力通过内在动机对个人的创新行为作用的过程中，受到员工自尊心程度的影响，即当自尊心偏高时，会减弱这一过程，不利于个人创新行为的产生。

三、研究方法

（一）样本和步骤

本研究的调查对象包括了 264 名在不同行业工作的中国 "80 后" "90 后" 员工，大部分来自科技、教育及贸易公司。40% 为男性，60% 为女性，年龄范围从 20 岁到 35 岁，其中，接近 70% 的调查对象来自独生子女家庭。这样的调查结果比较利于验证本研究的假设，因为大量先前研究指出，大部分的中国 "80 后" "90 后" 一代比起他们的父辈，有着相对较高的自尊心。

此外，我们按照布里斯林（1980）的回译（back translation）方法，先将调查问卷的问项从最初的英文翻译成中文，然后再将中文翻译回英文，以此来保证问卷所要表达意思的准确性。

（二）测量工具

对于授权型领导力（empowering leadership），本文采用了阿赫恩（2005）等开发的授权型领导力测量尺度，选取了其中 12 个问项。这些问项用来测量 4 个领导行为的构成，包括使工作富有意义、促进决策制定的参与、表现出对高绩效取得的信心，以及给予自主权（摆脱官僚主义的约束）。其中问项的例子有 "我的上司允许我以自己的方式做我的工作"。问卷采用李克特五点量表法，Cronbach's α=0.885。

自尊心（self-esteem）。本研究采用了罗森伯格和 Morris（1965）开发的自尊心测量尺度，一共有 10 个问项。例子有 "我对自己持肯定的态度" "我希望我能为自己赢得更多尊重"。问卷采用李克特五点量表法，Cronbach's α=0.862。

内在动机（intrinsic motivation）。本研究选用了沃尔（Warr）（1979）等学者开发的内在动机测量量表，一共有 6 个问项。例子有 "我特别地以我现在的工作感到自豪"。问卷采用李克特五点量表法，Cronbach's α=0.715。

个人创新行为（innovative work behaviour）。本研究采用了詹森（Janssen）（2000）开发的个人创新行为测量尺度，选取了其中的 6 个问项。例子有 "我会提出独创性的解决方法来面对困难"。问卷采用李克特五点量表法，Cronbach's α=0.809。根据一些学者的研究，自我报告型的个人创新行为的测量尺度已经应用于很多与创新相关的文献中（Shalley et al.，2009）。因此，本研究也采用了此类测量尺度。

此外，一些学者也指出，自我报告型的个人创新行为所得出的结果也许会更加准确，因为员工对自身的创新行为会更加敏感，可以避免他人对自身评价时产生的偏差（Ng，Feldman，2012）。

控制变量。本研究中，我们将调查对象的性别、年龄、教育程度、工作年限这几个可能对研究结果产生影响的变量设定为控制变量。

四、数据分析和结果

（一）验证性因子分析

为了测定本研究提出的模型的适配度，我们通过数据分析软件AMOS 22.0，比较四因子模型、三因子模型和单因子模型之间的适配度指数。

为此，我们进行了一系列的验证性因子分析来验证本研究提出的模型，并且根据主要的模型适配度指数来进行分析比较，如卡方拟合指数（χ^2）、近似误差均方根（RMSEA）、比较拟合指数（CFI）、增值拟合指数（IFI）

（Bagozzi，Yi，1988）。

分析结果显示，四因子模型（即本研究提出的模型中的四个变量）的 χ^2（82）= 571.91，$P<0.01$，RMSEA=0.053，CFI=0.925，IFI=0.926，比起其他任何模型都表现出了更好的模型适配度，例如三因子模型（变量自尊心和内在动机被合成一个变量）的适配度指数为：χ^2（78）=684.74，$P<0.01$，RMSEA = 0.064，CFI=0.889，IFI=0.890；单因子模型（四个变量合为一个）的适配度指数为：χ^2（72）=1442.19，$P<0.01$，RMSEA=0.115，CFI=0.640，IFI=0.643。分析结果为我们的后续分析提供了有力的支持。

（二）描述性统计和相关性

表 3.8 展示了本研究变量的平均值、标准偏差以及变量间的相关系数。从表中可以看到，授权型领导力与员工的内在动机（$r = 0.49$，$P<0.01$）及个人创新行为（$r = 0.48$，$P<0.01$）都呈正相关，内在动机和个人的创新行为也呈正相关（$r = 0.54$，$P<0.01$）。所以，假设1、2、3成立。

表 3.8　描述性统计和相关性关系

变量	M	SD	性别	年龄	教育程度	授权型领导力	自尊心	内在动机	个人创新行为
性别	1.57	0.50							
年龄	2.10	0.34	−0.19**						
教育程度	3.30	0.81	−0.04	0.15*					
授权型领导力	3.50	0.60	−0.04	0.002	0.008	（0.89）			
自尊心	3.79	0.62	−0.04	0.06	0.06	0.38**	（0.82）		
内在动机	3.83	0.53	0.03	−0.04	−0.04	0.49**	0.50**	（0.72）	
个人创新行为	3.70	0.58	−0.17*	0.07	0.07	0.48**	0.47**	0.54**	（0.81）

*$P<0.05$，**$P<0.01$。

（三）假设验证结果

根据布道尔和海斯（2004）的建议，我们采用了巴伦和肯尼（1986）的三步骤回归分析方法来检验假设 4，并且通过 Bootstrapping 的分析方法来得到置信区间（CI），以进一步确定中介效果的存在。由表 3.9 可见，在对性别、年龄、教育程度、工作年限、职位这几个人口统计学变量进行控制后，授权型领导力与个人的创新行为呈现了正相关（β =0.45，$P<0.01$），而且，当我们将内在动机这个变量考虑进去后，授权型领导力的影响力变弱，但是依旧是有意义的（β=0.25，$P<0.01$），对个人的创新行为有着间接的作用（β = 0.46，$P<0.01$），所以是部分中介效果。同时，Bootstrapping 的分析结果也显示，中介效果的置信区间为 [0.345，0.715]，P = 0.014<0.05，中间没有包括 0，所以进一步证实中介效果是存在的。综上所述，假设 4 成立。

表 3.9　内在动机的中介效果的检验

变量	内在动机		个人创新行为
	M_1	M_2	M_3
常数	−0.069	0.006	0.095
性别	−0.144	−0.150*	−0.175**
年龄	0.006	−0.001	0.048
教育程度	0.032	0.032	−0.03
工作年限	0.027	0.054	0.037
职位	0.073	−0.001	0.002
授权型领导力		0.452**	0.254**
内在动机			0.456**
R^2	0.026	0.258	0.385
ΔR^2	0.026	0.232**	0.128**
F	1.200	71.951**	47.820**

*$P<0.05$，**$P<0.01$。

表 3.10　采用 Bootstrapping 的方法对内在动机的中介效果的检验

路径	内在动机		
	下限	上限	P
授权型领导力→个人创新行为	0.345	0.715	0.014

在假设 5 中，我们假设自尊心在授权型领导力和内在动机之间具有调节作用。在分析之前，所有的变量都事先进行了平均中心化（mean-centering）处理。根据表 3.11 中的模型 3 可以得出，授权型领导力和自尊心的相互作用项对内在动机产生的影响是有意义的（$\Delta R^2 = 0.014$，$P<0.05$），回归系数也在统计学上具有意义（$\beta = -0.14$，$P<0.05$）。此外，根据艾肯（Aiken）和韦斯特（1991）的研究，我们在研究中通过加减一个调节变量自尊心平均值的标准偏差来区分高自尊心和低自尊心。

表 3.11　自尊心的调节效果的检验

变量	内在动机			
	M_1	M_2	M_3	M_4
常数	−0.069	0.006	0.095	0.013
性别	−0.144	−0.150*	−0.175**	0.036
年龄	0.006	−0.001	0.048	−0.082
教育程度	0.032	0.032	−0.03	0.038
工作年限	0.027	0.054	0.037	−0.002
职位	0.073	−0.001	0.002	0.001
授权型领导力		0.452**	0.254**	0.323**
自尊心			0.308**	0.300**
授权型领导力 × 自尊心				−0.146*
R^2	0.026	0.258	0.385	0.380
ΔR^2	0.026	0.232**	0.128**	0.014*
F	1.200	71.951**	39.344**	5.047*

*$P<0.05$，**$P<0.01$。

　　具体来说，我们拿比调节变量自尊心的平均值大一个标准偏差值的回归斜率和比平均值小一个标准偏差值的回归斜率来进行比较，比较结果见图 3.5。根据图 3.5 可以得出，在授权型领导力和内在动机之间，相互作用项（授权型领导力和自尊心的乘积）的作用为当员工的自尊心较高时（$\beta = 0.23$，$P < 0.01$），相比于自尊心较低的员工（$\beta = 0.41$，$P < 0.01$），授权型领导力对内在动机的影响会随之减弱。所以，假设 5 成立。

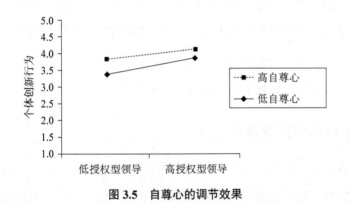

图 3.5　自尊心的调节效果

　　最后，我们采用了分析软件 SPSS macro 验证假设 6 提出的有调节的中介效果的作用。分析结果显示，通过内在动机，授权型领导力对个人创新行为的影响过程中存在着带有调节的中介效果（效应值 =−0.067；置信区间［−0.155，−0.006］），当员工的自尊心较高时，这个中介作用是有意义的（间接效应值 =0.11；置信区间［0.05，0.17］）；当自尊心较低时，这个中介作用依旧是有意义的（间接效应值 =0.19；置信区间［0.11，0.30］）。通过比较，当自尊心相对较高时，这个中介效果的影响力会变弱（高自尊心：0.11 < 低自尊心：0.19），即当自尊心偏高时，不利于个人创新行为的产生。所以，假设 6 成立。

五、结论

（一）研究结果

根据以中国"80后""90后"的职场员工为调查对象收集的数据，本研究检验了授权型领导力对个人创新行为的影响。特别是，我们探究了员工的内在动机在授权型领导力和个人创新行为之间的中介作用，并且也检验了调节变量员工的自尊心对这一中介效果的影响作用。正如假设所说，员工的内在动机在授权型领导力和个人创新行为之间具有中介作用。同时，我们也发现，员工的自尊心对这一中介效果具有调节作用，即自尊心偏高时，这一中介效果的影响力会变弱，不利于个人创新行为的产生。

（二）理论和实践启示

在本研究中，我们提出了一个有调节的中介效果的模型，用以检验授权型领导力何时及如何提高员工的个人创新行为。本研究的发现提供了以下几点重要的理论启示。

第一，授权型领导力能够促进中国"80后""90后"职场员工的内在动机，而且对他们的个人创新行为也有积极的作用。此外，内在动机在授权型领导力和个人创新行为之间也起到了中介效果的作用。

第二，我们着重研究个体主要个性特征之一的自尊心。研究结果显示，在授权型领导力的作用下，自尊心相对偏高的员工，他们的内在动机反而会随之减弱。

第三，尽管授权型领导力对员工的内在动机和个人创新行为有着直接的作用，但是，当员工的自尊心偏高时，会对个人的创新行为产生消极的影响。

但现实问题是，自尊心偏高的问题普遍存在于中国"80后""90后"这一代，所以，企业管理者需要多注意他们这一方面的个性特征。

同时，本研究也有几点实践上的启示。

第一，本研究指出，授权型领导力不能加强自尊心过高员工的内在动机。此外，授权型领导力对员工的个人创新行为具有积极的影响。

第二，可以得知，对于理解内在动机在授权型领导力和个人创新行为之间的中介效果，自尊心是一个重要的边界条件。因此，企业的管理者应该留意员工的自尊心强弱程度，特别是"80后""90后"的员工，在企业的招聘过程中，管理者可以采用性格特征测试来检测应聘者，以便招募到符合企业管理模式、达成共同利益的员工。

（三）局限性和未来研究方向

此外，本研究也有几点局限性。

第一，我们的数据收集于中国不同行业的"80后""90后"员工，但是，不是所有的行业或者部门都把创新放在首位。所以，今后的研究应该对调查对象的行业进行筛选，重点是 IT、计算机、化学、金融、市场营销、研究机构，以及企业的研究开发部门等。

第二，根据克尼斯（Kernis）（2003）的研究，高自尊心也有不同的类型，一般而言它被心理学家细分为脆弱型高自尊（fragile HSE）和安全型高自尊（secure HSE）。在今后的研究中，应该将这两种区分考虑进去。

第三，本研究的分析结果有可能受到共同方法偏差问题的影响。尽管之前已经提到，自我报告型的个人创新行为也许会更具准确性，但为了研究的严谨性，今后我们也应该将上司评价下属的创新行为的问项加入。

第四，授权型领导力是由国外学者基于西方文化开发的，在儒家文化和集体主义盛行的东方背景下，西方理论的采用还需谨慎。

第五，如前文提到过的，在当今社会，创新更有可能是在团队合作的过程中发生的，但是，本研究是基于个人层次的研究，所以，今后的研究应尽可能地将研究层次提高到团队层次或者组织层次。

总之，本研究通过探究员工内在动机的中介角色和自尊心的调节角色，进一步扩展了授权型领导力与中国"80后""90后"职场员工的个人创新行为之间的知识理解范围。并且，本研究也为授权型领导力、个人创新性行为和自尊心方面提供了一定的理论和实践上的启示，同时也提出了今后的研究方向。

第四章　领导组织行为对创业行为的影响研究

第一节　创业教育对大学生创业意图的影响：以企业家精神和自我效能感为中介变量

一、引言

创业已经被广泛地认为是促进经济增长的关键性因素，对于经济和社会的发展具有重要作用。个体层面的创业意图往往是一个国家创新能力的重要标志，为了引导大学生及潜在创业者积极开展创业活动，需要营造包容性的创业氛围和专业教育。因此，大学生和潜在创业者很有必要接受有针对性和指导性的创业教育。

根据统计数据：2016 年，高校毕业生人数为 756 万人；2017 年，高校毕业生人数有 796 万人；2018 年，高校毕业人数高达 820 万人，创历史新高，加上中专等职业院校毕业生，实际人数会更多。虽然每年的就业岗位数量不断增加，但是相对于逐年增加的大学毕业生和往届没有实现就业的毕业生，新增加的就业岗位显得明显不足。很多劳动密集型和出口导向型外贸行业由于没有及时转型，企业开工动力不足、经济下行压力大等原因使就业难成为学生需要直面的大难题。

为了解决大学生就业难的问题，政府和高校也在积极采取措施来缓解就业压力。在顶层设计和体制机制上，政府起了主导作用，国家的政策支持体系初步形成：对于新设立的企业减免税收、减免房租、加强知识产权保护及提供针对性的培训和辅导等。李克强总理提出"大众创业，万众创新"，推动大众创业，万众创新，既可以扩大就业、增加居民收入，又有利于促进社会纵向流动和公平正义。为了解决就业难的问题，中国很多高校一方面增加大学生在校期间的实习和兼职机会；另一方面成立了大学生创业中心，对大学生的创业教育、企业家精神培育、创业意图等进行有针对性的指导。大学的重要任务之一就是建立与社会进行沟通交流的机制，可以与企业建立联合实验室，产学研相互结合，开展校企合作，进一步促进大学生创业。高校建立创业中心的目的就是对学生开展创业教育培训，培养学生的领导能力和组建团队的能力。

本研究以江西财经大学、金陵科技学院、安徽黄山学院和南京大学四所大学中有创业意向的大学在校生和部分硕士博士生为调查对象，进行了数据收集和实证分析。探索在大学生数量不断增加，就业率逐年递减的趋势下，如何调整高校现有的教育理念和思考方法以适应新的形势，并且开发新的教育方法和制定新的制度来促进和鼓励大学生的创业行为。本研究的目的是探究在大学生的创业教育对创业意图的影响关系中企业家精神和自我效能感的中介作用，以及创业教育对企业家精神和自我效能感的影响作用。

二、理论背景及假设

（一）创业教育和企业家精神之间的关系

创业教育（entrepreneurial education）是以大学生或者潜在创业者为对象，提供与创业有关的知识和教育课程，培养创业能力和企业家精神，成功开拓新的事业的教育（Fayolle，Gailly，Lassas-Clerc，2006）。创业教育的本质是以想要进行创业的预备创业者为教育对象，提供有关创业的知识和信息，提升他们的创业能力和意识，达到提高创业成功率的目的。

大学创业教育改变了高校的教育方式和人才培养理念，以前高校主要以科研和教学为中心，后来逐步开始设立就业中心等机构来帮助学生就业，现在由帮助学生就业向引导学生创业方向发展，通过开设创业教育课程引导有创业意向的学生通过创业活动实践成为企业家，从而实现人力资源的有效配置。

创业教育理念是伴随着高等教育大众化阶段的到来而兴起的一种现代教育理念，强调培养学生的创业意识、创业动机和创业能力。创业教育是一种更高层次的素质教育理念，目的是使学生具有更强的社会适应性和独立生存与发展的能力，但是部分大学的创业教育工作者未能正确认识大学生创业教育开展与创业意图培养的重要性，缺乏系统的创业课程设置和教学体系。创业教育的一个重要目标就是以在校大学生为教育对象，培养他们的创业意图和提升他们的创业能力，希望通过创业教育为将来的自主创业奠定良好的基础。

政府和高校为了解决就业问题，实施了一系列与创业教育有关的政策支持，但是中国很多大学的创业教育要求的高质量、系统性的课程与实际师资力量、课程课堂整合力度不够，还处于教学生编写商业计划书，安排学生在公司实习等阶段（邵垒，2018）。创业教育相关课程需要激发学生的内在潜力，让他们发自内心地对商业和创业活动感兴趣。并非所有参加创业教育的学生都有强烈的创业意图，但是通过创业教育可以使他们以更加积极的姿态来工作，通过进修创业教育相关课程，未来进行自主创业的可能性会大一些。参加创业教育的学生可以站在雇主的角度和立场来思考问题，而不是以职员的身份来工作。王艳波和周波（2016）的研究指出，邀请创业成功的校友和创业者及聘请创业教育专家为在校大学生进行创业教育培训可以有效地强化创新创业意识，提升学生的企业家精神意识。高校应该根据自身条件，遴选优秀教师到企业中学习锻炼，运用自己的专业知识解决企业在发展过程中遇到的问题；不定期邀请企业家、投资人与创新创业学者等与学生交流座谈，拓宽学生的视野，提高学生对社会发展水平的认识。总之，创业教育的开展既是高校教师由理论转向实际的转变过程，同时也是高校由专注就业率转向关注毕业生能力积累和企业家精神内涵提升的过程（赵宇凌，2017）。根据以上研究，得出如下假设。

假设 1：创业教育对企业家精神有正（+）的影响。

（二）创业教育和自我效能感之间的关系

在创业领域，创业教育能够使学习者通过理论学习、互动讨论、观察成功榜样、参与创业模拟和进行创业实践等获得相应的创业方面的技能，使学习者在创业过程中对自己的创业能力有清醒的认识，表现出较高的创业自我效能感。有研究表明，参与创业教育课程学习的大学生能表现出较高的创业自我效能感。有研究指出创业教育不仅能增强大学生对创业过程的全面了解，并且还能显著提升他们对创业的自我效能感（Wilson，Kickul，Marlino，2007）。斯顿普夫（Stumpf）、邓巴（Dunbar）、缪伦（Mullen）（1991）进一步指出，在创业课程中使用不同的授课形式和教学方法会影响创业自我效能感的发展水平。所以，高校开展创业教育课程能增强潜在创业者的内在知识体系，熟悉商业计划书的编写，增强识别创业机会的能力，激发大学生的创业热情。

乔治和马努（2007）在《大学生 KAB 创业基础》一书中指出，KAB（know about business）课程旨在通过传授创业基础知识和培训创业实务技能，来帮助潜在创业者学习基础理论，培养创业意识，掌握创业技能，识别潜在机会，激发创业激情，进而使创业者在创业过程中少走一些弯路，提升创业成功的概率。对于创业教育和创业自我效能感之间的关系，国内外学者进行了广泛的研究。江君（2011）研究指出，创业教育课程的开设和社会创业示范作用能明显激发学生的创业动机与提高学生的自信心，从而达到在创业过程中的自我效能的提升。接受创业教育学习之后，大学生的创业自我效能感高于未接受创业教育时的水平。有的学者对 30 个地区 65 所大学的 1959 名学生进行了考察，发现创业教育水平对个体创业的信心有显著的影响，创业教育显著增强了学生的创业意向（Dohse，Walter，2010）。学校可以在进行创业过程中引入导师模式（formal mentoring），给有意向进行创业活动的大学生给予专业的指导，这种方式可以进一步增强他们对创业成功的信心（王志成，封筠，韩仁洙，2016）。根据以上结论得出以下假设。

假设 2：创业教育对自我效能感之间有正（＋）的影响。

（三）企业家精神和创业意图的关系

企业家的作用在于创新，从一般角度来看，企业家是为了获取利润，并为此承担风险的人，企业家能够开拓新的领域，满足顾客获得新的需求。企业家之所以成为经济和社会发展的动力，主要是源于他们的企业家精神。

　　企业家精神（entrepreneurship）指在新的和不同的事物中创造有用的价值，应对和挑战新的变革，并使创业变革为新的机遇（Drucker，1985）。企业家精神的本质是机会意识、创新精神和进取精神的有机结合。本研究对企业家精神分为两个层次来进行研究。一是根据罗德里格斯（Rodrigues）等（2012）的研究把企业家精神的内涵分为 3 个组成部分，即创新精神、成就需要和冒险精神。创新精神是企业家精神中最重要最核心的要素，没有创新精神，企业家精神无从谈起。成就需要和冒险精神是抓住发展机遇的必不可少的内在特质，因为创业不是个人行为具备了这些特质，就能成为团队的领导者并受到组织成员的信任和认同；由于不同年级段、不同专业学生的特点和诉求不同，所以要采取有针对性的企业家精神培育模式，同时发挥高年级对低年级的传帮带作用。企业家精神培育是一种人才培养模式，需要打破以就业为导向的功利性教育，大学生企业家精神培育所解决的结构性难题应该是一个自然的结果，而不应该作为完全的导向型目标（邵垒，2018）。教育方式上除了课堂教育外，还要充分发挥大学生的自主性和互动性，受过企业家精神培育的高年级及在进行创业的毕业生本身具有一定的理论基础和实践经验，他们对低年级学生的传帮带作用、引领示范作用所产生的实际效果很好。

　　朴载焕（박재환）、金宇钟（김우종）（2014）通过分析人格因素与企业家精神之间的关系，结果发现：创新精神、成就需要和冒险精神等企业家精神要素对企业绩效有积极（＋）影响。金英中（김영중）、权英国（권영국）、尹慧贤（윤혜현）（2014）以大学生为研究对象，把企业家精神分为创新精神、成就需要和冒险精神分别来进行研究，分析结果显示：进取精神和冒险精神对创业意图有正（＋）的影响。通过以上研究得出企业家精神中的创新精神、

成就需要和冒险精神是对创业意图有重要影响的因素。

李正元（이정원）、李爱珠（이애주）、金南贤（김남현）（2013）为了研究企业家精神对大学生创业意图的影响，将个体的心理特征分为冒险精神、创新精神、可控性等创业特征因素，研究证实这些因素对创业意图有正（+）的影响。李有泰（이유태）（2014）指出大学生为了成功地开展创业活动，具备企业家精神是必要的，冒险精神可以使他们在瞬息万变的商业环境中提前感知到不确定性来减少损失。根据以上结论，得出以下假设。

假设3：企业家精神对创业意图有正（+）的影响。

假设4：企业家精神在创业教育对创业意图影响过程中有中介作用。

（四）自我效能感和创业意图的关系

社会认知理论的两大支柱是三元交互决定论和自我效能理论，而他们的核心是主动能动性。班杜拉认为，人类动因在一个包含三种因素（环境、认知和行为）交互关系的相互依赖中发挥作用，人的心理预期或信念－自我效能感（self-efficacy）对行为起着影响作用。自我效能感是个体相信自己能够调动为在特定情境下成功地完成任务所必需的动机和行动资源（Bandura，1982）。自我效能感经过不断的发展和演进，现在已经是一个通过经验累积的认知、社会、语言和身体技能等丰富内涵的复合构念。自我效能感能够通过各种方法影响个体，例如它不仅影响个体对于特定时间的努力水平和忍耐性，还会影响个体对于该事件所涉及活动和行为的参与程度（Zhao，Seibert，Hills，2005）。实证研究表明，对大多数人类行为而言，高的自我效能感都是非常必要的。想要获得高的成就、社会影响和学习掌握知识等，高自我效能感是很重要的因素（Bandura，1999）。高的自我效能预期会引导个体做出特定行为；相反，低的自我效能感预期会导致个体尽量避免发生此类行为，所以，如果大学生对自己未来创业充满信心，就会有强烈的创业意图，并会把意图和想法付诸实践；如果害怕失败，规避风险，多数是不会开展创业活动的。

自我效能感的概念被引入创业研究领域，由此产生了创业自我效能感，用以描述个体相信自己能够成功完成创业的信念。在创业意图情景模型基础上，伯德（Bird）（1988）提出影响创业意图的因素分为两大类：一类属于经济、政治和社会文化背景因素；另一类属于个体的个性、能力和信心等因素，这两类因素直接作用于创业自我效能感来影响创业意图。创业的自我效能感一直被用作影响创业意图的一个重要前因变量。行为控制感是个体对实施某一行为的难易程度的感知，个体对自身行为可控性的一种感知，个体认为自己掌握的资源和机会越多，所遇到的困难越少，就会产生强烈的控制感。根据阿杰曾（Ajzen）（1991）的计划行为理论，决定意图和行为的一个重要因素是感知的行为控制能力，而感知行为控制能力与自我效能感的概念非常接近。因此，创业意图的形成很大程度上取决于个体对未来创业绩效的预期感知。如果个体对于未来创业所需要技能和条件的自我效能感很高，最有可能形成创业意图并将它付诸实践；相反，如果个体感觉创业失败的可能性非常大，一般是不太可能实施创业行为的。因此，根据以上结论，得出如下假设。

假设5：大学生的自我效能感对创业意图有正（+）的影响。

假设6：自我效能感在创业教育和创业意图中有中介的作用。

根据以上所要验证的假设，我们画出了本研究的研究模型，见图4.1。

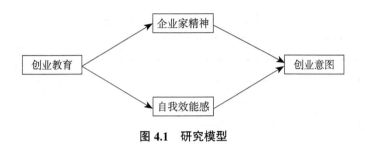

图 4.1　研究模型

三、研究方法

（一）样本的选定

为了验证模型和假设，我们选定了设有大学生创业中心的南京大学、江西财经大学、安徽黄山学院和金陵科技学院的在校大学生和部分硕士、博士研究生为调查对象进行了问卷收集。4 所大学所在的区域为：江苏省南京市、安徽省黄山市、江西省南昌市，均为就业形势较为严峻的地区，通过以有创业意向的在校大学生为研究对象收集问卷，为下一步进行实证分析提供了数据上的支持。

本次调查分两步：第一步是小范围地回收问卷，收集一部分数据用于问卷的项目分析，来确定问项是否可行；第二步是正式回收问卷，收集的数据用于问卷的信度和效度分析及检验假设是否成立。本次问卷调查一共收集 231 份，去掉无效的问卷，最终用于实证分析的有效问卷为 198 份，回收率为 85.7%。其中 66.7% 是男生，专科及本科大学生的占比为 66.2%，大部分学生的年龄为 20~25 岁。

此样本的人口统计学特征见表 4.1。

表 4.1 样本的人口统计学特征

分类		数量	占比（%）
性别	女	66	33.3
	男	132	66.7
婚姻状况	已婚	42	21.2
	未婚	156	78.8
年龄	20 岁以下	27	13.6
	20~25 岁	104	52.5
	26~30 岁	44	22.2
	31~35 岁	6	3.0
	35 岁以下	17	8.6
受教育水平	专科以下	9	4.5
	专科	17	8.6
	本科	114	57.6
	硕士研究生	45	22.7
	博士研究生及以上	13	6.6

（二）控制变量

本研究选定了几个已知的会对创业意图产生影响的变量作为控制变量，分别为调查对象的性别、年龄、受教育水平及工作年限。通过对这些控制变量效果的分析可以更精确地验证本研究所提出的假设。

（三）变量的测定

创业教育：高校为大学生提供的与创业有关的教育课程及支持项目，不仅教授有关创业知识，还有创业机会的识别、工作环境的适应、克服困难的勇气等，并对创业的态度和行动产生影响。包括的主要含义为两层：

通过高校的创业教育，学生在毕业后能够找到工作，适应职场生活；通过创业教育，学生具备创业意识和创业能力。为了测定创业教育，我们选定利尼安（Liñán）等（2011）开发的 5 个问项，如"创业教育提升我成为企业家所必备的能力""创业教育使我了解了商业环境的相关知识"等。创业教育问项的信度是 0.81。

企业家精神：企业家创立和管理企业的综合能力的表达方式，它是一项重要的生产要素，具体包括创新精神、成就需要和冒险精神。本研究采用罗德里格斯等人（2012）开发的 17 个问项，创新精神包括"我认为总会有新的更好的办法来解决问题""在别人看来很平常的情况下，我却能够意识到商机的存在"等 6 个问项；成就需要包括"我对新的挑战充满兴趣，为了迎接新的竞争我会更加努力工作""如果不能从工作中得到成就感和满足感，即使是高工资，我也会放弃这份工作"等 6 个问项；冒险精神包括"我喜欢从事高风险高收益的工作""如果一件事情成功的概率在 60% 以上的话，我愿意冒险去做"等 5 个问项。企业家精神问项的信度是 0.77。

自我效能感：陈、格林（Greene）、克里克（Crick）（1998）将自我效能感引入创业研究领域，并将其定义为创业者相信自己能够胜任创业角色、完成创业任务的信念。创业领域的自我效能感作为一种创业活动的深层次的信念因素是理解与预测创业者行为的重要概念。本研究中采用尹方燮（윤방섭）（2004），特克（Turker）和塞卢克（Selçuk）（2009）所开发的 5 个量表，如"我对成功经营自己公司有信心""我相信自己可以很好地管理一家公司"等。自我效能感问项的信度为 0.92。

创业意图是针对潜在创业者而言，只有具备了相当创业意图的潜在创业者才有可能真正从事创业活动（Krueger，Reilly，Carsrud，2000）。伯德（1988）把创业意图定义为：引导创业者追求创业目标，并投入大量注意力、精力和资源的一种心理状态，并且个人或社会因素都必须通过创业意图来影响创业行为。为了测定创业意图，我们采用利尼安等人（2011）开发的 5 个问项，如"我们职业目标是成为企业家""我非常认真地思考过开一家公司"等。创业意图问项的信度是 0.90。

本研究模型中的测定问项都采用李克特五点量表法（1= 十分不赞同，5= 十分赞同），由于各变量的信度均大于 0.7，所以本研究模型具有良好的信度。

（四）数据的分析方法

为了验证研究模型的适配度，开展验证性因子分析，本研究采用了 SPSS 24.0 和 AMOS 22.0 统计分析软件进行数据分析。此外，在进行以上分析之前，所有的变量都进行了平均中心化（mean-centering）处理。

四、数据分析结果

（一）共同方法偏差检测

由于本研究中的原因变量和结果变量都是由相同的调查对象来填写的，会存在共同方法偏差（common method bias）的问题，为了掌握其程度，我们通过数据分析软件 AMOS22.0，采用 Harman 单因子检测方法检测共同方法偏差的问题，以及验证四因子模型（模型中有 4 个变量），三因子模型（创业教育和企业家精神合成为一个变量，自我效能感，创业意图），二因子模型（创业教育、企业家精神、自我效能感三个变量合成一个变量，创业意图）和单因子模型（四个变量合为一个变量）之间的适配度指数。

为此，我们进行了一系列的验证性因子分析来验证本研究提出的模型，并且根据主要的模型适配度指数来进行分析比较，如卡方拟合指数（χ^2）、均方差残根（RMR）、拟合优度指数（GFI）、比较拟合指数（CFI）、Tucker-Lewis 指数（TLI）、近似误差均方根（RMSEA）。本研究采用安德森和格宾（1988）研究中采用的验证性因子分析来验证模型的效度。

在表 4.2 中可以看到通过验证性因子分析所得到的模型拟合指数。

表 4.2　验证性因子分析

区分	χ^2	df	RMR	GFI	CFI	TLI	RMSEA
单因子模型	1026.68	275	0.07	0.64	0.68	0.65	0.12
二因子模型	901.55	274	0.06	0.68	0.73	0.70	0.11
三因子模型	724.24	272	0.56	0.73	0.81	0.79	0.09
四因子模型	372.02	224	0.04	0.85	0.94	0.92	0.06

Harman 单因子检测结果显示：单因子模型的拟合指数是：χ^2=1026.68，df=275，RMR=0.07，GFI=0.64，CFI=0.68，TLI=0.65，RMSEA=0.12，但是四因子模型的拟合指数是：χ^2=372.02，df=224，RMR=0.04，GFI=0.85，CFI=0.94，TLI = 0.92，RMSEA=0.06，四因子模型的拟合度指标优于单因素模型的拟合指标，验证了本研究共同方法偏差问题不严重。

在这些拟合指数中，RMR 和 RMSRA 的取值一般小于 0.08，本研究中，四因子模型 RMR=0.04，RMSEA=0.06，说明数据与模型的拟合度比较理想。CFL、GFI 和 TLI 的取值范围是 0 到 1，一般意义上，只要其数值大于 0.9，我们就可以认为数据和模型的拟合度是很好的。虽然本研究中四因子模型 GFI=0.85<0.9，但是由于受到样本特性的非一贯性的影响，可以考虑对于样本特性自由度更高的 CFI、TLI 来判断拟合度，本研究中 CFI=0.94，TLI=0.92，相应的其他拟合度指数也都达到了可接受的标准。

本研究中出现的变量的描述性统计和它们之间的相关关系见表 4.3。各个变量间的相关关系系数都小于 0.8，所以不存在多重共线性问题。被调查者重视创业教育（M=3.94）和企业家精神（M=3.58）。自我效能感和创业意图之间有正（＋）的相关关系（r=0.70，P<0.01），创业意图和自我效能感之间存在正（＋）的相关关系（r=0.29，P<0.01）。控制变量中，年龄与创业教育（r=0.17，P<0.05）、自我效能感（r=0.25，P<0.01）、创业意图（r=0.34，P<0.01）、企业家精神（r=0.24，P<0.01）之间存在正（＋）的相关关系。

表4.3　均值、标准差和相关矩阵

变量	M	SD	创业教育	自我效能感	创业意图	企业家精神	性别	婚姻状况	年龄	受教育水平
创业教育	3.94	0.53	－							
自我效能感	3.25	0.78	0.29**	－						
创业意图	3.35	0.93	0.32**	0.70**	－					
企业家精神	3.58	0.46	0.35**	0.59**	0.52**	－				
性别	1.67	0.47	0.06	−0.22**	−0.20**	−0.13	－			
婚姻状况	1.21	0.41	0.14	0.12	0.21**	0.22**	−0.05	－		
年龄	2.40	1.05	0.17*	0.25**	0.34**	0.24**	−0.17*	0.69**	－	
受教育水平	3.18	0.85	−0.01	−0.07	−0.06	0.03	0.06	−.24**	0.05	－

注：虚拟变量包括性别（男=1，女=0）；婚姻状况（已婚=1，未婚=0）；年龄（20~25=1，其他=0）；受教育水平（大学本科=1，其他=0）。

*P<0.05，**P<0.01。

（二）假设的验证

为了验证研究模型的假设，我们采用结构方程式模型分析的方法，结构方程式模型分析通过AMOS24.0，参数的估计方程式采用最大似然估计法（maximum likelihood估计值，MLE）。本研究通过结构方程式模型分析所得的路径系数见表4.4。

表 4.4　路径系数和假设检验

假设检验		估计值	标准差	建构信度	P	结果
假设 1	企业家精神 ←创业教育	0.12	0.07	1.77	*	成立
假设 2	自我效能感←创业教育	0.50	0.11	4.64	***	成立
假设 3	创业意图←企业家精神	0.27	0.18	3.62	***	成立
假设 5	创业意图←自我效能感	0.78	0.08	8.98	***	成立

注：χ^2=341.32，df=212，P=0，RMR=0.03，GFI=0.87，CFI=0.95，TLI=0.94，RMSEA=0.05。
*P<0.05，**P<0.01。

通过表 4.4 得知：

创业教育对企业家精神产生正（＋）的影响，b=0.12，P<0.05，所以假设 1 得到支持。

创业教育对自我效能感产生正（＋）的影响，b=0.50，P<0.001，所以假设 2 得到支持。

企业家精神对创业意图产生正（＋）的影响，b=0.27，P<0.001，所以假设 3 得到支持。

自我效能感对创业意图产生正（＋）的影响，b=0.78，P<0.001，所以假设 5 得到支持。

（三）企业家精神和自我效能感中介效果的检验

一般的中介效果的验证都会采用巴伦和肯尼（1986）开发的 3 步骤或者用 Sobel 检验的验证方法。为了更精确地验证中介效果，本研究采用了 Bootstrapping 方法。本研究是通过 5000 次抽取样本得到多组随机性和可靠性更强的数据，弥补了数据不足的缺陷，且有益水平处于 95% 的信赖区间。用这种方法验证标准是所估算的置信区间内不包含 "0"，见表 4.5。

表 4.5　引导中介效果的结果

假设检验		估计值	下限	上限	*P*	结果
假设 4	创业教育→企业家精神→创业意图	0.15	0.24	0.74	*	成立
假设 6	创业教育→自我效能感→创业意图	0.32	0.04	0.31	*	成立

注：χ^2=341.32，df=212，*P*=0，RMR=0.03，GFI=0.87，CFI=0.95，TLI=0.94，RMSEA=0.05。
**P*<0.05

通过 Bootstrapping 方法得到的结果显示，企业家精神的中介效果置信区间为 [0.24，0.74]，区间内不包含"0"且 *P*<0.05。也就是说，在创业教育对创业意图影响的关系中，企业家精神具有中介效果，所以假设 4 也得到了支持。

自我效能感的中介效果置信区间为 [0.04，0.31]，区间内不包含"0"且 *P*<0.05。也就是说，在创业教育对创业意图影响的关系中，自我效能感具有中介作用，所以假设 6 得到支持。

五、结论

（一）研究结果

中国政府为了进一步推进市场经济的变革，逐渐开放了很多以前由国有企业主导的行业，在这种背景下，会出现很多新的机会，给创业者更大的发展空间。随着新增大学生数量越来越多，就业难的问题越来越明显，政府在积极制定各种优惠政策来鼓励创业和就业。很多大学生工作经验不足成了创业过程中的"硬伤"，使他们对创业过程中遇到的问题不能很好地解决。

本研究侧重研究哪些因素对创业意图有积极的影响，由于目前国内研究领域集中于性格特征、态度等个人因素，有关创业教育的相关研究不是很多。本研究以 4 所大学的在校学生为研究对象，通过收集问卷进行实证分析的方法来验证假设，并通过数据分析软件 AMOS 22.0、SPSS 24.0，以及 Bootstrapping 的多次抽取样本的方式来验证企业家精神和自我效能感的中介效果。从人口统计学的特征来看，年龄在 25 岁以下的样本占比高达 66.1%，大专生和大学生样本的占比为 66.2%，这样的比例保证了数据的质量，为数据分析提供了可靠的保障。

通过数据分析我们得到以下的结果：

①在变量的描述性统计和相关关系分析中，创业教育和企业家精神之间存在着高度显著的相关关系。大学生受到的创业教育对企业家精神和自我效能感有正（＋）的影响关系。所以，创业教育是提升创业自我效能感和创业意向的关键要素，高校有必要根据学生的兴趣及社会的发展程度开发适合具体情况的创业教育课程。

②企业家精神和自我效能感对创业意图有正（＋）的影响关系。企业家精神可以在不确定的条件或环境中识别和发现不同的商业机会，自我效能感作为一种信念因素，是对创业意图的重要预测因素，自我效能感与行为意图之间的关系会在不确定的环境环境中得到体现。自我效能感是对自己创业成功的自信，在创业过程中即使遇到挫折也会想办法解决，所以，这两个因素可以强化大学生的创业意图。

③企业家精神和自我效能感在创业教育对创业意图的影响关系中有中介效果。创业教育水平的提升也对学生的企业家精神认知和对创业能力提升的自信心也会增强。在对创业意图影响的诸多因素中，创业教育、良好的创业文化环境、企业家精神和自我效能感的作用是非常显著的。

（二）研究的理论和实践启示

本研究确认了创业教育对企业家精神和自我效能感及创业意图有促进作用，企业家精神和自我效能感具有中介作用。关于自我效能感在具体领域的应用，班杜拉认为，由于不同领域之间的差异，都是指与特定领域相联系的自我效能感。创业的过程就是体现与领导有关的很多方面：组建团队、构建愿景培育组织文化等。关于领导研究中已经证明了自信心的重要性，对于领导领域自我效能感的关注很少，本研究把自我效能感引入了创业研究领域。

根据研究结果，得出的研究启示如下：

第一，根据以前的研究得知，行动和意图之间有紧密的联系，本研究的实证分析结果与阿杰曾（1991）的计划行动理论得出的创业教育对创业意图的影响关系的结果是一致的，证明理论是成立的。

第二，由于大学生没有职场和创业经验，所以创业教育对创业意图的形成，直到创业活动的实施，都是有积极正面影响的。针对大学生职场经验不足，可以引入创业导师制度，创业导师的专业知识和社会经验会给大学生很多有益的帮助。

第三，由于与创业有关的很多影响因素都是后天形成或培养的，所以，创业教育对提升创业意图的作用显得很重要。为了增强大学生的创业意图，开展有关企业家精神和提升自我效能感培训也是很有必要的。

第四，为了积极鼓励大学生开展创业活动，学校通过产学研等机会与企业建立合作关系，进而直接或间接地为大学生提供实习机会及创业活动体验。另外，国家的创业支持项目等各种政策和资金支持都是不可缺少的，如减免初创企业的税收、提供免费的办公场所和有针对性的融资培训等。

（三）研究的局限性和未来研究方向

作为初步的探索和尝试，本研究还存在很多不足和需要改进之处。

第一，样本来源的局限性。本研究选取的样本只集中在 4 所大学，因此研究结论能否推广到其他地区还有待进一步研究。因此，未来研究可以选择不同地区的更多在校生为调查对象，进一步分析得到的研究结果有什么不同。

第二，问卷收集过程的局限性。本研究只采用了横向研究，在特定的时间段内收集到问卷，而没有间隔一段时间再次回收问卷进行纵向对比研究。通过纵向研究可以更好地描述大学生受到的创业教育的程度、创业意图的变化过程，便于探寻不同现象相互之间的因果关系。

第三，问卷的局限性。本研究的问项大部分取自外国文献，而以中国在校大学生为调查研究对象，由于文化差异的缘故，这些问项的测度不能很好地反映中国在校大学生的真实想法。学者可以在考虑到中国本土文化因素基础上开发能反映中国在校大学生企业家精神和创业意图等方面的测度。

第二节　关于大学支持对创业意图、危险承受力、自我效能感影响关系中导师制度中介效果的研究

一、引言

近几年，应届大学生的就业形势十分严峻。根据有关统计数据：2013 年，中国高校毕业人数达到 699 万人，就业形势十分严峻；2014 年，毕业生人数

达到 727 万人，2015 年达到 749 万人，2016 年达到 765 万人，创历史新高，加上中职毕业生，仅这两项新增就业人数就达 1200 万人。虽然每年新增加的岗位数量在不断增长，但是相对于逐年增加的应届大学毕业生和往届没有实现就业的毕业生，新增加的就业岗位数量显得明显不足。国家和地方经济增速进入新常态，宏观就业压力不减，"就业难"成为高校和政府的大难题。

为了解决大学生就业难的问题，政府和高校也积极采取措施来缓解就业压力。在顶层设计和体制机制上，政府起了主导作用，国家的政策支撑体系初步形成，支持力度和推进速度是前所未有的。2015 年，李克强总理在政府工作报告中提出"大众创业，万众创新"的理念。政府工作报告中如此表述：推动大众创业、万众创新，既可以扩大就业、增加居民收入，又有利于促进社会纵向流动和公平正义。在论及创业创新文化时，强调"让人们在创造财富的过程中，更好地实现精神追求和自身价值"。为了解决"就业难"问题，中国各大高校一方面增加大学生在校期间的实习和兼职机会，另一方面也成立了大学生创业中心，对大学生的创业动机、行为和意图进行专项的指导和支持。但是让教师、学生、企业家很好地配合，是需要积极思考和认真应对的。大学的重要使命就是建立与社会进行沟通交流的机制，可以和企业共同开发课程，也可以建立联合实验室，产学研结合为一体，校企合作在研究和创业等方面大有可为。高校建立创业或就业中心的目的就是对学生开展创业教育培训，学生能够跨学科组成创业团队，带动更多的教师参与其中。当很多学生在一起的时候，就会促进各个院系、教师之间的互动与交流，可以为学生提供更好的创业服务。

本研究以肇庆学院、黄山学院、江苏大学、南京审计大学 4 所大学中有创业意向的 212 名大四在校生和部分硕士、博士研究生为调查对象进行了实证研究。探索在中国高等教育由"精英教育"向"大众教育"的转变过程中大学生毕业数量不断增加，而就业率逐年递减的趋势下，针对就业难的问题，如何调整高校现有的教育理念和思考方法以适应新的形势发展，并且探索新的教育方法和制定新的规则制度来促进与鼓励大学生的自主创业。本研究把创业意图、危险承受能力和自我效能感都作为从属变量，因为创业意图并不是孤立的，创业过程中的危险承受能力和自我效能感的作用也是很明显的。本研究探究了大学支持对创业意图、危险承受力及自我效能感的影响过程中导师制度的中介作用。依据实证分析原理，对四所大学进行了 188 份有效问卷调查，研究分析表明：大学支持和导师制度之间存在相关关系；导师制度和创业意图、危险承受力及自我效能感之间存在相关关系；导师制度在大学支持和创业意图、危险承受力及自我效能感之间存在中介效果。

二、理论背景

2008 年金融危机严重影响了应届大学生的就业。特别是现在的大学生都是"00 后""90 后"，对互联网的参与度较高，利用网络从事创业的意向十分强烈。现在互联网已经成为创新驱动的核心要素和工具，互联网与很多领域和行业相互融合，催生了很多的新的商业模式和经济形态，特别是电子商务领域的迅速发展，使得创业成本降低，但对趋势的把握和掌控的要求增加。电子商务的兴起强烈冲击着传统的生产和消费方式，逐步推进着商业模式和管理模式的变革，在这样的时代背景下，根据"大众创业，万众创新"的趋势，高校要积极地探索适合学生创业的政策和制度，激发学生的创业兴趣，才能够进一步引导学生的创业意图，有力地解决就业难的问题。从 1999 年开始大学持续地大规模扩招，由于生源过多，师生比例不协调，教育质量下降，客观上加剧了大学生就业的紧张状况，特别是"有岗无人与有人无岗""无业可就与有业不就""高技能人才匮乏与高职就业不畅"等就业矛盾逐年凸显出来。由于大学生身份的巨变,从"天之骄子"变成就业市场上的普通一员,很多学生没有做好相应的心理准备,也没有相应的职业规划。大学生必须转变就业观念。

面对大学生数量不断增长的趋势,大学毕业生就业形势日益严峻,大学积极开展创业教育,大学创业生态系统发挥着核心作用,这不仅提供创新创业教育,还起着桥梁作用,将学术研究和商业活动联系起来,并且学校很多专职人员帮助学生发展他们的想法,同时与其他机构紧密连接,帮助学生参与一些建立公司的活动,还有孵化器、技术转移中心对生态系统的发展起了很大的推动作用。大学积极开展创业教育对目前新常态下经济转型具有重要意义。

现在世界很多国家都意识到大学生创业活动的重要性,创业对现代社会发展产生了很大的影响,越来越受到学者和政府管理者的重视。大学生开展创业活动不仅能够增加就业机会,促进创新,使学术成果向商业应用转化,并且还有利于开拓新的商业模式和市场。创业公司生态系统中很多人(特别是在校大学生)都抱有一种想法:将优秀的创业公司从一个小创意变成一家成功的公司。很多人的长处是创业意图很强烈,畏惧少,行动能力很强,但是很多在校大学生短处也是很明显的,如没有工作经验,对创业的认识和理解不足,对创业过程中遇到的问题的解决能力不够等。本书要探究如何通过良好的创业生态系统使学生们在创业过程中增强创业的能力,以及大学支持与创业有关的因素(创业意图、危险承受力、自我效能感等)的影响。

(一)大学支持与导师制度之间关系研究

克莱延布林克(Kraaijenbrink)等(2009)的研究把大学支持分为大学教

育支持（educational support，ES）、创业概念开发支持（concept development，CDS）、商业开发支持（business development support，BDS）三个构成部分，大学支持实施的效果很多是靠导师来实现的。

大学创业教育支持将改变高校的教育方式和人才培养理念。以前高校主要以科研和教学为中心，后来逐步开始设立就业中心等机构来帮助学生就业。现在由帮助学生就业向引导学生创业方向的发展成为趋势。通过创业教育引导有创业意向的学生通过实施创业成为企业家，可以实现人力资源的有效配置，因为并非所有的学生愿意从事科学研究或者"朝九晚五"的上下班工作，通过创业他们也可以实现自己的抱负和价值。通过系统的创业教育，大学生对于创业项目的选择、创业计划书的制订、创业过程中可能出现的难题和挑战、对自身的兴趣爱好与职业定位，都将有深刻的认识。通过大学的创业教育，大学生的自我定位将更加准确，对于专业知识的学习更为积极主动，理论与实践结合得更好。现在广为人知的大学教育的相关支持基本以开设与创业有关的课程或项目为主，如企业家精神教育等。企业家精神教育在于机会的发现、资源的整合及风险的应对，通过教育给大学生以理念和决策思维方面的指导，同时在创业过程中提供给大学生必备的创业技能，如商业计划书的编写、市场的开拓、资本引入等。高校所进行的企业家精神的课程可以有效地提升大学生的创业意识和危险承受力，进而对大学生创业的自我效能感产生积极影响。

通过创业教育可以有效地引导很多学生的创业理念、想法、意向，即创业概念开发支持。因为很多在校学生的脑海中对创业只是有一个模糊的概念，只是一个暂时的想法而已，对创业的具体认知和了解不足，对于创业如何开始选择项目、如何写商业计划书等认识不够。通过创业概念开发支持可以使学生对创业有一个明确的认识，包括如何开始操作等，而不是仅仅停留在想法阶段。

本研究中的商业开发支持主要是指资金支持，当前中国大学生创业人数与创业成功率尚待发展，创业资金不足是主要原因之一，是制约大学生创业成功的一个主要因素。目前大学生创业资金来源主要包括自有资金，家庭及亲友支持，金融机构贷款及政府、学校提供的资金资助等（Lin，2010）。从总体情况看，目前创业资金匮乏，融资渠道单一，且获取创业资金门槛较高等因素制约了大学生创业的健康发展。因此构建良性的大学生创业资金支持系统是提高创业成功率的关键所在。

根据以上的理论依据和实践研究成果，本研究设定了以下的假设。

假设 1-1：大学商业支持与导师制度有相关关系。

假设 1-2：大学创业概念支持与导师制度有相关关系。

假设 1-3：大学教育支持与导师制度有相关关系。

（二）导师制度与自我效能感、危险承受力、创业意图之间的关系研究

导师制度一般是指公司委派或命令有丰富工作经验的、具有较高专业知识或技能的资深管理人员或技术专家对新入职的员工进行岗位知识、技能等方面的传授或指导的一种管理制度。现在的导师制度已经成为人力资源开发和培训的重要方法，可以有效地减少新入职员工对工作内容或岗位要求不熟悉造成的不适应、投入感不足、组织认同低下等问题，可以帮助他们快速适应环境，顺利开展工作。很多公司实行导师制度，并取得了很好的效果，例如谷歌公司，导师制度的引入和顺利实施使该公司的发展达到事半功倍的效果。现在越来越多的初创公司都在开展和实施导师制度。

本研究没有把创业意图单独作为从属变量来进行研究，而是把与创业意图有关的心理影响因素，包括自我效能感、危险承受力，一起作为从属变量

来进行研究，因为这些从属变量与创业者的心理变化有很大的关系。根据社会认知理论，班杜拉（1977）提出了自我效能感的概念为"它是人们对自身完成工作或任务的信念，它涉及不是技能的本身，而是自己能够利用所拥有的技能去完成工作行为的自信程度"。实证研究表明，对大多数人的行为而言，高自我效能感是非常必要的，想要获得较高的成绩，必须掌握新的技能等，高自我效能感的人的效率和业绩十分明显。相反，低的自我效能感会导致个体尽量避免发生此类行为，对创新行为、新的事物等持保守态度。自我效能感较高的大学生更有自信来开展创业活动。

把导师制度引入创业开始前的阶段，可以使导师的作用发挥到最大，包括导师与创业者的相互磨合、双方的深入了解，以及创业过程中出现问题的解决，双方的配合会更加默契，省去由于导师和创业者人际关系紧张而产生的内耗成本。导师可以把自己丰富的阅历及经验与创业团队分享，可以使不成熟的创业团队少走弯路，创业过程中即使取得小的成就也可以使创业者的自我效能感增强，危险承受能力增加，创业意图更加强烈。

（三）导师制度的中介关系研究

在创业公司的生态系统下，创业者不断寻求为客户提供更好的产品和服务，但是在校生由于工作经验不足，容易导致失误，进而影响其创业的信心。如果有经验的导师参与初创公司的发展，并将经验和知识传递给初期创业者，可以使他们少走很多弯路，为初创企业的进一步发展打下良好的基础；同时，企业创始人也要认同导师所提供的建设性意见，导师与创始人在分享经验过程中，可以有效地修正创始人的认知偏差和错误。

经研究表明，导师的作用主要体现在三方面：

①领域内的专家，他们在特殊领域，如金融、法律等方面有丰富的经验，

这些导师在创建企业发展过程中能发挥很大作用。

②连接与沟通者，他们愿意与初期创业者相互沟通并分享自己的人脉，起到牵线搭桥的作用，如引领创业者与投资人见面等。

③技术专家，这些专家可以讲解特殊的技能，如销售技巧、客户关系维护、品牌的定位等。

为了进一步确保导师制度的实施，导师不应该变相"控制"创业者，导师与初创公司的关系应该是非交易型的。

本研究以高校在校大学生为研究对象，在高校里导师制度是指：在特定领域对学生进行指导和帮助，进而使学生克服创业过程中的困难，有效地达成既定的目标。导师制度的确立和实施可以有效地减少和把控大学生在创业过程中遇到的各种风险，包括创业意图、选择项目、团队组成、资金来源等。可以有效地增强创业者的危险承受力，提升创业者的自我效能感。

根据以上的理论依据和实践研究成果，本研究设定了以下的假设：

假设2-1：导师制度在大学商业支持和创业意图之间有中介作用。

假设2-2：导师制度在大学商业支持和危险承受力之间有中介作用。

假设2-3：导师制度在大学商业支持和自我效能感之间有中介作用。

假设3-1：导师制度在大学创业概念支持和创业意图之间有中介作用。

假设3-2：导师制度在大学创业概念支持和危险承受力之间有中介作用。

假设3-3：导师制度在大学创业概念支持和自我效能感之间有中介作用。

假设4-1：导师制度在大学教育支持和创业意图之间有中介作用。

假设4-2：导师制度在大学教育支持和危险承受力之间有中介作用。

假设4-3：导师制度在大学教育支持和自我效能感之间有中介作用。

根据以上所要验证的假设，我们画出了本研究的研究模型，其构成见图4.2。

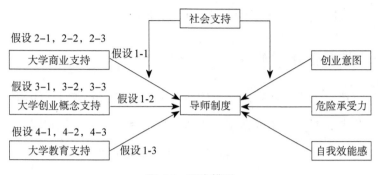

图 4.2　研究模型

三、研究方法

（一）选定样本

为了验证模型和假设，我们选定了设有大学生创业中心的广东肇庆学院、安徽黄山学院、江苏大学和南京审计大学的大学在校生和部分硕士、博士研究生为调查对象进行了问卷调查。共收集 212 份调查问卷，去掉无效的问卷，最终用于数据实证分析的有效问卷数为 188 份，回收率为 88.7%。学校所在地区分别为：广东省肇庆市，安徽黄山市，江苏省镇江市和南京市，均为就业形势较为严峻的地区。以有创业意向的在校大学生为对象收集的问卷，为我们下一步进行的实证分析提供了数据上的有效支撑和保障。

本研究调查分两步：第一是初测问卷的施测，收集一部分数据主要用于问卷的项目分析，来确定这些问项是否可行；第二是正式问卷的施测，收集的数据用于问卷的信效度分析和假设检验。本研究共收取了 212 份调查问卷，剔除无效问卷后，按照一定的标准筛选废卷，筛选标准主要是：①缺选题项超过五题；②连续五个项目的选择相同（Kang，2017）。其中 62.1% 是男性。

本科大学生占比 78.2%，硕士及以上占比 21.8%。

（二）控制变量

本研究选定了几个已知的会对创新行为产生影响的变量作为本研究的控制变量。分别为调查对象的性别、年龄、受教育水平及工作年限。通过对这些控制变量效果的分析可以更精准地验证本研究所提出的假设。

（三）变量的测定

大学支持：学生在开始创业及其创业过程中大学所给予的支持，包括商业开发支持、创业概念开发支持、大学教育支持。在本研究中，为了测定大学的创业概念开发支持，我们采用了克莱延布林克等（2009）开发的 17 个问项中的 12 项，采用了李克特五点量表法。商业开发支持 3 个问项，如"学校向学生提供创业上的资金支持"等，信度为 0.896。创业概念开发支持 3 个问项，如"提供有助于学生创业的新思路和想法"等，信度为 0.872。教育支持 6 个问项，如"学校开设有关企业家精神的选修课程"等，其信度为 0.928。

导师制度：为了开发学生的潜力，在特定领域对学生进行指导和帮助，让学生克服困难达到既定的目的。本研究中，导师指在学生的创业意图、危险承受力、自我效能感方面给予的鼓励、帮助和支持。为了测定导师制度，我们采用了克拉姆（1983）和伯克（Burke）（1984）开发的 6 个问项量表，如"导师的建议对我的创业有引导作用"等，采用了李克特五点量表法，其信度为 0.920。

创业意图：潜在创业者对从事创业活动与否的一种主观态度，是人们具有类似于创业者特质的程度及人们对创业的态度、能力的一般描述。我们采用了陈等（2009）开发的量表。由 5 个问项构成，如"如果我有机会的话，我就会创业"等，采用了李克特五点量表法，其信度为 0.914。

自我效能感：在组织内部，不论什么样的任务都能通过自身的努力完成的一种对自身能力的认可和自信的心理认知。我们采用了陈等（1998）开发的 8 个问项，如"我有信心能够成功地将想法进行商业化"等。问项均采用李克特五点量表法，其信度为 0.933。

危险承受力：创业者比一般人有更爱好冒险的倾向，以及对于不确定性的忍耐程度。为了测定危险承受力，我们采用了海斯里奇（Hisrich）和彼得（Peter）（1995）开发的 5 个问项，如"我更偏好虽然风险大，但收益高的事业"；"我能够感知到危险，并能根据外部环境的变化制定策略"等，问项均采用李克特五点量表法，其信度为 0.853。

四、数据分析与结果

（一）效度的测定与描述性统计

在数据分析之前，我们对效度进行了分析。为了验证效度，我们根据主要的模型适配度指数来进行分析比较，如卡方拟合指数（χ^2）、增值拟合指数（IFI）、Tucker–Lewis 指数（TLI）、比较拟合指数（CFI）、近似误差均方根（RMSEA）。本研究采用了安德森和格宾（1988）所推荐的验证性因子分析来验证模型的效度。在表 4.6 中可以看到通过验证性因子分析所得到的拟合指数。

表 4.6　验证性因子分析

区分	χ^2	df	P	IFI	TLI	CFI	RMSEA
模型	1376.341	637	0.000	0.877	0.863	0.876	0.080

由表4.6可见，拟合指数分别为：χ^2=1376.341（df=637，$P<0.001$），RMSEA=0.080，IFI=0.877，TLI=0.863，CFI=0.876，在这些拟合指数中，最基本的χ^2的P值要满足大于基准值0.05的条件。RMSEA的值一般要小于0.08，说明数据与模型的拟合度是比较理想的。RMR的理想数值是小于0.05，但只要小于0.10我们就可以认为数据和模型的拟合度是较好的。CFI和TLI的取值范围是0~1，一般意义上，只要其数值大于0.8，我们就认为数据和模型的拟合度较好。本文的CFI的数值为0.876，相应的其他拟合度指标也都达到了可接受的标准。

有关本研究中出现变量的描述性统计和它们之间的相关关系见表4.7。

表4.7 均值、标准差及相关系数矩阵

变量	M	SD	性别	年龄	大学教育支持	大学创业概念支持	大学商业支持	自我效能感	危险承受力	导师制度	创业意图
性别	1.69	0.46	1								
年龄	1.05	0.27	−0.13	1							
大学教育支持	3.34	0.79	−0.11	0.10	1						
大学创业概念支持	3.54	0.79	−0.06	0.08	0.76**	1					
大学商业支持	3.48	0.84	−0.07	0.12	0.71**	0.72**	1				
自我效能感	3.38	0.68	−0.29**	0.18*	0.63**	0.52**	0.53**	1			
危险承受力	3.49	0.63	−0.39	0.12	0.50**	0.38**	0.44**	0.77**	1		
导师制度	3.72	0.64	−0.08	0.02	0.55**	0.55**	0.57**	0.58**	0.62**	1	
创业意图	3.41	0.78	−0.34**	0.05	0.44**	0.27**	0.37**	0.67**	0.63**	0.44**	1

*$P<0.05$，**$P<0.01$

由表 4.7 可知,自我效能感和危险承受力之间有较高的相关关系($r = 0.77$,$P<0.01$),大学教育支持和创业概念支持之间也存在较高的相关关系($r = 0.76$,$P<0.01$)。在控制变量中,性别和创业意图之间存在着负相关关系($r = -0.34$,$P<0.01$)。

(二)导师制度的中介效果的检验

一般的中介效果验证都会采用巴伦和肯尼(1986)开发的 3 步骤或用 Sobel 检验的验证方法。本研究采用的是最近较为先进的 Bootstrapping 验证方法,采用这个方法的好处是通过多次抽取样本的方法可以得到多组随机性和可靠性更强的数据,弥补了数据不足的缺陷。Bootstrapping 的验证标准是所估算的中介效果区间中,只要区间内不包含“0”就能判定中介变量具有中介效果,见表 4.8。

表 4.8　导师制度的中介效果

假设	效应值	标准差	置信区间上限	置信区间下限
2-1	0.1761	0.0489	0.0817	0.2684
2-2	0.2338	0.0387	0.1656	0.3200
2-3	0.1897	0.0385	0.1206	0.2708
3-1	0.2244	0.0555	0.1239	0.3383
3-2	0.2609	0.0458	0.1791	0.3590
3-3	0.2011	0.0423	0.1247	0.2945
4-1	0.1513	0.0504	0.0627	0.2713
4-2	0.2155	0.0417	0.1410	0.3102
4-2	0.1591	0.0385	0.0935	0.2440

由表 4.8 可见，在大学支持的三个构成要素和创业意图、危险承受能力、自我效能感的关系中，所有的假设中置信区间内不包含"0"，也就是说，在大学支持和创业意图、危险承受能力、自我效能之间，导师制度具有中介效果，所以假设 2-1、2-2、2-3、3-1、3-2、3-3、4-1、4-2、4-3 得到支持。

五、结论

（一）研究结果

本研究以中国高校的在校学生为研究对象，用实证分析的方法来验证大学支持的三个构成要素与导师制度之间的相关关系，以及导师制度在大学支持的三个构成要素与创业意图、危险承受力、自我效能感之间的中介效果。导师制度的确立有效地增强了大学生的自我效能感。大学生自我效能感的增强进一步强化了自身的创业意图。并通过数据分析软件 AMOS17.0 以多次抽取样本的方式对导师制度的中介效果进行了验证。

通过本研究我们得到如下结果：

①变量的相关分析中，性别与创业意图存在着显著的相关关系。研究分析显示男性大学生对比女性大学生创业意图更为强烈。

②在变量的相关分析中，大学支持的三个构成要素即大学商业支持、大学创业概念开发支持、大学教育支持与导师制度有明显的相关关系。

③导师制度与大学生的自我效能感、创意意图、危险承受力之间也存在明显的相关关系。通过导师在创业开始时的可行性分析与指导及创业过程中的机会发现，导师对大学生实现自身的创业意图有着积极的帮助。导师在指导学生进行创业时，要注意对学生自我效能感的鼓励与培养。导师

在风险规避和问题的解决方面给出及时的意见，可以进一步强化创业者的危险承受力。

④导师制度在大学支持和创业意图、危险承受力、自我效能感之间有中介效果。通过实证分析发现，大学支持对创业意图、危险承受力、自我效能感具有积极的促进作用，通过导师制度的实施可以进一步强化它们之间的关系。

⑤我们通过验证性因子分析来确保变量在研究模型中的独立性，得出的拟合度是符合标准的，整体模型的拟合度被证明是符合标准的。

（二）研究的启示和不足

本研究确认了高校的导师制度能够有效地激发在校大学生的创业意图，增强学生的危险承受力和自我效能感。我们进一步验证了，导师制度在它们之间起到中介作用。另外本研究把大学支持（university support）这一概念的3个构成要素单独地进行分析，不但强调大学支持对学生所进行的与创业意图有关的影响，因为创业意图不是一个孤单的存在，与创业意图并存的还有很多其他的心理因素，也创造性地引入并分析了大学支持对与创业意图并行的危险承受力及自我效能感之间的影响。能够进一步强化大学生的创业行为，为创业的成功实施做好积极的准备，有效地应对和解决大学毕业生的"就业难"问题。

通过本文的研究，我们得出以下启示：

第一，通过本研究的结果，我们得出男女在创业意图上存在统计学上的显著差异。男生比女生具备更强烈的创业意图和愿望。因此，高校管理者在实行鼓励政策时可以针对这种现象，采取男女生混合的形式进行组合，发挥男女生性格上的优势进行互补。

第二，研究显示，导师制度对强化大学生的创业意图，增强危险承受力和自我效能感有明显的相关关系。学校的决策者应该进一步完善大学生创业中心的相关政策和配套的师资资源，不仅请有成功创业经验的企业家对就业中心的教师进行专门、专业的培训和辅导，而且要做好大学生创业前的心理工作，增强他们对创业的了解和认识，避免盲目乐观，增强他们的危险承受能力。

第三，大学支持对学生的创业意图、危险承受力、自我效能感也有积极影响。大学支持包括资金支持、创意性开发支持、创业教育支持等方面，因为创业是需要投入时间、成本和精力的，很多在校大学生创业过程中最大的短板是资金不足，如果学校有专项基金能资助学生的创业启动资金的话，学生的创业意图和热情还是很高的。

由于各种主客观原因的限制，在研究过程中也存在一定的局限性，在后续研究中需要进一步完善。

① 由于本研究是依据自我报告型数据（self-report data）的横向性研究，独立变量和从属变量都是相同的调查者回答，存在同源偏差。也就是说，本研究在因果关系的推论中存在局限性。

② 虽然在样本的收集过程中我们尽量扩大了收集的范围，包括广东省的肇庆学院、安徽黄山市、江苏省的南京审计大学和江苏大学，但是由于本研究的样本局限于中国部分地区高校的大学生，在研究结果一般化的过程中还是存在一定的局限性。

③ 问卷的局限性。本研究的问项都是取自外国的文献，而以中国大学在校生为调查对象，由于文化差异，这些问项可能并不能够很好地反映中国在校大学生的真实态度、内心想法。由于文化差异导致的比较分析的研究是有必要的。

④ 本研究主要是引用美国的大学创业理论，由于社会制度和文化差异，

对中国的大学生是否适应还需要进一步研究,否则会出现"橘生淮南则为橘,生于淮北则为枳"的现象。

⑤ 大学支持力度不强,很多大学的考核和评比并没有支持创业的相关项目,所以很多高校以研究和教学为主要任务,对学校研发成果的转换意识不够,对在校学生的创业想法支持不足。

第三节　关于大学创业教育支持与导师制度对大学生创业意图影响关系中自我效能感的中介效果的研究

一、引言

近年来,受金融危机影响,雇佣率持续下降,特别是大学生的就业形势十分严峻。虽然每年新增加的岗位趋势在不断增长,但是相对于逐年增加的大学生毕业人数和往届没有实现就业的毕业生,新增加的就业岗位数量显得明显不足,就业难成为大难题。

由于现在的在校生基本都是"90后",学习能力更加突出,独立自主意识更加强烈,对新事物充满好奇。随着20世纪90年代初期中国改革开放的进一步深化,"90后"的成长也伴随着中国信息化的发展,思想更加开放,更加注重自己内心的追求,所以针对在校大学生创业意图的培养也很有时代特征。

本研究以肇庆学院、西北大学、江苏大学、南京审计大学四所大学中有创业意向的 263 名大四在校生和部分硕士、博士研究生为调查对象进行了实证研究。探索在中国高等教育由"精英教育"向"大众教育"的转变过程中大学毕业生数量不断增加，而就业率逐年递减的趋势下，针对就业难的问题，如何调整高校现有的规章制度以适应新的形势发展，并且探索和制定新的规则和制度来促进和鼓励大学生的自主创业。在本研究的假设中探究导师制度和大学创业教育支持对创业意图的影响及自我效能感在它们之间的中介作用。

本研究在上述理论背景下进行初步探究，首先，通过回顾相关文献，建立一个理论平台；其次，通过理论整合，根据导师制度、大学教育支持（独立变量）、自我效能感（中介变量）、创业意图（从属变量）4 个变量之间的关系，提出假设；再次，以调查问卷的方式收集数据，并运用 SPSS、AMOS、Bootstrapping 统计分析工具检验研究模型和假设；最后，得出本研究的结论和启示及需要改进之处。

本研究依据实证分析原理，对四所大学的在校大学生进行了 245 份有效问卷进行研究分析，表明导师制度和大学创业教育支持对大学生的创业意图有促进作用；同时，自我效能感越强的学生创业意图越强。此外，要为学生的创业提供更多的优惠政策和更完善的平台，高校的管理者应该加强导师对学生创业的专业指导和支持，包括在创业过程中的风险规避、有关创业政策的解读和利用、后续的创业计划书的编写、产品的开发与销售、企业融资等方面的支持和指导。

二、理论背景

面对高等教育规模的扩张，大学毕业生就业日益严峻的形势，大学积极开展创业教育，探索建立面向大学生的创业支持体系，以创业带动就业，不但是提升高等教育质量和大学生素质的必经之路，更是高等教育适应经济发展和劳动力市场变化的趋势，充分开发与利用人力资源的必由之路。大学开展创业教育对目前新常态下促进就业、经济转型和可持续发展具有重要意义。

现在世界上主要国家（特别是美国和德国）都在积极支持在校大学生开展创业活动，创业对现代的经济产生的影响之大，越来越受到学者们和政府管理者的重视。创业能够增加就业机会，促进创新，有利于开拓新的商业模式和市场。很多人的创业意图很强烈，但是很多在校大学生由于没有很多实际工作经验，对创业过程中风险的认识和掌控不足，本研究探讨对创业意图产生影响的因素。

心理学研究表明：意图是行为的有效预测指标，特别是当这种行为是罕见的、难以预测的，或者涉及不可预知的时间之后。为了进一步补充创业理论，需要了解可能影响到创业意图的因素，通过对创业意图的影响因素进行实证分析，有助于更好地掌握在校大学生对创业可行性的认识，进而进行有针对性的创业活动指导。

（一）导师制度与自我效能感的关系研究

一般来说企业导师制度是指在企业中通过富有管理经验的、具有较高的专业知识和技能的资深管理者或技术专家对新进员工进行岗位知识、技能或职业生涯发展等方面进行传授或指导的一种活动安排和管理制度。与中国古代对教师的职能认识十分一致，即"传道，授业，解惑"。企业导师制已经逐渐发展成为企业人力资源开发的重要方法，已经成为很多著名公司的内部制度。在具体工作中，导师可以有效地减少新进员工对工作内容或业务不熟悉造成的不适应、没有归属感或工作投入低下等问题，可以帮助他们迅速适应新的工作环境，顺利适应和开展工作。在创业公司的生态系统下，企业创始人不断寻求着为用户提供更好的产品和服务，但在校学生工作经验不足，对市场变化的感知不敏感，创业过程中容易导致失误或失败，进而影响创业者的信心。如果有经验的导师可以参与进来并将知识和经验传递给这些在校大学生，使他们可以更容易进入一个适合自己创业的行业，并且在短时间内少走弯路做得更好，建立重要的社会和商业网络，为初创企业的进一步发展打下良好基础。另外，企业创始人也要认同导师所提供的有建设性的建议，导师与创始人在分享专业知识的过程中，可以有效地纠正创始人在创业过程中的认知偏差。

本研究以高校大学生为研究对象，在高校里导师制度是指：在特定的领域对学生进行指导和帮助，进而使学生克服困难达成既定的目标和成果。在就业难的特定背景下，高校就业中心的指导老师为大学生的创业行为进行必要的指导和帮助。导师制度的实施可以有效地减少和把控大学生在创业过程中遇到的很多风险，包括创业想法、团队组建、涉及领域、资金来源等方面，增加创业的自信心，提升创业者的自我效能感。

根据以上的理论依据和实践研究成果，本研究设定了以下的假设：

假设 1：导师制度会对自我效能感产生正（＋）的影响。

（二）大学创业教育支持与自我效能感的关系研究

从世界范围来看，越来越多的国家已经或正在步入大众化高等教育阶段，为了解决大众化高等教育阶段所带来的大学毕业生就业难的问题，许多国家（特别是美国和德国）都在积极探索高等教育理念和人才培养模式的改革。在美国，由于各高校创业教育课程的普遍开设，产学研一体化程度加深，创业教育中心的建立，科技成果转化程度较高，形成了比较完整的创业－教育体系和浓厚的校园创业文化氛围，更有利于促进大学生、研究生创业者阶层的产生。目前，美国的高校创业教育正在由过去的创业导向模式向培养具有企业家精神的管理人才模式转变。高校企业家精神教育的兴起使越来越多的美国大学生掌握了真正的管理技术，管理技术正在使美国的经济转化为企业家经济，它也使美国社会成为企业家经济时代的社会（Drucker，1994）。

大学创业教育支持是一个多维的结构，从性质上可以分为两类：一类为客观的支持，这类支持是可见的或实际的，包括物质上的直接援助，团体关系的存在和参与等；另一类是主观的支持，这类支持是个体体验到的或者情感上感受到的支持（Kessler，Price，Wortman，1985）。

大学创业教育将改变高校的教育方式和人才培养理念，引导最有才华的学生通过创业成为企业家，从而实现人力资源的有效配置。一个社会中，最有才能的人选择成为什么样的职业会对资源配置产生很大的影响。部分地区由于创业环境的限制，更多的是创业意识的不足，我国大学生创业欲望较低，大学毕业生倾向选择政府和国企、事业单位等工作稳定的部门。其报酬大部分源于对他人财富的再分配，而不是来源于财富的创造。

通过系统的创业教育，大学生对于创业项目的选择，创业计划书的制订，创业实践过程中可能出现的难题与挑战，自身的兴趣爱好与职业倾向，都将有深刻的认识。通过大学的创业教育，大学生的自我定位将更加准确，对专业知识的学习将更为积极主动，理论与实践的结合将更为紧密。

现在常见的高校教育支持主要是进行企业家精神教育课程，企业家精神教育的焦点是机会，而非目前掌握的资源，企业家精神教育既要在机会识别、整合资源以应对风险、创建企业方面给学员以理念和决策逻辑方面的指导，同时要在创业过程中提供大学生必要的技能知识，如商业计划书的编写、资本引入、营销和现金流分析等，教育的目的并不只是让受教育者创办企业，而是通过上述过程培养富有企业家精神的个体。创业教育的内容包括创业知识和技能，具体指以创业机会识别为核心的资源整合、风险应对、初创企业管理等方面的内容。高校所进行的企业家精神的课程可以有效地提升大学生的创业意识及创业竞争力，进而对大学生的创业自我效能感产生积极影响。

根据以上的理论依据和实践研究成果，本研究设定了以下的假设：

假设 2：大学创业教育支持会对自我效能感产生正（＋）的影响。

（三）自我效能感与创业意图的关系研究

根据社会认知理论，自我效能感（self-efficacy）是个体在特定的情形中，对自己能够有效实施行动方案的信念或预期判断。经过不断地发展，现在的自我效能感已经是一个具有经验积累的认知、社会、语言和身体机能等丰富内涵的复合概念。自我效能感能够通过各种方法影响个体，还会影响个体对于该事件所涉及活动和行为的选择和参与程度（Zhao et al.，2005）。实证研究表明，对大多数人类行为而言，高的自我效能感是非常必要的。想要获得较高的学术成就、社会影响、学习掌握教育知识等，高的自我效能感都是很关键的。对特定行为高绩效的效能预期会导致个体接近该行为；相反，低的行为绩效效能预期会导致个体尽量避免发生此类行为。自我效能感较高的大学生对于创业行为和动机持积极态度，也更有自信来开展创业活动。

创业研究者主要从创业者对潜在的自我信心、效能的感知，以及对创业意图的预测效果等方面进行了有关自我效能感与创业的大量研究。研究结果表明，创业自我效能感在创业过程中起到稳定积极的作用，对创业绩效有着良好的预测作用。例如钱德勒（Chandler）等（1994）通过对美国150位制造行业创业者的调查，检验了创业自我效能感在创业者能力和创业绩效之间的缓冲作用。结果显示，创业者对自己商业机会识别能力的效能感与其初创业绩效呈显著正相关。

根据阿杰曾（1991）的计划行为理论，决定意图和行为的一个重要因素是感知的行为控制能力。而阿杰曾所指的感知行为控制能力与自我效能感的概念十分接近（Bandura，1977）。因此，创业意图的形成很大程度上取决于个体对未来创业绩效的预期感知。如果个体对于创业所必需的技能的自我效能知很高时，最有可能形成创业意图并将它付诸实施；相反，如果个体感觉创业失败的可能性非常大，一般不大可能实施创业。

自我效能感与创业管理领域相结合，被重新定义了一个为创业自我效能感的名词，它是指一个人能够成功地扮演创业角色和完成创业人物的信念强度。利用这一概念，创业领域的研究者开始密切关注创业者对自我信心、效能的感知，以及对创业绩效、创业意图的预测效果。博伊德（Boyd）和沃奇基斯（Vozikis）（1994）最先将自我效能感理论运用到创业领域的研究中，他们指出，创业者的自我效能感在确定创业意图的强度方面可能是导致创业行为和活动的一个重要的解释变量，创业者的自我效能感将会影响到创业者的职业生涯选择和发展。创业意图的一个重要变量是个人对成功实施创业的能力的感知，即创业自我效能感（Krueger，1994）。创业者的创业自我效能感对企业整体绩效有促进作用。

研究表明，自我效能感对未来预期有着显著的正向预测作用（Snyder，2002），个体的自我效能感的水平越高，将有更为清晰的目标，并且能更有效地达成目标，因此，个体的希望水平也越高。反之，个体的自我效能感越低，那么在实现目标的过程中，目标不清晰，缺乏动力，由此导致个体较低的希望水平（Snyder，2002）。

根据以上的理论依据和实践研究成果，本研究设定了以下的假设：

假设3：自我效能感会对创业意图产生正（＋）的影响。

（四）自我效能感中介效果的关系研究

在认知心理学和人本主义心理学的影响下，班杜拉（1977）通过对人性及其因果决定模型——三元交互决定论的把握，提出自我效能感（self-efficacy）概念，"它是人们对自身完成某任务或工作行为的信念，它涉及的不是技能本身，而是自己能否利用所拥有的技能去完成工作行为的自信程度"。自我效能感是人的能动性的基础，它不仅以其自身方式影响着人们的适应和变化，而且还通过对认知、情感、动机的生理唤醒的影响调节人们的思想变化和行为选择。

从概念产生起，自我效能感就一直是与特定领域、特定任务，甚至特定情形下问题相互联系的。班杜拉（1977）认为，自我效能感随着具体任务和情境的变化而变化。针对特定领域、特定任务、特定问题的自我效能感对于行为或行为绩效最具预测性。一个人对自我效能的判断，部分地决定其对活动和社会环境的选择。人们倾向回避那些他们认为超过其能力所及的任务和情境，而承担并执行那些他们认为自己能够胜任的事。影响人们选择的任何因素都会对个人成长造成影响，在工作中，积极的自我效能感能够培养积极的组织承诺和工作投入，并促进胜任力的发展，进而对工作业绩的提高有进一步的积极影响。

一个人的行为动机容易受到自我效能感的影响，高效能感的人一般具有坚韧不拔、锲而不舍的精神，遇到困难也不轻易放弃，在解决问题的过程中会逐步提高自我效能感；而自我效能感低的人恰恰相反，遇到困难容易放弃，常常怀疑自己的能力，设想可能的失败带来的后果，导致过度的心理压力和不良的情绪反应，不仅影响问题的解决，而且进一步降低自己的自我效能感。

没有效能就没有行为和意图，创业作为一种社会实践活动，它必然受到创业自我效能感的影响。如果缺乏创业自我效能感，即使个体具备创业所需要的知识、技能，也不会有创业的意图。中国很多大学非常重视大学生创业教育，高校应该面向全体学生开设创业基础必修课，并出台多项政策、措施鼓励大学毕业生选择自我创业的就业形式，以缓解大学生就业难的问题，促进经济转型。但是，实际成效却不尽如人意，根据《2017 年中国大学生就业报告》，中国大学毕业生自主创业比例连续 5 年上升。大学毕业生的创业比例从 2011 届的 1.6% 上升到 2017 届的 3%，但是，存在着学历越高创业意愿越低的现象。因此，探索大学生创业自我效能感的结构和影响因素，提升大学生创业自我效能感，让具备创业能力的大学生敢于选择创业是大学教育支持的新课题。

伯德（2002）将意图定义为一种心理状态，该心理状态聚焦于个人的注意力、经验及对某一特定对象的行为或行为方式，创业意图旨在创建一个新的企业或在现有企业中创造新的价值。自我效能感是衡量个人对成功创建企业能力的信心，也被许多学者用于对创业意图的研究。例如，王（Wang）（2016）认为自我效能感影响着创业意图，并且行为控制发挥着中介作用。

根据以上的理论依据，本研究得出以下假设：

假设 4：自我效能感在导师制度对创业意图的关系中起到中介作用。

假设 5：自我效能感在大学教育支持对创业意图的关系中起到中介作用。

根据以上所要验证的假设，我们画出了本研究的研究模型，其构成见图 4.3。

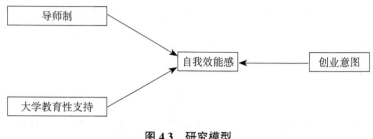

图 4.3　研究模型

三、研究方法

（一）选定样本

为了验证以上模型和假设，我们选定了设有大学生创业中心的广东肇庆学院、西北大学、江苏大学和南京审计大学的大学在校生和部分硕士、博士研究生为调查对象进行了问卷调查。共收集了 263 份调查问卷，去掉无效问卷，最终用于数据实证分析的有效问卷数为 245 份，回收率为 93.2%。学校所在地区分别为广东省肇庆市、江苏省镇江市和南京市、陕西省西安市，均为就业形势较为严峻的地区，通过对有创业意向的在校大学生为对象收集的问卷，为我们下一步进行的实证分析提供了数据上的有效支撑和保障。

本研究调查分两步：第一是初测问卷的施测，收集一部分数据主要用于问卷的项目分析，来确定这些问项是否可行；第二是正式问卷的施测，收集的数据用于问卷的信效度分析和假设检验。本研究共收取了 263 份调查问卷，剔除无效问卷后，按照一定的标准筛除废卷，筛除标准主要是：①缺选题项超过五题；②连续五个项目的选择相同。最终选定 245 份有效问卷进行实证分析，其中 58.42% 是男性。本科大学生占比 49.81%，硕士研究生及以上占比 20.40%。受访者年龄 20~30 岁的最多，占比达 72.65%。具体人口统计数据见表 4.9。

表 4.9　样本的人口统计学特征

分类		数量	占比（%）
性别	男	143	58.42
	女	102	41.58
年龄	20 岁以下	42	17.14
	20~30 岁	178	72.65
	31~40 岁	25	10.21
受教育水平	专科	73	29.79
	本科	122	49.81
	硕士研究生及以上	50	20.40

（二）控制变量

本研究选定了几个已知的会对创业意图产生影响的变量作为本研究的控制变量。分别为调查对象的性别、年龄、受教育水平。通过对这些控制变量效果的分析可以更精准地验证本研究所提出的假设。

（三）变量的测定

导师制度：在特定的领域对学生进行指导和帮助，进而帮助学生克服困难达成既定的目标和成果。本研究中，导师在学生的创业行为和创业意图上给予学生鼓励、帮助和支持。为了测定正式导师制度的概念，我们采用了克拉姆（1983）、伯克（1984）开发的 6 个问项，如"老师的经验对创业有帮助"等。采用了李克特五点量表法，其信度为 0.809。

大学创业教育支持：大学对于有创业意向和动机的学生所进行的与创业有关的教育和培训，主要通过企业家精神教育、创业计划书的编制、创业政策的理解和应用等方式来体现，我们采用克莱延布林克等（2009）开发的6问项量表，如"对创业关心的学生间能实现相互交流，相互帮助"。采用了李克特五点量表法，其信度为0.725。

自我效能感：在组织内部，不论什么样的任务都能通过自身的努力完成的一种对自身能力的认可和自信的心理认知。我们采用了陈等（1998）开发的8个问项，如"我有信心通过新技术开发新的产品"等。问项均采用李克特五点量表法，总信度为0.863。

创业意图：与接受组织或企业的雇佣进入企业工作相反，以自我雇佣的形式（self-employed）从事自身关心的行业的一种心理状态。我们采用了陈等（2009）开发的量表。由5个问项构成，如"如果我有机会的话，我就会创业"等，采用了李克特五点量表法，其信度为0.902。

三、数据分析与结果

（一）效度的测定与描述性统计

为了测定本研究提出的模型的适配度，我们通过数据分析软件 AMOS 22.0，根据主要的模型适配度指数来进行分析比较，如卡方拟合指数（χ^2）、均方差残根（RMR）、Tucker-Lewis 指数（TLI）、比较拟合指数（CFI）、拟合优度指数（GFI）、近似误差均方根（RMSEA）。本研究采用了安德森和格宾（1988）所推荐的验证性因子分析来验证模型的效度。

在表 4.10 中可以看到通过验证性因子分析所得到的拟合指数。

表 4.10　验证性因子分析

区分	χ^2	df	P	RMR	TLI	CFI	GFI	RMSEA
模型	593.316	269	0.000	0.065	0.849	0.864	0.872	0.075

由 表 4.10 可 见， 拟 合 指 数 分别为 : χ^2=593.316（df=269，P<0.001），RMSEA=0.075，RMR=0.065，TLI=0.849，CFI=0.864，在这些拟合指数中，最基本的 χ^2 的 P 值要满足小于基准值 0.05 的条件。RMSEA 的数值一般要小于 0.08，说明数据与模型的拟合度是比较理想的。RMR 的理想数值是小于 0.05，但只要小于 0.08，我们就可以认为数据和模型的拟合度是较好的。CFI 和 TLI 的取值范围是 0 到 1，一般意义上，只要其数值大于 0.90，我们就认为数据和模型的拟合度比较优秀。虽然本研究的 CFI、GFI 的数值为小于 0.90，但是由于受源于样本特性的非一贯性的影响，我们可以考虑用对于样本特性来说自由度更高的 GFI 来判定拟合度。本研究中的 GFI=0.872 接近 0.90，说明了模型的拟合度已经达到了可接受的标准。

有关本研究中出现变量的描述性统计和它们之间的相关关系见表 4.11。

表 4.11　均值、标准差和相关系数矩阵

变量	M	SD	性别	年龄	支持教育	导师制	自我效能感	创业意图
性别	1.29	0.46	1					
年龄	23.62	4.70	−0.189**	1				
支持教育	3.41	0.62	−0.040	0.130	1			
导师制	3.45	0.61	−0.080	0.149*	0.361**	1		
自我效能感	3.47	0.61	−0.148*	0.120	0.302**	0.337**	1	
创业意图	3.28	0.94	−0.230**	0.262**	0.197**	0.369**	0.485**	1

*P<0.05，**P<0.01

由表 4.11 可见，答题者比较重视自我效能感（M=3.47）；相反答题者认为在创业意图（M=3.28）方面相对不尽如人意。通过表 4.11 可以发现，自我效能感和创业意图之间存在着较高的相关关系（$r = 0.485$，$P<0.01$），性别与创业意图之间存在着负相关关系（$r = -0.230$，$P<0.01$）。

（二）模型的拟合度和假设的检验

在验证假设之前，我们先对数据进行了路径分析（见表 4.12）。我们运用 AMOS 22.0 软件进行了分析。在对控制变量即年龄、性别、受教育水平和工作年限进行分析和控制后，其结果回归模型见图 4.4。

表 4.12 路径分析

效应值	χ^2	df	P	RMR	TLI	CFI	GFI	RMSEA
模型	601.922	271	0.000	0.071	0.847	0.862	0.869	0.075

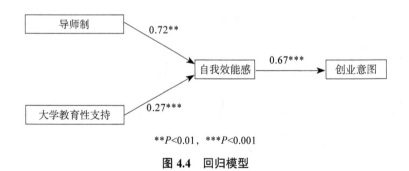

$**P<0.01$，$***P<0.001$

图 4.4 回归模型

通过描述性统计和相关关系和回归模型我们看到：

导师制度对自我效能感产生正（+）的影响，$r = 0.72$，$P<0.01$，所以假设 1 得到支持。

大学教育性支持对自我效能感产生正（＋）的影响，$r = 0.27$，$P<0.001$，所以假设 2 得到支持。

自我效能感对创业意图产生正（＋）的影响，$r = 0.67$，$P<0.001$，所以假设 3 得到支持。

（三）自我效能感的中介效果的检验

一般的中介效果验证都会采用巴伦和肯尼（1986）开发的 3 步骤或用 Sobel 检验的验证方法。本研究采用的是最近较为流行的 Bootstrapping 的验证方法，采用这个方法的好处是通过多次抽取样本的方法可以得到多组随机性和可靠性更强的数据，弥补了数据不足的缺陷。Bootstrapping 的验证标准是所估算的中介效果区间中，只要区间内不包含"0"就能判定中介变量具有中介效果，见表 4.13。

表 4.13　通过 Bootstrapping 方式实现自我效能的中介效果

路径			自我效能感		
			下限	上限	P
创业意图	←	大学教育性支持	0.088	0.321	0.008
创业意图	←	导师制	0.217	1.064	0.012

由表 4.13 可见，在大学教育性支持和创业意图的关系中；自我效能感的中介效果为［0.088，0.321］，$P<0.01$，区间内不包含"0"，也就是说，在大学教育性支持对创业意图的关系中，自我效能感具有中介效果，假设 5 得到支持。同时，在导师制度和创业意图的关系中，自我效能感的中介效果为［0.217，1.064］，$P<0.05$，区间内不包含"0"，也就是说，在导师制度对创业意图的关系中，自我效能感具有中介效果，假设 4 也得到支持。

四、结论

（一）研究结果

本研究以中国高校的在校学生为研究对象，用实证分析的方法来验证了导师制度和大学教育支持能够有效地增强大学生的自我效能感，大学生的自我效能感的增强进一步强化了自身的创业意图。并通过数据分析软件 AMOS 22.0 以 Bootstrapping 的多次抽取样本的方式对知识的自我效能感的中介效果进行了验证。

通过本研究我们得到如下结果：

① 变量的相关分析中，性别与创业意图存在着显著的相关关系。研究分析显示男性大学生与女性大学生相比创业意图更为强烈。

② 在变量的描述性统计和相关分析中，自我效能感与创业意图之间存在着高度且显著的相关，自我效能感与创业意图之间的积极（+）作用被证明是成立的。导师在指导学生进行创业时，应注意对学生的自我效能感的鼓励与培养。

③ 导师制度对大学生的自我效能感具有积极的促进作用。导师在创业开始时的可行性分析与指导及创业过程中的机会发现、风险规避和问题的解决，对大学生实现自身的创业意图有着积极的帮助。

④ 自我效能感在导师制度和大学教育性支持对大学生创业意图的关系中具有中介作用。大学生在接受导师在创业问题上的指导和帮助的同时，提高了自身独立解决问题的能力，进一步强化了自身的创业的意图。

⑤ 学校创业教育支持十分重要，特别是企业家精神教育、创业计划书的编制等，可以使创业者更容易步入正轨，对创业活动实际操作的很多环节有更切实际的认识。学校创业教育的实施可以提升创业者的创业信心。

（二）研究的启示和不足

本研究确认了高校的导师制度能够有效地激发在校大学生的创业意图，我们进一步验证了，大学生的自我效能感在它们之间起到了中介作用。导师制度的实施能够在增强学生的自我效能感的同时，进一步激发大学生自身的创业意图。另外本研究创造性地引入了大学教育性支持（university educational support）这一概念，重在强调大学对学生所进行的与创业有关的企业家精神、创业计划书编制等方面的教育、培训与引导，能够进一步强化大学生的自我效能感，进而对学生的创业意图产生积极影响。为了进一步有效地应对和解决大学毕业生的"就业难"问题，通过本研究，我们得出以下启示：

第一，男女在创业意图上存在统计学上的显著差异。男生比女生具备更强烈的创业意图和愿望。因此，高校管理者在实行鼓励政策时可以针对这种现象，采取男女生混合的形式进行组合，发挥男女生性格上的优势进行互补。

第二，导师制度对激励大学生的创业意图具有积极作用。学校的决策者应该进一步完善大学生创业中心的相关政策和配套的师资资源。以高校为单位，邀请有成功创业经验的企业家对就业中心的教师进行专门、专业的培训和辅导，以便更好地对大学生的创业行为和意图进行针对性的指导，落实在实际行动中，而不是只进行理论上的教育。

第三，大学创业教育支持对学生的创业意图也有积极影响。要对有创业意向的学生进行有关企业家精神相关的教育，以及针对创业过程中所遇到的问题，例如商业计划书的编制、创业团队的组建、创业政策和规章制度的解读和利用等进行针对性的培训，避免学生走弯路。

第四，创业意图和内心的心理活动有很大的关系。既要注重外在培训教育、资金支持等前期准备工作，更要注重创业者内心的真实的想法、兴趣和意图，即要明白创业者内心感兴趣的事情。导师要把创业者内心的兴趣与外在的条件有机结合，才能进行有针对性的指导，使创业成功率更高。

由于各种主客观原因的限制，在研究过程中也存在一定的局限性，在后续研究中需要进一步完善。

① 问卷收集过程的局限性。由于本研究是依据自我报告型数据（self-report data）的横向性研究，独立变量和从属变量都是由相同的调查者回答，存在共同方法偏差（common method biases，CMB）。也就是说，本研究在因果关系的推论中存在着局限性。

② 样本范围的局限性。虽然在样本的收集过程中我们尽量保证扩大收集的范围，包括广东省的肇庆学院、陕西省的西北大学、江苏省的南京审计大学和江苏大学，但是由于本研究的样本局限于中国部分地区高校的大学生，在研究结果一般化的过程中还是存在一定的局限性。由于地区间的经济水平不同，学校整体水平之间也有差异，也会对研究结果产生一定的影响。本研究虽然在不同的地区和学校之间进行了抽样调查，但是如果要做单独比较分析的话，在调查对象的人数上，还需要进一步增加，这样才能提高研究结果的可靠性和准确性。

③ 问卷内容的局限性。本研究的问项都取自国外文献，而以中国大学在校生为调查对象，由于文化差异，这些问项可能并不能够很好地反映中国在校大学生的真实态度、内心想法。对于文化差异的比较分析的研究是有必要的。

④ 大学创业教育理论的局限性。大学创业教育无论是在理论上还是在实践上都还不太成熟。本研究主要是引用美国的大学创业教育理论，由于社会制度和文化差异，对中国的大学生是否适用还需要进一步研究。

⑤ 创业教育课程设置的局限性。教学上缺少鲜活的本土案例，创业教育

实践缺少与企业的联系和必要的创业活动设计，创业课程的师资大多缺少创业经验和相关研究，也缺少有创业经验的企业家来课堂进行互动参与。

第四节　关于正式导师制度对大学生创业意图的影响关系中师生间信赖的调节效果和自我效能感中介效果的研究

一、引言

本研究以中国东北财经大学、江苏大学、西北大学、南京航空航天大学的有创业意向的 200 名大四在校生和部分硕士、博士研究生为调查对象，进行了理论研究和数据分析。研究探索了在中国高等教育由"精英教育"转向"大众教育"致使大学毕业生总量不断增加，而就业率逐年递减的背景下，针对"就业难"的问题，如何调整中国高校的相应规章制度以鼓励大学生自主创业。在本研究的研究假设中，正式导师制度能对大学生的创业意向产生积极的（＋）的影响；自我效能感在正式导师制度对大学生创业意图的影响关系中具有中介效果；导师与学生间的相互信赖在正式导师制度对大学生创业意图的影响关系中具有调节效果。

本研究的结果显示，一方面，正式导师制度能够鼓励大学生的创业意图，导师和学生间的信赖性越强，这种鼓励的效果就越明显；另一方面，自我效能感越强的学生往往创业的意图就越强。高校的管理者应该继续强化导师对学生创业的指导和支持，为学生的创业提供更多的优惠政策和更完善的平台。

二、理论背景

（一）正式导师制度与大学生创业意图

正式导师制度在传统意义上指的是，企业或组织内部的资深员工对新入职员工在技术和经验上进行指导以帮助新入职员工持续成长并尽快适应新组织的环境。以高校为研究对象进行研究，在高校里正式导师制度的意义指的是：在特定的领域对学生进行指导和帮助，进而帮助学生克服困难达成既定的目标和成果。在"就业难"的特定背景下，为鼓励毕业大学生自主创业，高校的导师在为毕业生传授知识和指导学术毕业论文的同时，也要为大学生的创业行为进行必要的帮助和指导。意图是指想要做出某种行为的实际意志的程度。"意图"一词，不仅代表了社会性和外在性，也代表了通过自身行动对未来会出现的自身所期待结果的一种意志和渴望。大学毕业生的自主创业行为，是对自身未来的一种美好期待。创业意图概念的相关研究始于伯德（1988）。所谓创业意图，与接受组织或企业的雇佣进入企业工作相反，是以自我雇佣的形式（self-employed）从事自身关心的行业的一种心理状态。在本研究的研究模型中，正式导师制度作为独立变量，大学生创业意图作为从属变量。在高校的环境里，我们认为，毕业生导师在该领域的正式导师关系的确立能够指导和帮助大学毕业生的创业行为，并增强学生的创业意图。

根据以上的理论依据，本研究设定了以下的假设：

假设1：正式导师制度对大学毕业生创业意图产生正（＋）的影响。

（二）导师与学生间信赖的调节效果

根据上下级交换理论（leader-member exchange）信赖是发展上下级之间

关系的基础。信赖可以说是在员工的诚实性和情感倾向和行为上的双重的交换。本研究以高校为调查对象，通过在鼓励大学生创业意图的过程中建立正式导师制度，更好地对毕业生的创业行为进行帮助和指导。我们想要探索的是，导师和学生间的相互信赖能否进一步强化正式导师制度对学生创业意图的积极作用。

根据以上的理论依据，本研究设定了以下的假设：

假设 2：导师和学生间的信赖在正式导师制度对大学生创业意图的关系中起到调节作用，导师和学生间的信赖程度越强，正式导师制度对大学生创业意图的积极（+）作用就越强；反之，导师和学生间的信赖程度越弱，正式导师制度对大学生创业意图的积极（+）作用就越弱。

（三）自我效能感的中介效果

自我效能感是指：在组织内部，不论什么样的任务都能通过自身的努力完成的一种对自身能力的认可和自信的心理认知。班杜拉在行动变化的中和理论（toward a unifying theory of behavior change）中提出，自我效能感是指：在既有的环境下成功执行特定任务时所必须具备的整合动机赋予和认知资源的相关个人能力的认知。在本研究的研究环境中，我们假设正式导师制度的确立能够增强大学生的自我效能感进而激发大学生的创业意图。

基于以上的理论依据，我们设定了以下假设：

假设 3：正式导师制度对大学生的自我效能感产生正（+）的影响。

假设 4：在正式导师制度对大学生创业意图的关系中，大学生的自我效能感具有调节效果。

根据以上所要验证的假设，我们画出了本研究的研究模型，其构成见图 4.5。

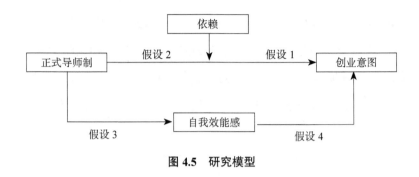

图 4.5　研究模型

三、研究方法

（一）选定样本

为了验证模型和假设，我们选定了设有大学生创业中心的东北财经大学、西北大学、江苏大学和南京航空航天大学的大学在校生和部分硕士博士研究生为调查对象进行了问卷调查。共收集了 187 份调查问卷，去掉无效的问卷，最终用于数据实证分析的问卷数为 183 份，回收率为 97.9%。学校所在地域分别为：辽宁省大连市，陕西省西安市，江苏省镇江市和南京市，均为就业形势较为严峻的地域，为本研究的数据分析提供了数据上的保证。

此样本的人口统计学的特征见表 4.14。

表 4.14　样本的人口统计学特征

分类		数量	占比（%）	分类	数量	占比（%）
性别	男	99	54.1	大二在读生	19	10.4
	女	84	45.9	大三在读生	8	4.4
				大四毕业生	104	56.8
				硕士研究生及以上	52	28.4

分类		数量	占比（%）		分类	数量	占比（%）
年龄	20 岁以下	12	6.6	未来想从事行业	IT 技术研发类	51	27.9
	20~30 岁	163	89.1		管理类	36	19.7
	30 岁以上	8	4.4		销售类	21	11.5
					其他	75	40.9

（二）变量的测定

正式导师制度：在特定的领域对学生进行指导和帮助。进而帮助学生克服困难达成既定的目标和成果。本研究中，学生的导师在学生的创业行为和创业意图上给予学生鼓励、帮助和支持。在本研究中，为了测定正式导师制度的概念，我们采用了斯坎杜拉、拉金（1993）开发的量表，我们采用了其中的 14 项。问项均采用李克特五点量表法，总信度为 0.914。

自我效能感：在组织内部，不论什么样的任务都能通过自身的努力完成的一种对自身能力的认可和自信的心理认知。我们采用了张、施瓦泽（Schwarzer）（1995）开发的量表，采用了其中的 9 项。问项均采用李克特五点量表法，总信度为 0.862。

信赖：根据上下级交换理论信赖是发展上下级之间关系的基础。信赖可以说是在员工的诚实性和情感倾向和行为上的双重的交换。为了测定这一概念，我们采用了里奇（Rich）（1997）所开发的量表。本研究一共采用了 3 项，采用了李克特五点量表法，其信度为 0.722。

创业意图：与接受组织或企业的雇佣进入企业工作相反，以自我雇佣的形式（self-employed）从事自身关心的行业的一种心理状态。我们采用了陈等（2009）开发的量表。由 5 个问项构成，采用了李克特五点量表法，其信度为 0.862。

四、数据分析与结果

（一）效度的测定与描述性统计

在数据分析之前，我们进行了量表的效度分析。为了验证效度，我们采用了安德森和格宾（1988）所推荐的验证性因子分析。在表 4.15 中可以看到通过验证性因子分析得到的拟合指数。

表 4.15　验证性因子分析

区分	χ^2	df	P	RMSEA	RMR	TLI	CFI
模型	627.692	428	0.000	0.051	0.045	0.916	0.923

由表 4.15 可见，拟合指数分别为：χ^2 = 627.692（df=428，$P<0.001$），RMSEA=0.051，RMR=0.045，TLI=0.916，CFI=0.923。在这些拟合指数中，最基本的 χ^2 数值要满足大于基准值 0.05 的条件，但实际上其值受样本大小的影响，当样本的量大的情况下是很难达到基准值 0.05 以上的。RMSEA 的数值小于 0.08，说明数据与模型的拟合度是比较好的。RMR 的理想数值最好是能小于 0.05，但是只要小于了 0.10，我们就认为数据和模型的拟合度是比较好的。TLI 和 CFI 取值范围是 0 到 1，一般意义上，只要其数值大于了 0.8，我们就认为数据和模型之间的拟合度是优秀的。我们可以考虑用对于样本特性来说自由度更加高的 CFI 来判定拟合度。本研究中的 CFI=0.923 大于 0.9，说明了研究模型的拟合度已经达到了可接受的标准。

有关于本研究中出现的变量的描述性统计和它们之间的相关关系见表 4.16。

表 4.16　描述性统计和变量间的相关关系

变量	M	SD	性别	正式导师制度	自我效能感	信赖	创业意图
性别	1.46	0.50	1				
正式导师制度	3.48	0.61	−0.06	1			
自我效能感	3.43	0.54	−0.12	0.46**	1		
信赖	3.77	0.69	0.00	0.70**	0.49**	1	
创业意图	3.62	0.71	−0.21**	0.37**	0.52**	0.23**	1

**$P<0.01$

问卷结果显示：在创业意图上男女有着统计学上显著差异（$r^2 = -0.21$，$P<0.01$）。高校内部比较注重导师对学生创业的支持（$M=3.48$）。导师和学生间的信赖关系较强（$M=3.77$）。学生的创业意图较为强烈（$M=3.62$）。自我效能感较高（$M=3.43$）。

（二）模型拟合度和假设的验证

本研究在验证假设之前，我们先对模型的拟合度进行了验证。为了验证模型拟合度，我们运用了用于分析共变量构造模型的 AMOS17.0 软件，其结果见表 4.17。

通过表 4.17 所提供的数值（CFI=0.923，TLI=0.916，RMSEA=0.053，RMR=0.046），可以看出拟合度指数都是比较良好的，进而我们可以判断出此模型是可以用来进行下一步的假设验证的。

表 4.17　模型测定的结果

χ^2	df	P	CFI	TLI	RMSEA	RMR
526.22	347	0.000	0.923	0.916	0.053	0.046

在图 4.6 中，我们把经过拟合度验证的模型进行了路径分析，并标出了变量之间的路径系数。其中，正式导师制度对大学生创业意图的关系中，在统计学上具有显著的积极效果（r=0.14，P<0.05）。正式导师制度对自我效能感的关系中，在统计学上具有显著的积极效果（r=0.37，P<0.001）。假设1和假设3得到支持。

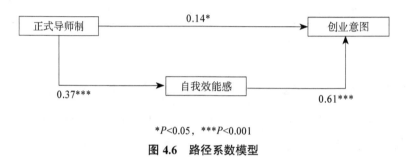

*P<0.05，***P<0.001

图 4.6　路径系数模型

（三）中介变量效果的检验

一般的中介效果检验都会采用巴伦和肯尼（1986）开发的3步骤或用 Sobel 检验的验证方法，本研究采用的是最近较为流行的 Bootstrapping 方式。鉴于 Sobel 检验等验证方式存在的一些缺陷。通过 Bootstrapping 的方式，估算出中介效果的区间，只要这个区间内部包含"0"就能判定变量具有中介效果，见表4.18。

表 4.18　利用 Bootstrapping 对自我效能感的中介效果的检验

路径			自我效能感		
			下限	上限	P
创业意图	←	正式导师制度	0.135	0.390	0.003

由表 4.18 可见，在正式导师制度对创业意图的关系中，自我效能感的中介效果为 [0.135, 0.390]，$P<0.01$。区间中不包含"0"，也就是说，在正式导师制度对创业意图的关系中，自我效能感具有中介效果。假设 4 得到支持。

（四）调节效果的检验

对信赖的调节效果的检验，我们采用了 SPSS18.0 进行了验证，见表 4.19。

表 4.19 信赖的调节效果的验证

变量	创业意图			
	1 阶段	2 阶段	3 阶段	4 阶段
性别	−0.294**	−0.264**	−0.262**	−0.235*
正式导师制度		0.427***	0.467**	−0.322
信赖			−0.050	−0.758**
调节效果				0.220**
R^2	0.042	0.173	0.174	0.211
ΔR^2		0.131	0.001	0.037**
F	7.969***	18.821**	12.583***	11.923***

*$P<0.05$，**$P<0.01$，***$P<0.001$

通过观察表 4.19 所示，我们可以判定：代入调节变量后整个模型的变化是有效的。R^2 的变化量为 0.037，$P<0.01$. 模型在整体上符合统计学的显著性。经过 T 检验，调节效果系数为 0.220，$P<0.01$，显著性小于 0.05，因而具有显著性意义。也就是说，大学生的自我效能感在正式导师制度对创业意图的关系中具有调节效果。假设 2 被支持，见图 4.7。

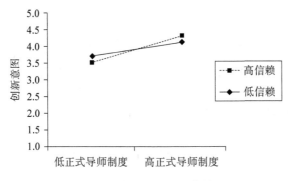

图 4.7　自我效能感的调节效果

　　在高校内正式导师制度贯彻的程度较高的情况下，导师和学生的相互信赖程度越高，大学生的创业意图就越强烈。

五、结论

（一）研究结果

　　本研究以中国高校的在校大学生为研究对象，用实证分析的方法验证了正式导师制度的确立对学生的创业意图能产生积极影响。导师制度的确立有效地增强了大学生的自我效能感。大学生自我效能感的增强进一步强化了自身的创业意图。另外，验证了导师和学生的相互信赖关系能够有效地强化导师制度对大学生创业意图的积极影响作用。通过本研究，我们可以得到以下结果：

　　第一，变量的相关分析中，性别与创业意图存在着显著的相关关系．研究分析显示男性大学生对比女性大学生创业意图更为强烈。

　　第二，正式导师制度对大学生的创业意图有着积极的影响。正式导师制度发展的程度越高，这种影响越为强烈。

第三，正式导师制度对大学生的自我效能感具有积极的促进作用。通过导师在创业上的帮助和指导，大学生能够更好地实现自身创业意图和愿景。

第四，自我效能感在正式导师制度对大学生创业意图的关系中具有中介作用。大学生在接受导师在创业问题上的指导和帮助的同时提高了自身独立解决问题的能力，进一步强化了自身的创业的意图。

第五，导师和学生间的相互信赖能够有效地调节正式导师制度对大学生创业意图的影响。正式导师制度实施的程度越高，这种信赖效果对正式导师制度对大学生创业意图关系的积极强化作用就越明显。

（二）研究的启示和局限性

本研究的核心结论是高校正式导师制度的确立能够有效地激发在校大学生的创业意图。围绕着这层核心的结论，我们进一步验证了，大学生的自我效能感能够在两者之间起到中介作用。正式导师制度的实施能够在增强学生的自我效能感的同时进一步激发大学生自身的创业意图。另外，我们验证了，导师和学生的相互信赖关系能够调节正式导师制度对大学生创业意图的影响。高校内，正式导师制度实施的程度越高，这种信赖效果所产生的调节作用就越明显。为了进一步有效地应对和解决大学毕业生"就业难"的问题，通过本研究，我们得出以下启示：

第一，男女在创业意图上存在统计学上的显著差异。男生对比女生具备更强烈的创业意图和愿望。因此，高校管理者在实行鼓励政策时可以针对这种现象，采取男女生混合的形式进行组合，发挥男女生在性格上的优势进行互补。

第二，正式导师制度对激励大学生的创业意图具有积极作用。学校的决策者应该进一步完善大学生创业中心的相关政策和配套的师资资源。以高校为单位，对在校教师进行一定程度的创业培训，以更好地指导大学生的创业行为。

第三，导师和学生之间的相互信赖能够有效强化学生的创业意图。学校的教师可以尝试一种新的模式，不同于传统的教师与学生的观念。可以把这种关系定义为前辈与后辈、教练与队员的组织模式下的新型关系。使得两者的关系在创业层面上效果更为明显。

最后，我们附上了本研究所具有的局限性。

首先，由于本研究是依据自我报告型数据（self-report data）的横向性研究，存在着与这一类问卷调查型研究相同的局限性。也就是说，本研究在因果关系的推论中存在着局限性.

其次，虽然在样本的收集过程中我们尽量保证扩大收集的范围，包含陕西省的西北大学、辽宁省的东北财经大学、江苏省的南京航空航天大学和江苏大学，但是由于本研究的样本局限于中国部分地区高校的大学生，在研究结果一般化的过程中还是存在一定的局限性。

再次，在地域上也有一定的局限性。期待后续研究能进行跨国的异文化对比研究。由于创业是在世界范围内存在的问题，跨地域的研究会有更高的价值。

最后，在信赖的调节效果的验证部分，我们通过验证得出，在正式导师制度程度高的条件下，信赖的调节效果具有统计学的显著效果。但在正式导师制度实施程度较低的条件下不能成立。期望后续研究能填补这部分遗憾。

第五章　领导组织行为的本土化研究

第一节　关于当代儒商和君子的浅谈与认识

一、引言

进入 20 世纪以来，处于儒家文化圈内的日本、韩国、新加坡的经济都得到了飞跃性的发展。同样，在中国改革开放以来，涌现了一大批优秀的企业家，他们中的许多人被冠以了"儒商"的称号，也是从那时起，儒商这一概念正式登场，引起了社会各界的广泛关注。

例如，世界最大的白色家电集团——海尔集团，其董事长张瑞敏的领导力风格核心为"仁"；香港富商李嘉诚则经常在经营活动中表现出谦虚好学、勤俭节约等鲜明的儒家风格特征；还有个人电脑制造集团台湾宏基集团的创始人施振荣会长等，他们作为成功的企业家，都表现出了儒家式的领导力风格（McDonald，2012）。

　　不仅是中国，韩国、日本等其他儒家文化圈的国家也都在这一时期出现了许多成功的企业家，此外，同样受到儒家文化影响的广大海外侨胞，特别是在东南亚国家，也出现了许多优秀的华侨企业家，如印度尼西亚、菲律宾、马来西亚、泰国等国家，这些国家的富豪榜的名单上，都能看到华侨企业家的身影。据统计，在东南亚各国的福布斯富豪榜的排名上，华侨企业家几乎占据了过半数的席位。

　　儒商，是在社会上有一定地位和经济实力的商人、企业家，它所表现出来的领导力风格值得学者去深入探讨研究。西方的领导力研究主要分为两个方向，一个是标准化的研究方法，它主张领导力的风格与文化、地区、国家等因素无关，普遍都能够适用（Wright，Adifva，1997）。另一个是差异化研究方法，它认为领导力的内容虽有其共通性，但是根据文化背景的不同，内在差异还是存在的，同一领导力不能够在所有地方都适用（Cheners，1993；Hofstede，1980）。

　　本研究主张差异化研究方法。儒商，作为成功的企业家或管理者，在东方儒家文化的环境影响下，必然带有其自身的文化特征。现代经营学之父彼得·德鲁克也认为，领导者的管理方式不仅随着文化的变化而变化，也受到社会价值观、传统性、风俗习惯等的影响。

　　从哲学层面上看，西方管理文化的主要特点是可操作性和理性化，学者对管理的方法论更感兴趣，所以规范化、量化分析及科学的管理方法等成为西方社会的基本管理思想。相反，东方文化在中国儒家思想的影响下，社会倡导的是一种"人治"的治国理念，它偏重德化者本身，是一种贤人政治，主张依靠道德高尚的圣贤通过道德感化来治理国家，例如《礼记·大学》中提到的"修身齐家治国平天下"，修身放在首位，指的就是自身道德内涵的修养。

本研究先对儒商的概念进行阐述说明，重点列举了儒商的先祖子贡和最早的儒商代表团体徽商，然后将儒商和儒家思想中的理想人格君子进行了比较研究。并且，为了探究证实现有研究是否已有对儒商这一定义的实证性量化研究，查阅了大量的先行文献，以儒商、儒家、领导力等关键词进行筛选，进行分析筛选后，最终认为君子领导力是目前较为恰当的关于儒商这一概念的领导力测量尺度。

二、儒商的主要内容

（一）儒商的含义

儒商的现象和风气其实在很早以前就已经存在，但是直到 20 世纪 80 年代，随着中国改革开放，实行市场经济政策，涌现了一大批优秀的企业家后，儒商这一名词才算正式出现。

儒商在字面意思上直译的话，可以翻译为"儒家商人"，在很多和儒商相关的英文或者中文文献中，常把儒商翻译为"confucianism businessman""confucian entrepreneurs"或"confucianism merchant"等。在中国的传统文化中，"儒"指的是道德高尚，知识渊博的人，"商"指的是生意或者其他相关的商业活动，两者结合在一起，即"儒商"，可以理解为具有较高的文化教养，道德高尚，同时从事着商业活动的人（Li，2005）。儒商也可以理解为有着儒家思想，并在经营活动中以儒家思想作为指导思想的商人。马（Ma）（1997）的研究结果认为，儒和商的结合，可以分为三个层次。

① 具有一般的知识和文化涵养的商人。

② 儒家的道德规范对商人的经营活动起到直接或间接的作用。

③ 具有学者精神的商人。在韩国的教学社中韩字典中，也有对儒商的定义，即"儒生（书生）出身的商人"或者"具有儒生气质的商人"。

一般而言，儒商是指在经商的过程中，为了实现"仁"的价值，并通过"仁"来追求利益的商人。按照当今的情况而言，儒商可以定义为遵守基本的商道（商业伦理），具有良好信誉的商人。还有把儒商理解为以儒家的道德观和价值观来追求目标并获得成功的商人。

儒商是以儒家思想作为准则，从事着经济活动，把儒家的仁、义、诚、信与商业伦理相结合（Lu，2004），以儒家的伦理道德观作为基本指导理念和规范，树立起商人该具有的职业精神、价值观、商业伦理、管理理念及个人品格等（Liu，2013）。

此外，我们常用"以儒术饰贾事"来形容儒商，这里的"以"是指使用、运用，"儒术"是指儒家学说、思想，"饰"是指装饰、打扮，"贾事"指商业活动，所以，这句话可以翻译为把儒家学说的思想运用到商业经营活动中去。在《增广贤文》一书中，孔子曰"君子爱财，取之有道"，这可以算是对儒商形象最为准确的描述。

而一般而言，能被称得上儒商的人，都是在社会上有着一定影响力和地位的企业家。从儒商的身份和地位来看，与儒家学说中的"内圣外王"的思想可以说是如出一辙。"内圣"是指修身，可以简单地理解为成为道德高尚的人。"外王"可以认为是齐家治国平天下，即与自身以外的外界社会息息相关。

作为儒家学说的主要思想之一，"内圣外王"的思想其实最早出现在《庄子·天下篇》中，本来这一主张是道家的政治思想，但与孔子的儒家思想有不少相通的地方，所以在儒家思想的发展过程中，吸收了道家的内圣外王的理念，逐渐成为儒家的主要理念之一。

（二）儒商的始祖——子贡

本研究围绕儒商的代表人物子贡及代表团体徽商这两个对象对儒商的现象进行讨论分析。

子贡（前 520—前 456），姓端木，名赐，字子贡，是古代中国春秋时期卫国的儒学家，曾做过鲁国和卫国的宰相。子贡是孔子的得意门生，被认为是儒商的始祖，在当时，由于他对时势出众的洞察力，通过经商成为当时首屈一指的富商，跟随孔子一起闻名于天下。

在《史记·孔子世家》中有这样的记载："孔子以诗书礼乐教，弟子盖三千焉，身通六艺者七十有二人。"在这 72 人中，又有 10 人被称为"孔门十哲"，他们各在德行、政事、言语、文学四个领域具有出众的才能。子贡正是孔门十哲中言语出众的弟子之一，可以说是精英中的精英。

此外，在《论语》中，出场次数最多的孔子弟子也是子贡，总共出场 57 次，远远多于孔子的其他弟子，即使是孔子最喜欢的弟子颜回，也仅出现了 32 次。从中可以看出，儒家并没有因为子贡的儒学家兼商人的身份而排斥他，换句话说，儒家对利的追求也是持有许可的态度的。

在司马迁的《史记·货殖列传》中，有很多对子贡的描述，他也提到在孔子的弟子之中，最富有的当属子贡，这也揭示了子贡在孔门中的经济地位。

许多学者认为，孔门的繁荣，与子贡在经济上的援助是密不可分的。《史记·货殖列传》中提到"夫使孔子名扬于天下者，自贡先后之也"，意思就是孔子的名字之所以能闻名于天下，都是多亏了子贡的帮助。这是对子贡在孔门经济上援助的积极肯定。

为此，甚至有些学者还认为，比起孔子，子贡更贤明，才能更加突出，如果没有子贡在经济上的大力支持，孔子的儒家思想是不可能被这么广泛地传播开去的。

　　这样主张的理由也可以在《史记·货殖列传》中找到。"子贡结驷连骑，束帛之币以聘享诸侯，所至，国君无不分庭与之抗礼"，意思是子贡的商队随从、车马众多，往来天下，诸侯国君无不隆重接待这样的盛况。通过这些对子贡的夸张描写，进一步突出强调了子贡在当时各国君王心中的重要地位。从中也可以看到，兼儒学家身份的子贡，通过商业活动，对思想文化的传播也起到了重要的作用。

　　同时，从司马迁《史记·货殖列传》的内容来解读的话，从事商业活动，经商获利，也并不是卑下可耻的事情。司马迁在书中对于商人的关注和认可，也并不全是从物质层面出发，他的最终目的是着眼于商人的道德品格和个人价值之上。而子贡作为最出色的孔门十哲之一，他的道德与学问水平都是毋庸置疑的，完全有资格被授予孔子所追求的"君子"的称号。所以，可以得出这样的结论，子贡正是儒和商的完美结合，因为子贡的本名为端木赐，后人为了纪念子贡的诚实和守信的经商风气，将此称为"端木遗风"。

（三）儒商最初的代表团体——徽商

　　中国的明清时期，随着商品经济的不断发展，中国的资本主义正处于萌芽状态。同时，得益于当时重视信用的社会风气，明清时期的商人普遍具有勤俭、诚实、守信的美德。

　　明清时期有三大商帮，分别指的是山西的晋商、安徽的徽商和广东的潮商。他们之中，以徽商的影响力最大，并且是最早具有儒商特征的商人团体。徽商的崛起被认为是儒商现象最初的集体呈现形式。

　　徽商之所以被认为是最初的儒商团体，主要是由于徽商"贾而好儒"这一特点。这里的"贾而好儒"指的是商人以经济人的身份经商的同时，自身的言行举止、内在修养与儒家的道德思想相结合。徽商这一儒家特征出现的原因主要有两个。

第一，对儒学教育的重视。徽商的发源地徽州，被称为"礼仪之乡"，特别是宋朝时代的新安理学运动之后，对儒学也愈发地尊崇。在这样的社会环境下，对当时的徽商也产生了重要的影响。此外，徽商也极其重视下一代的教育，由于他们的子女从小便接受儒学教育，儒家思想和伦理道德自然而然地成为他们日后处事和经商的准则。

第二，商业自身发展的必要性。这里主要指儒家管理思想的核心"仁"。《孟子·尽心章句下》里有"民为贵，社稷次之，君为轻"这样的经典语句，这被认为是孟子的民本主义思想最具代表性的表达。尽管孟子所处的时代是明确划分阶级和尊卑贵贱的战国时代，但是孟子所表达的以人为本的儒家思想却遥遥领先于这一时代。

孟子的理念放在当今来看，与现代社会的人本主义理论相类似。根据人本主义心理学的创始人马斯洛的需求理论，从人类最基本的生理需求，再到安全需求、社会需求、尊重需求，直到自我实现需求，总共五个阶段。这五阶段需求理论不仅在心理学方面适用，在组织行为学方面也同样适用。特别是随着社会和经济的不断发展，人类不再满足于低水准的需求，逐步向高水准需求进发。企业的管理者和领导也需要注意到组织成员这些方面的追求，可以通过儒家思想，不断地完善自身的经营理念，从而更好地调整、改善管理方式。

（四）儒商相关的实证研究

自 20 世纪 80 年代，中国实行市场经济政策之后，涌现出了许多优秀的企业家。儒商这一名词便是从那时开始出现，开始受到学者们的关注。但是，到如今 30 多年过去了，对于儒商的研究，主要还是围绕在历史、哲学、文化等理论性的层面进行研究，量化的实证分析研究还是相对缺乏，至今对儒商这一概念没有一个明确的测量尺度。

　　为此，为了确认对儒商这一概念测量尺度的存在与否，本研究通过谷歌学术，BSP（Business Source Premier）、CNKI（China Academic Journal）等国内外权威性的文献搜索工具，围绕儒商、儒家及领导力等关键词进行相关的文献搜索，查阅了近30年间大约300篇相关论文，并进行了分析和归纳。

　　最终的结果正如前文所言，大部分的研究是对儒家文化的特点、价值观，儒家文化圈内领导的性格特点等文化根源的分析及概念的理解探究为主，只有为数不多的文献研究对儒家和领导力之间的关系进行了实证分析研究。本研究将儒家相关的先行实证研究归纳在表 5.1 中。

表 5.1　儒家相关的主要先行实证研究

研究者	研究对象	研究结果
1. 霍夫施泰德（Hofstede）和邦德（Bond）（1988）	100 名中国香港大学生	中国人价值观调查（Chinese values survey，CVS），一共大约 40 个特征，如孝道、勤勉、包容心、和睦、谦虚、忠诚等
2. 程（Cheng）等人（2000）	中国台湾家族企业的领导和管理者	家长式领导力： 　慈悲型领导力 　道德型领导力 　权威型领导力
3. 霍夫施泰德等人（2002）	约 1800 名来自 15 个国家的大学 MBA 课程在读的企业管理者和专家	中国企业家重视的要素： 　伦理规则（仁义礼智信） 　爱国心（忠诚） 　名誉、面子、名声 　权利 　社会责任感 　今后十年的收益（可持续性发展）

研究者	研究对象	研究结果
4. 张（Cheung）和安德鲁（Andrew）（2005）	5 名成功的中国香港企业家	企业家重视的儒家特点： CEO A：和谐，信赖，忠诚 CEO B：灵活性，慈悲心，学习 CEO C：学习，人本主义 CEO D：学习，灵活性，革新 CEO E：同情心，兴趣，生活，自律
5. 徐（Hsu）（2007）	坎 吉（Kanji）（1998）的 BE（business exceience）模型	以 Ren（仁）和 Yi（义）为基础的新的 Confucian BE Model： 领导力（Leadership） 人本主义管理（People-based management） 消费者导向（Delight the customer） 可持续性发展（Continuous improvement） 核心价值（Fundamentals） 成果（Results）
6. 刘（Ryu）和李（Lee）（2009）	首尔大学经营系大学院在读的在职大学院生，以及一般社会职场人士共 452 名	君子领导力： 仁 义 礼 智 信
7. 朱（Zhu）（2015）	中国南方城市台州和汕头的 2 家民营企业，采访了 32 名员工、2 个团队。	以情和理为中心的领导力定义： 人文主义（情） 企业家技巧和表现（理） 情与理的互补 关系网 和谐 基于情和理的终身学习

　　对于表 5.1 的归纳整理，本研究做一下简单的说明，学者霍夫施泰德和邦德（1988）主要以 100 名中国香港大学生为调查对象，对中国人的价值观进行了调查研究，最终归纳总结出了 40 个能够代表中国人价值观念的名词，

但是鉴于调查对象为大学生,而不是企业家或管理者,和领导力没有太大关联,所以不符合本研究的要求。其他,学者徐(2007)在先前的研究基础上,提出了以仁和义为基础的儒家商业模型,但却依旧只是停留在理论层次上。此外,霍夫施泰德(2002)等其他学者、张和安德鲁(2005),以及朱(2015)的研究,虽然主要以企业家为调查对象,对员工、管理人员或是直接对企业家进行了采访及讨论,但都只是笼统地列举出了企业家所应具备的特质,同样没有进行深入的量化研究。

只有家长式领导力(Cheng et al,2000)和君子领导力(Ryu,Lee,2009)是专门以企业领导或管理者为研究对象,并且进行了实证量化分析,经过不断地筛选测量,开发出了各自的领导力测量尺度。在进一步的分析下,家长式领导力的研究对象集中在家族式的企业中,范围比较局限。而君子领导力则是围绕儒家思想的"仁义礼智信"作为领导力测量的核心要素,所以本研究接下来对君子领导力展开一系列的阐述和探讨。

三、君子与君子领导力

(一)现代社会的君子

基于儒家的经营伦理,商人不能够只追求自身的利益,应该以儒家的君子为榜样,重视自身的道德修养和社会的道德发展(Ryu,2009)。

东方的孔子和西方的亚里士多德,两者的理论体系框架都是强调人类道德的重要性。特别是两位学者都认为,具有模范带头作用的个体,能够通过自身的道德言行举止,对他人产生重要的影响(Sim,2001)。儒家思想的模范人物便是儒家所追求的最终的理想化形态——君子。

不过，随着现代社会的分工越来越细分化，在儒家文化中，人们所应具备的君子人格的要求，随着职业、身份、阶层等的不同也有所不同。

首先，以士大夫（士农工商中的士阶层，即官员）阶层为君子的参照对象。一般而言，士大夫指的是政府公职人员，他们比起普通人地位相对较高，权利也更大，也正是由于这两点，这一人群更应该以较高的道德标准来约束自己，明白自身的职责所在，将心思更多地用在如何治理好国家、服务好人民的问题上。

然后，以普通人（士农工商中的农工商阶层）为君子的参照对象。社会的大多数都是普通人群，以"仁义礼智信"作为自身的道德准则固然是每个公民的根本，不过同时，每个人为改善自身或家人的生活质量而去努力，去追求合理的利益也是理所当然的。

有人可能会提出质疑，儒家的君子论并不适用于大众，因为君子论的受众对象有局限性，例如孔子的弟子子夏说过这样的话"仕而优则学，学而优则仕"，这主要反映了孔子的教育方针和目标，可以理解为儒学的受众对象为学者、知识分子或者官员，君子这一概念似乎离普通人群有着一定的距离。其实不然，之所以这样，是由于当时能够得到孔子教育的对象主要都是当时的士大夫阶层，或者有一定经济实力有心想要从政的知识分子，所以这在当时也存在着一定的局限性。

但是，即便如此，孔子对于自己的三千弟子，也并没有要求他们都走上从政之路，孔子的弟子分布在各行各业，不过有一点始终如一，便是在平时的教育过程中，孔子都是按照如何成为君子的道德准则来要求弟子们的。

换句话说，士大夫应以君子准则为基础，明确自身的职责义务所在，制定合理的政策法规，造福人民和国家。普通人也应以君子准则为信念，爱财并取之有道，遵守法律法规，不违法乱纪，为和谐社会做出自己的努力。

（二）君子领导力的概念

君子领导力是指领导者像君子那样具备儒家思想的五常——仁义礼智信的道德品行为准则，以一体目标、正道目标、和谐目标、最优目标和信任目标的管理行动，调动组织成员为了企业目标的达成而进行自发协助的一个影响力的过程（Ryu，2009）。这一概念是以东方儒家文化为背景研究开发的。

图 5.1 代表了以儒家核心价值观的五常——仁义礼智信为基础的君子领导力的五大结构。

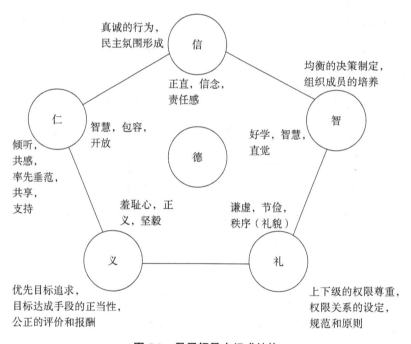

图 5.1 君子领导力组成结构

君子领导力的五个组成因素，即一体目标、正道目标、和谐目标、最优目标和信任目标，分别代表了以"仁义礼智信"为基础的管理行动，都是以各自的品德为准则来进行实践行动的。

对于实践行动的理解，按照儒家的主张来说，人必须通过学习和社会实践来积累丰富的知识和道德涵养（Cheung C K，Chan A C，2005），即我们要将学习和实践相结合，成为知行合一的人。领导者应以贤者作为榜样，不能过于注重自身的利益，也要为社会道德风气的提高而不断努力。在儒家思想中，最理想化的、终极的贤者形象便是君子，所以可以理解为，领导者自身应以君子为榜样，修身养性，不断地完善自我。

同时，很多学者也认为，领导的品行是预测说明领导行为的关键因素（Hogan，Curphy，Hogan，1994），并与领导力的有效性密切相关。根据学者斯特朗（Strang）（2007）的研究，在现有的领导力理论之上，对领导的个性、技术、作用及行为之间的关系进行了研究，发现领导的品行对其行为具有积极的影响，并且对团队成果或者组织成果具有预测作用。

此外，根据学者叶（Ip）（2009）的研究，怀有儒家理念企业的核心目标应具备六个要素，其中的四个要素与"仁、义、礼"相关，即企业的目标、战略、实践应在仁义礼的基础下来执行，企业的结构、发展过程、程序也应跟随仁义礼来实施。特别是企业的利益相关者，更应以此作为自己的行为准则。此外，企业的成员也应以仁义礼的基准来注意自己的言行举止。还有一个要素便是与君子有关，即企业的领导、管理者应以君子作为思考和行动的榜样。

四、儒商和君子领导力

在现代社会，企业组织被众多的不确定因素所包围，在快速变化的经营环境中，为了能够尽快适应，企业领导者需要有效地调动起组织成员的积极能动性（Hannah et al.，2009）。根据君子领导力的定义，它的作用正是在于能够调动组织成员的主观能动性，所以也符合了当今社会对领导力的要求。

本研究将儒商与君子领导力相通的几点归纳如下：

第一，综合来说，儒家思想中出现的领导力风格主要分为两种，一是以阶层划分的权威性领导力，还有一种是互惠原则的人本主义领导力。经过对先行文献的归纳整理，得出前者对应的领导力风格为台湾学者开发的家长式的领导力，而后者对应的领导力风格便是以五常"仁义礼智信"为准则的君子领导力。

此外，家长式领导力的研究最早始于我国台湾，后来台湾学者樊景立和郑伯埙在学者西林（Silinl）的研究基础上，以中华传统文化为基础开发了这一领导力测量尺度，它是广泛存在于华人企业中的一种独特的领导行为，有其独创性的一面。但是，随着社会的快速发展，经济全球化的冲击，基于中国传统文化的家长式领导也面临着一定的危机和不适应性，加上组织成员的年轻化、崇尚自由民主、敢于挑战权威等特点，使得家长式领导需要进行必要的调整，来适应时代的潮流。反之，君子领导力由于其更具有开放性、包容性的特点，并且支持民主氛围的形成，更能带动起组织年轻成员的积极性，相对更有适应性。正如《易经》中"君子豹变，其文蔚也"所阐述的，君子应当随着时代的演变，不断地学习、观察和体会，革新自己，才能不断地成长。

第二，儒商和君子领导力都是以儒家思想为准则进行定义的。正如前文所叙述的，儒家思想的经典是《论语》，《论语》的核心目标是让人成为君子那样的人物。而君子领导力正是以儒家的核心要素仁义礼智信为基础开发的概念，同样儒商也以儒家思想作为自身的社会经营活动的指导思想。所以，可以判断两者最核心的部分是一样的。正如学者比加特（Biggart）和汉密尔顿（Hamilton）（1987）所认为的，领导力是社会文化价值观的体现，不能脱离当地的社会文化背景进行研究。同样，基于社会文化性的领导力理论，领导的行为活动受到自身所处的社会文化信念体系的影响（House et al.，2004），第三，儒商和君子领导力这两者的对象属性是相同的。儒商的概念性定义为"儒家型商人"，商人或者企业家是社会经营活动的先锋者，也是经营团体的领导者。我们从领导的性格特点、行动或者思考方式来判断企业领导的风格，理论实证比较成熟的类型有交易型领导力、变革型领导力、服务型领导力等，儒商也和它们一样，属于领导力类型中的一种，所以，儒商可以理解为君子领导力的另一种说法。

此外，儒家思想的代表人物是孔子，最能反映孔子思想的经典是《论语》，而《论语》的中心内容正是教育人们如何成为一个君子。所以《论语》可以看作关于君子的著作，里面提及君子的语句足足有 107 处之多，儒家把君子这一形象看作具体的、有现实意义的领导形象。所以，儒家思想也可以被称为君子论或君子文化，儒家文化中的理想人格正是君子人格。

同时，儒商和君子领导力具有内在的一致性。因为儒家文化为两者提供了共同的人文理想和价值追求，两者都为了达到"仁"的境界而不断地去实现自己的人生价值（Ma，1997）。

综上所述，本研究得出以下结论，儒商和君子领导力代表了同一个群体，以儒家思想的核心价值观"仁义礼智信"为基础而开发的君子领导力，可以作为同样以"仁义礼智信"为准则的儒商的实证量化测量工具。

五、结论

（一）结论概述

本研究针对儒商这一现象进行了阐述和讨论，对儒商的代表人物子贡和代表团体徽商进行了简要的说明，肯定了经商活动为儒家文化的传播做出了重要的贡献。儒商代表的是人本主义精神，是一种以人为本、仁者爱人的经营原则，儒商精神是体现东方经营管理模式中的价值观和思考方式，表现出来的是一种人文思想和精神，能够弥补日益泛化的西商精神中的工具理性和分析性思维的不足。

此外，本研究又以儒家文化中的理想人格，即君子人格为切入点展开讨论，肯定了君子人格在现代社会的普适性，不同的职业、不同的阶层的人群，都应以儒家的核心价值观"仁义礼智信"为基本准则，共同推动社会的进步与发展。

同时，为了确定现有的研究是否有儒商这一类型领导者的实证测量工具，本研究对大量先行文献进行了收集、整理和归纳，结果显示，大部分的先行研究主要是关于儒家的文化特点、价值观，儒家文化圈领导者的性格特点等理论性的研究分析，很少有关于儒家和领导力间关系的实证量化研究。

最终，本研究经过进一步的比较分析，判断以儒家思想五常——仁义礼智信为基础开发的君子领导力，与儒商的核心价值观相同，可以作为儒商这一领导力类型的实证量化测量工具。

（二）研究局限性和今后研究方向

君子领导力这一尺度开发的初期，研究对象都是以韩国人为主。虽然韩国和中国都属于儒家文化圈，很多习俗、生活习惯都非常地相似，但是两个国家的社会形态、意识形态、经济结构、政治制度、教育制度等都存在着一定的差异。所以君子领导力的普适性问题还是需要进一步验证。今后的研究应在其他的儒家文化圈内对君子领导力进行测量，如中国、日本等。

此外，因为本研究是理论型论文，只通过理论的阐述使得君子领导力成为儒商的实证测量工具，似乎缺少了足够的说服力。今后的研究有必要进行更多的实证研究来证实它的准确性。此外，从君子领导力尺度的内容上看，它与现在流行的领导力概念，如真实性领导力、伦理型领导力、包容性领导力、情感型领导力及服务型领导力等类型的领导力尺度有着许多的相似点，所以，今后研究有必要进行更多的实证研究分析来区别归类。

最后，君子领导力的构成因素，即一体目标、正道目标、和谐目标、最优目标和信任目标，它们各自对组织、组织成员的有效性所产生的影响程度有必要进行进一步的探索分析。

第二节　中国特色的关系文化
在知识管理中的影响

一、引言

全球共享经济时代正悄然来临，2017 年以来，中国社会出现频率最高的词语中，"共享"无疑占据了头号位置。与此同时，随着信息技术的深入发展，信息化社会也早已到来。在这样的时代背景下，知识信息的分享日益受到人们的重视，沟通和知识信息的分享显得愈发重要，无论是在个人层面还是在组织层面，都需要通过持续的知识分享以确保自身的竞争优势。

知识的分享需要人与人之间的沟通，这就需要考虑到中国社会人际交往的文化背景。中国属于东方儒家文化圈，以中国传统社会基本的"五伦"为基础，即君臣、父子、兄弟、夫妇、朋友这五种人伦关系，同时，中国人信奉礼尚往来的互惠原则，重视人与人之间的人际交往，历经千年，最终慢慢发展出了具有中国特色的关系文化。其实这种关系文化普遍在儒家文化圈盛行，如韩国、日本、新加坡等国家。此外，儒家文化圈的国家，基本都属于高情境文化国家，人们在交往的过程中重视情景，人与人之间的沟通相对比较含蓄，更加注重人与人之间的信任、友谊及关系的建立和维持。

我们引入了心理学领域里一个非常重要的概念——同理心，来探究它和中国人的关系、知识分享意向，以及组织公民行为之间的联系。同理心是人际交往的基础，是人际关系正常运作的先决条件，也是个人发展与成功的前提条件之一。在人际交往过程中，具备完善同理心的人，能够体会到他人的情绪和情感，理解他人的立场和感受，并且具备站在对方的立场来思考和处理问题的能力。此外，在情商相关的研究中，萨洛维（Salovey）和梅耶（1990）认为情商包含了三种适应能力，即情感的判断和表达、情感调节及解决问题中情感的使用。学者戈尔曼（Goleman）（1998）认为，个体的情商比智商更加重要，而同理心则是情商的一个中心要素。

但是，现有的关于知识分享的主要研究大多基于西方的文化背景和社会制度。所以，本研究基于这一点，以社会交换理论为基础，着眼于具有中国特色的"关系"一词，来探究它对知识分享意向的影响。同时，我们又引入了心理学中的重要概念同理心，探讨它对中国人关系取向的影响。此外，本研究也加入了组织公民行为这一对组织功能有效性具有积极作用的因素，研究它和关系取向、同理心之间的联系。最后，根据本研究的研究结果，提出了一些理论和实践上的启示，对今后的相关研究以及个人和企业的发展，提供了一些建议。

二、理论背景

（一）何为同理心

"同理心"一词来源于希腊文"empatheia"（神入），原来是美学理论家用以形容理解他人主观经验的能力。19 世纪 20 年代，心理学家蒂奇纳（Titchener）首次使用"同理心"（empathy）一词，他认为同理心源自身体上模仿他人的痛苦，从而引发相同的痛苦感受，这其实也是一种行为模仿（motormimicry）。在中国的心理咨询领域，同理心也经常被翻译成"共情"。

同理心被认为是个人能够与他人产生共鸣，体会到他人的情感状态（Davis，1994），它也是一种情感上的反应，主要集中在他人所处的状况或情感上（Hoffman，2001）。这种形式的情感反应能够让自身与他人的情感保持一致性，即平常所说的感同身受。

同理心不光包含了对他人当前的或者推测的情感状态上的体验（模拟），也包括对他人情感状态一定程度的识别和理解，这是一种复杂的心理反应，它结合个人的观察、记忆、知识和推测，从而体验领会到他人的想法和情感（Ickes，1997）。

很多学者对同理心有着不同的定义。乔利夫（Jolliffe）和法林顿（Farrington）（2006）将同理心定义为是对他人的情感状态或处境的理解和分担。艾森伯格（Eisenberg）（2000）认为同理心是因他人的情绪状态、处境的理解和预测而在情感上有所共鸣。

同理心的概念在心理学的许多不同领域都有着重要的位置。一般而言，学术界将同理心分为两个方面，一是情感同理心，是指对他人的情感反应，使自身与他人的情感状态进行分担、共享。二是认知同理心，如理解、预测他人情感的能力（Hogan，1969），以及站在他人的立场上看待事物（Hodges，Wegner，1997）。

同时，同理心被认为是青少年后期，即步入成年期所能达到的最高形式的发展阶段（Hoffman，1994）。过去几十年关于同理心这一概念的研究，强调了同理心在青少年期的社交能力的获得方面扮演了一个重要的角色。特别是，同理心和同理心的获得被认为是个体完善道德发展的重要组成部分。也就是说，个体步入成年的理想状态之一是具备了完善的同理心，如果不够充分，则需要在成年以后继续培养发展。

情感同理心植根于大脑的边缘区，这一区域的功能是调节情绪，而认知同理心源自大脑的另一部位，脑内侧前额叶皮质，后续能够不断发展，它能让人更加具备换位思考的能力，对人际关系的处理也会产生重要的影响。本研究认为，认知同理心相比情感同理心更高一层次，同理心是人类最崇高的特征之一。我们认为友善的大多数行为，都是以同理心为根基。同理心也是同情心、利他主义、自我牺牲和慈善的根基。很多学者认为，同理心是对一些需要帮助的人的感同身受和关心，是影响亲社会行为的重要因素（Dovidio et al.，2006）。并且，研究者们也已经通过实证研究证实了亲社会行为和同理心之间有着密切的联系（Batson et al.，1987）。

一般亲社会行为可以分为利他行为和助人行为，这与组织公民行为的含义很相似。其特征主要表现为高社会称许性、社会互动性、自利性、利他性和互惠性。对于亲社会行为的培养，需要我们适当地进行移情的训练，也就是本研究中的同理心培养，主要指体验在某些情境下他人的心理感受，进而在现实生活中遇到类似情况时能做出恰当的反应，通过训练，能够让自身具有内在的自我调节能力，更多地做出互助、分享等积极的行为。

相反，同理心的缺乏与攻击性和反社会的行为相关联，是大多数破坏性暴力行为的根源。个体缺乏同理心的话，意味着缺少从别人的立场来看待世界的能力，或者缺少对他人遭遇的同情心（Davis，1994），并且容易产生偏见行为。

此外，人们总是将同情心和同理心混为一谈，其实两者之间还是有区别的。同理心是指理解、分享和预感他人具体的情感状态，拥有同理心的人不是去怜悯弱者，而是站在对方的位置，设身处地地去理解对方的处境和情绪，即感同身受。而同情心并没有让人去分享他人的情感状态，没有感同身受之意。

同理心带有的这种去理解、感受他人情感的能力，也反映了人类自身内在主体间性的这一社会性本质。所谓的主体间性，即人对他人意图的推测与判定。德国哲学家哈贝马斯认为，在现实社会中，人际关系分为工具行为和交往行为，工具行为是主客体关系，而交往行为是主体间性行为，提倡交往行为，以建立互相理解、沟通的交往理性，达到社会的和谐。毫无疑问，人类是社会性的动物，实际上，所有的行为（包括思想和欲望）都直接指向于或产生于他人（Batson，1990）。

根据以上论述，本研究提出以下假设：

假设 1：员工的情感同理心会对个人的关系取向产生积极（＋）的影响。

假设 2：员工的认知同理心会对个人的关系取向产生积极（＋）的影响。

（二）中国社会的关系

在中国，关系是社会网络的总称，通常可以被理解为"联系、人脉"等（Yeung，Tung，1996）。它也可以是个人的社会网络、社交能力及礼物经济的代表等（Gold et al.，2002）。

关系起初是建立在宗族这一概念上的，然后扩展至远亲，最后发展到没有血缘关系的个体之间（Hwang，Staley，2005）。所以关系可以被定义为一种友谊，是一种持续不断的、互相帮助的密切关系（Chen，2004）。

在传统中国社会中，关系是建立在人与人之间互相分享社会经验的基础之上。这包括亲属（近亲或远亲），来自同一地方或拥有共同祖先，以前的邻居、同学、同事、老师和学生，或者领导和下属，以及拥有共同爱好等（Chiao，1982；King，1989）。

关系的实践起源于儒家思想，儒家推崇集体主义，强调人际关系网的重要性，所以关系这个概念便也由此而来（Hwang，Staley，2005）。此外，儒家思想主要体现在三个方面：忠诚、仁慈和履行基于五大基本人际关系的责任。这里的五大基本人际关系指的是中国社会的"五伦"，即所谓的君臣、父子、兄弟、夫妇、朋友这五种人伦关系。所以，中国社会的人际关系基本都是基于这五伦中的一项或几项，只有人们去履行自己该有的责任，整个社会才能和谐地运转下去（Yeung，Tung，1996）。

同时，孔夫子鼓励每个人都成为正直的人，即仁义。想要达到仁义，个人必须懂得知恩图报，有时必须增加回报的价值，即中国的俗语：滴水之恩，当涌泉相报。这与社会交换理论中互利互惠的原则相符合。有不少学者认为，儒家与其说是宗教，不如称它为一种社会处世哲学，它希望建立起一个和谐稳定的社会，而这又是以人们的关系导向为基础的（Wank，1996）。在中国这样一个以关系为中心的社会里，社会关系自然被认为是极其重要的。所以，关系也被认为是一种个人财产，因为个人能够通过关系得到帮助，关系也是一种个人能力，因为个人必须懂得回报他人的帮助。

一般而言，关系是在个体之间交换礼物和互相帮忙的基础下建立、培养起来的（Pederson，Wu，2006）。关系是一种复杂但又普遍的人际关系网络，它意味着相互的义务、信任和理解。在中国社会，人们总要去积极巧妙地去培养建立属于自己的关系，并且需要长久地维持这一社会和个人关系。

中国社会的个体都拥有各自的关系网络，他们需要承担满足这一关系的职责，如果没有这么做，则会导致自身的声誉受损，以及随之而来的信任丢失（Hwang，Staley，2005）。所以有些学者认为，关系在一种信任、纽带、互利互惠和同理心的基本原则下才能正常运转（Yau et al.，2000）。此外，中国社会里个体间的相互帮助和慷慨大方的表现，其实也是对互利互惠原则的一种肯定和期待（Hwang，1987；King，1989）。

关系有着鲜明的文化特征，特别是在中国社会，关系对个人和组织的动态有着重要的影响。组织理论和战略管理文献认为，组织网络具有营利的和非个人的特征，而中国的关系注重于个人的人际关系和互相帮助（互利互惠）。因为关系是一种社会资本，它与个人社会责任的交换相关，并且决定了个人在社会上的面子（Hwang，1987；Xin，Pearce，1996）。

根据关系的定义，可以认为它是一种个人的财富，即一种个体所拥有的财产，具有个人的、非正式的和私下交易的特点，所以一般只在个人层面起到作用。截至本书成书，关于关系的研究也大多集中在个人层面，本研究也集中在对组织成员间的行为进行研究。

随着中国社会现代化进程的不断深入，杨（1986）回顾了大量关于这方面问题的研究，发现随着中国现代化的加深，中国人正变得更少地依赖社会关系，同时个人主义倾向也更加的明显。但是，中国人也依旧坚持着一些重要的传统意识、信仰和价值观（如家族和关系导向），其很难被现代意识所取代。

因此，根据以上论述，我们提出以下假设：

假设 3：员工的关系取向在情感同理心和知识分享意向之间具有中介效果的作用。

假设 4：员工的关系取向在情感同理心和组织公民行为之间具有中介效果的作用。

假设 5：员工的关系取向在认知同理心和知识分享意向之间具有中介效果的作用。

假设 6：员工的关系取向在认知同理心和组织公民行为之间具有中介效果的作用。

（三）知识分享与关系之间的联系

现代管理学之父彼得·德鲁克指出，知识作为关键性的支配因素和经济资源，将成为比较优势的唯一重要资源。知识存在于每个人的头脑中，日常生活中我们总要运用知识来应对大大小小的事情。知识的发展，从个人到存储，以及在实践生活中的应用，都与个人知识分享的行为密切相关。知识分享是指个人向他人分享自己的信息、主意、建议和经验（Bartol，Srivastava，2002）。组织成员间的知识分享提供了互相学习的机会（Huber，1991），反过来也能够提升组织的绩效（Hansen，2002）。

文化因素在知识管理中扮演了一个重要的角色。根据谢恩（Schein）（1985）的研究，文化是指人们共有的价值观、信仰和习惯。在中国社会中，关系导向在知识分享中扮演了一个重要的角色。关系会影响个人知识分享的行为，因为中国人本质上是倾向于和他人发展、维持良好稳定的关系，建立起高水平的关系导向，这样的关系能够促进、鼓励人们去分享个人的知识。

中国人总是希望与他人维持一段良好稳定的关系，创造出一个和谐的氛围，这样的情况能够使得知识分享处于有利的地位，促进互利互惠关系的建立（Davies et al.，1995）。

许多研究也将关注点放在社会关系网的特征上，认为这是知识分享的关键预测因素（Fleming，Mingo，Chen，2007）。知识分享作为一个动态过程，需要通过组织成员间的交流和沟通得以实现，所以，人际网络是知识分享的一个关键媒介。那些拥有良好关系网络的员工，会通过大量知识分享的行为活动，积攒工作相关的知识，不仅能够促进他们的工作绩效，也对以后和同事进行知识分享起到积极的影响（Sparrowe et al.，2001）。

这些拥有良好关系网或处在关系网中心的员工会有更多知识分享的机会，会更加投入地参与到与同事进行知识分享的行为中去（Anderson，2008）。同理，组织内的其他成员为了获得良好的关系网，也会试着进行知识分享，这样就会提高他们知识分享的参与度。

相反，如果员工没有形成良好的社会关系网，或者处在这个关系网的外缘，那么很多情况下就会被孤立分离开来，很难进行持续的交流，以及失去这一过程所带来的好处（Wasserman，Faust，1994）。

关系网大体可以分为正式关系网和非正式关系网。正式关系网，一般而言就是组织上的导师制度，常存在于上司和下属之间，范围比较局限；而非正式关系网的面就比较广泛，可以是身边的同事和上级的关系，也可以是部门外的组织成员，当然也包括组织外社会上的关系网。

特别是当公司规模不大、地方有限时，员工间的非正式关系网是日常生活中很自然的一部分。其实很多公司也依靠着这些非正式的关系，让成员找到问题的解答者，得到帮助和建议，学会如何处理工作上的事情等。

通过这样的非正式关系，即中国俗称的关系，组织成员之间也会变得更加信任，觉得有义务和他人进行信息和意见的分享。同时，个人分享付出之后，也会得到他人的感谢，从而进一步巩固个人间的人际关系（McDermott，1999）。

大多数领导者都认为在组织内应该分享知识，但在物以稀为贵的经济思维逻辑下，特别是在将自己积累的知识信息看作有价值的资源的前提下，要求分享自身的知识就等于要把自己某些有价值且重要的竞争资源交付出来，这似乎是一件不合乎常理的事情（Bock，Kim，2002）。所以，本研究认为，中国人的关系取向在这一知识分享的过程中起到了关键作用。

根据以上论述，我们提出以下假设：

假设7：员工的关系取向会对知识分享意向产生积极（+）的影响。

（四）组织公民行为

组织需要通过多方面的措施来提高竞争力，但是西方学者已经开始转移注意力，不再过于强调员工正式工作职责内的行动，而是将目光放到了员工的组织公民行为之上。过去几十年里，组织公民行为已经成为心理学和管理学领域里的一个重要概念，得到了研究者的大量关注（Bergeron，2007），它被认为是组织高效性的一个重要组成部分。

组织公民行为一般定义为未被正常的报酬体系所明确和直接规定的、员工的一种自觉的个体行为，这种行为有助于提高组织功能的有效性（Organ，1988）。

史密斯、奥根（Organ）和尼尔（Near）（1983）将组织公民行为分成两个层次的框架，一是利他主义，主要指行为专门在于帮助他人；二是顺从行为，是指行为符合一般的规则，标准和期望。后来，奥根（1988）将组织公民行为扩充到5个层次，它包括利他行为、文明礼貌、责任意识、公民道德和运动员精神。也有学者认为，组织公民行为至少由7个维度构成，主要分为利他行为（助人行为）、组织忠诚、运动员精神、组织遵从、个人主动性、自我发展和公民道德。

组织公民行为的表现是指员工自愿做出自身正式工作职责以外的努力。它大致包括帮助同事、守时、考勤率达标，或者主动自愿接受公司安排的其他任务（Van Dyne，Graham，Dienesch，1994）。特别是，很多研究将关注点放在组织公民行为的助人行为方面，它主要包括主动去帮助同事、辅助工作，或者自愿做出利于团队、组织的行为（LePine et al.，2002）。绝大部分关于组织公民行为的研究认为，组织公民行为对组织的高效运转有促进作用（Podsakoff et al.，2000），它对于组织是不可或缺的（Chen，Wei，2009）。

现有的研究将员工投入组织公民行为的原因总结成两个动机，一是社会交换理论中的互利互惠原则，它认为当员工从雇主那里得到公平对待或者对工作满意，员工就会投入到更多的组织公民行为中去（Bateman，Organ，1983；Farh et al.，1997）。二是员工自身倾向于助人为乐，善于合作，认真尽责或者关心自身利益（Bolino et al.，2006）。

根据社会交换理论，组织公民行为是指在社会交换关系内，来源于个人职责的信念。组织公民行为可以被看作一种社会资源，主要是指那些得到过社会回报的个人进行相互交换的行为（Kaufman et al.，2001）。组织内的社会资本源自社交联系，它是社会构造的一个因素，如组织成员间的互相帮忙和礼物的交换（Adler，Kwon，2002）。

还有，在人格变量的研究中，与亲社会行为联系最多的是同理心，而大量的证据也显示，同理心又与组织公民行为密切相关（Spector，Fox，2002）。同时，组织公民行为也被认为是员工与组织产生了同一性，是员工在工作场所做出支持社会和心理环境的行为（Organ，1997）。

所以，根据以上论述，我们提出以下假设：

假设 8：员工的关系取向会对组织公民行为产生积极（＋）的影响。

本研究的研究模型见图 5.2。

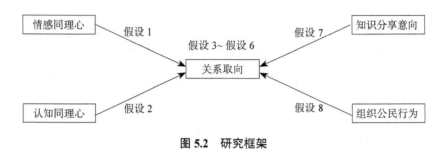

图 5.2　研究框架

三、研究方法

（一）样本和步骤

本研究为了验证提出的模型和假设，调查了 222 名中国的企业及事业单位员工，行业范围比较广泛，主要包括教育、贸易、互联网等。问卷经过初步的筛除后，最终用于数据分析的有效问卷为 215 份。

其中，男性为 44.7%，女性为 55.3%。年龄段最多的是 26 岁到 30 岁之间，有 108 人，19 岁到 25 岁的有 62 人，31 岁到 40 岁之间的有 41 人。具有本科学历的有 107 人，硕士学历的有 57 人，博士学历的有 31 人。职业类型大部分集中在教育类，有 94 人，办公类 49 人，销售类 19 人，服务和技术类各为 15 人。

工作经历在 1 年左右的为 87 人，1 年到 3 年的为 48 人，4 年到 6 年的为 55 人，7 年以上的有 25 人。此外，本研究的调查问卷都是源自国外英文论文，所以，本研究按照布里斯林（1980）的回译（back translation）方法，先将调查问卷的问项从最初的英文翻译成中文，再将中文翻译回英文，经过专业人士的校对后方才采用，以此来保证问卷所要表达意思的准确性。

（二）测量工具

同理心（empathy）。先前关于同理心的问卷主要对烦躁焦虑等消极情绪进行测量，但本研究使用的为 BES（basic empathy scale）量表，也同时测定同理心对积极情绪的反应。本研究将同理心细分为情感同理心（affective empathy）和认知同理心（cognitive empathy），测量工具采用了阿尔贝罗（Albiero）等（2009）学者开发的尺度，各选取了 9 个问项。关于情感同理心的例子有 "朋友的情绪不会过多地影响到我" "我很容易感受到别人的情感（情绪）"，关于认知同理心的例子有 "我经常能够明白别人的感受，在他们告诉我之前"。问卷采用李克特五点量表法，Cronbach's α 分别为 0.73 和 0.80。

关系取向（guanxi orientation）。本研究采用了左（Zuo）（2002）开发的尺度，一共有 6 个问项。例子有 "中国社会被认为是由一种人际关系网组成的" "人际关系在职业发展中是一种很重要的资源"。问卷采用李克特五点量表法，Cronbach's α=0.83。

知识分享的意向（knowledge sharing intentions）。本研究采用了林（Lin）（2007）开发的尺度，选取了 4 个问项。例子有 "我会试着和我的同事或朋友分享我的知识信息" "同事朋友向我询问的话，我会分享我的知识信息"。问卷采用李克特五点量表法，Cronbach's α=0.86。

组织公民行为。本研究采用了波德萨科夫（Podsakoff）等（1990）学者开发的量表，选取了其中属于助人行为的 5 个问项。例子有 "我会去帮助缺勤的同事（朋友）" "我会去帮助任务量很多的同事（朋友）"。问卷采用李克特五点量表法，Cronbach's α=0.84。

控制变量。为了不影响最终结果的准确性，本研究将调查对象的性别、年龄、教育程度、职业、工作年限等一些人口统计学上的变量设定为控制变量。

（三）数据的分析方法

为了验证研究模型的适配度，以及进行验证性因子分析，本研究采用了 SPSS 22.0 和 AMOS 22.0 这两个统计分析软件进行数据的分析。此外，为了验证假设，本研究采用了 SPSS 22.0 中层级回归分析（hierarchical regression analysis），并且在进行以上分析之前，所有的变量都事先进行了平均中心化（mean-centering）计算处理。

四、数据分析和结果

（一）研究模型的适配度验证（confirmatory factor analysis）

首先，在数据分析之前，我们对研究模型的适配度进行了验证分析。本研究采用了安德森和格宾（1988）所推荐的验证性因子分析。

在表 5.2 中，可以看到经过 AMOS 22.0 统计软件分析过后得到的模型适配度指数。

表 5.2　验证性因子分析

区分	χ^2	DF	F	CFI	TLI	IFI	RMR	RMSEA
模型	410.930	242	0.000	0.917	0.906	0.919	0.045	0.057

由表 5.2 可见，研究模型的适配度指数为：χ^2=410.930，CFI = 0.917，TLI=0.906，IFI=0.919，RMR=0.045，RMSEA=0.057。在这些适配度指数中，最基本的 χ^2 的 P 值需要满足大于标准值 0.05 的条件，但实际上，χ^2 的 P 值容易受到样本大小的影响，很难达到 0.05 以上，所以 χ^2 并不作为主要的参考指标。参考指标主要以 CFI、TLI、RMR、RMSEA 为主，根据胡（Hu）和本特勒（Bentler）（1999）的判定标准（CFI>0.09，TFI>0.09，RMR<0.10，RMSEA<0.08），本研究中，所有的指标都达到了判定标准，所以，我们认为本研究模型的适配度达到了可接受的标准，为我们的后续分析提供了有力的支持。

（二）描述性统计和皮尔森相关性分析

表 5.3 中展示了本研究变量的平均值、标准偏差，以及变量间的相关系数。从表中可以看到，除了情感同理心与认知同理心并没有显著的关联（$r = 0.12$，P>0.05），两者呈现高度独立的关系，其他变量之间都呈现出了低中等强度的关联性。其中，情感同理心和认知同理心都与关系取向呈正相关（$r = 0.37$，P<0.01；$r = 0.32$，P<0.01），关系取向与知识分享呈现出中等强度的相关性（$r = 0.60$，P<0.01），同时，关系取向与组织公民行为也呈现接近中等强度的相关性（$r = 0.47$，P<0.01）。所以，根据以上结果，可以初步判定假设 1、2、7、8 成立。

（三）假设验证结果

首先，本研究使用 AMOS 22.0 分析软件对模型进行了路径分析。

表 5.3 描述性统计和相关性关系

变量	M	SD	性别	年龄	教育程度	职业	工作年限	情感同理心	认知同理心	关系取向	知识分享意向	组织公民行为
性别	—	—	1									
年龄	2.99	0.89	-0.09	1								
教育程度	3.44	0.89	-0.15*	0.20**	1							
职业	4.24	2.25	0.01	-0.17**	0.21**	1						
工作年限	2.14	1.18	0.02	0.68**	-0.25**	-0.29**	1					
情感同理心	3.47	0.54	0.21**	-0.04	-0.03	0.04	0.02	1				
认知同理心	3.63	0.55	0.10	0.11	0.15*	0.10	0.03	0.12	1			
关系取向	4.22	0.59	0.14*	0.10	0.02	0.04	0.12	0.37**	0.32**	1		
知识分享意向	4.02	0.59	0.01	0.17*	0.02	0.05	0.16*	0.14*	0.38**	0.60**	1	
组织公民行为	3.76	0.56	-0.02	0.17**	0.02	0.07	0.13	0.14*	0.47**	0.47**	0.65**	1

*$P<0.05$，**$P<0.01$。

根据表 5.4 路径分析的结果，情感和认知同理心对关系取向产生了显著的影响，分别为 $r = 0.37$，$P<0.001$ 和 $r = 0.33$，$P<0.001$，此外，关系取向对知识分享意向产生了较高程度的影响（$r = 0.77$，$P<0.001$），同时，关系取向也对组织公民行为也产生相对较高的影响（$r = 0.68$，$P<0.001$）。所以，根据以上结果，我们可以进一步判定假设 1、2、7、8 成立。

表 5.4 研究模型路径分析结果

路径	估值	标准差	建构信度
假设 1：情感同理心→关系取向	0.37***	0.169	3.494
假设 2：认知同理心→关系取向	0.33***	0.063	4.336
假设 7：关系取向→知识分享意向	0.77***	0.088	9.894
假设 8：关系取向→组织公民行为	0.68***	0.088	3.195

***$P<0.001$

其次，利用统计分析软件 SPSS22.0 进行中介效果的多层线性回归分析。本研究我们采用了巴伦和肯尼（1986）开发的 3 步骤中介效果验证方法。得到的研究结果见表 5.5 和表 5.6。

表 5.5 关系取向在同理心和知识分享意向间的中介效果检验

变量	关系取向			知识分享意向			
	模型 1	模型 2	模型 3	模型 4	模型 5	模型 6	模型 7
性别	0.17	0.08	0.13	−0.01	−0.03	−0.07	−0.10
年龄	0.00	0.03	−0.01	0.07	0.04	0.06	0.05
教育程度	0.04	0.04	0.02	0.00	−0.02	−0.02	−0.03
职业	0.02	0.01	0.01	0.02	0.02	0.02	0.01
工作年限	0.07	0.06	0.07	0.06	0.06	0.02	0.02
情感同理心		0.39***		0.15*		−0.09	

变量	关系取向			知识分享意向			
	模型 1	模型 2	模型 3	模型 4	模型 5	模型 6	模型 7
认知同理心			0.33***		0.40***		0.23***
关系取向						0.62***	0.52***
R^2	0.04	0.16***	0.13***	0.06*	0.17***	0.38***	0.42***
调整后的 R^2	0.02	0.14***	0.11***	0.03*	0.15***	0.36***	0.40***
ΔR^2	0.04	0.12***	0.09***	0.02*	0.13***	0.32***	0.24***
F	1.88	29.21***	20.87***	4.13*	33.43***	107.44***	85.61***

*$P<0.05$，***$P<0.001$。

首先是知识分享意向，由表 5.5 可见，首先我们在模型 1 中投入控制变量（性别、年龄、教育程度、职业、工作年限），然后第一阶段在模型 2 和模型 3 中把独立变量情感和认知同理心分别投入，关系取向为从属变量，第二阶段在模型 4 和模型 5 中再把情感和认知同理心分别投入，此时的从属变量为知识分享意图。最后第三阶段在模型 6 和模型 7 中把作为中介变量的关系取向投入，通过以上步骤检验关系取向的中介效果。

根据多层线性回归分析的结果，从模型 2 和模型 3 中可以看到，情感同理心对关系取向产生了正的影响（$r=0.39$，$P<0.001$），认知同理心对关系取向也产生了正的影响（$r=0.33$，$P<0.001$）。所以，根据分析结果，假设 1 和模型 2 成立。此外，虽然本研究没有设立假设，但可以从模型 4 和模型 5 中看出，情感同理心和认知同理心都对知识分享意向产生了正的影响（$r=0.15$，$P<0.05$；$r=0.40$，$P<0.001$），特别是认知同理心对知识分享意向的影响相对比较显著。

然后，在模型 6 和模型 7 中，当把情感同理心和关系取向，以及认知同理心和关系取向分别同时投入时，作为中介变量的关系取向都对知识分享意向产生了显著的正的影响（ $r=0.62$ ， $P<0.001$ ； $r=0.52$ ， $P<0.001$ ），即都具有中介效果。其中，关系取向对情感同理心是完全中介效果，对认知同理心是部分中介效果。所以，根据分析结果，关系取向都具有中介效果，假设 3 和模型 5 成立。

　　然后是组织公民行为，如表 5.6 所示，首先我们在模型 8 中投入控制变量（性别、年龄，教育程度，职业，工作年限），然后第一阶段在模型 9 和模型 10 中把独立变量情感同理心和认知同理心分别投入，关系取向为从属变量，第二阶段在模型 11 和模型 12 中再把情感同理心和认知同理心分别投入，此时的从属变量为组织公民行为。最后第三阶段在模型 13 和模型 14 中把作为中介变量的关系取向投入，通过以上步骤检验关系取向的中介效果。根据多层线性回归分析的结果，从模型 11 和模型 12 中看出，情感同理心和认知同理心都对组织公民行为产生了正的影响（ $r=0.15$ ， $P<0.05$ ； $r=0.47$ ， $P<0.001$ ），特别是认知同理心对组织公民行为的影响相对比较显著。

表 5.6　关系取向在同理心和组织公民行为间的中介效果检验

变量	关系取向			组织公民行为			
	模型 8	模型 9	模型 10	模型 11	模型 12	模型 13	模型 14
性别	0.17	0.08	0.13	−0.04	−0.07	−0.08	−0.11
年龄	0.00	0.03	−0.01	0.11	0.07	0.10	0.08
教育程度	0.04	0.04	0.02	−0.02	−0.05	−0.03	−0.06
职业	0.02	0.01	0.01	0.03	0.02	0.02	0.01
工作年限	0.07	0.06	0.07	0.02	0.02	−0.01	−0.00
情感同理心		0.39***		0.15*		−0.01	
认知同理心			0.33***		0.47***		0.36***
关系取向						0.43***	0.32***
R^2	0.04	0.16***	0.13***	0.06*	0.25***	0.24***	0.35***

变量	关系取向			组织公民行为			
	模型 8	模型 9	模型 10	模型 11	模型 12	模型 13	模型 14
调整后的 R^2	0.02	0.14***	0.11***	0.04*	0.23***	0.21***	0.33***
ΔR^2	0.04	0.12***	0.09***	0.02*	0.21***	0.17***	0.10***
F	1.88	29.21***	20.87***	4.63***	56.82***	47.06***	32.32***

*$P<0.05$，***$P<0.001$。

然后，在模型 13 和模型 14 中，当把情感同理心和关系取向，以及认知同理心和关系取向分别同时投入时，作为中介变量的关系取向都对组织公民行为产生了显著的正的影响（$r=0.43$，$P<0.001$；$r=0.32$，$P<0.001$），即都具有中介效果。其中，关系取向对情感同理心是完全中介效果，对认知同理心是部分中介效果。所以，根据分析结果，关系取向都具有中介效果，假设 4 和假设 6 成立。

同时，为了进一步验证以上中介效果的准确性，本研究又采用了 Bootstrapping 分析法对中介效果进行再次验证。Bootstrapping 分析法的验证基准为置信区间不包括零，则证明具有中介效果。最终，分析结果见表 5.7，4 个中介效果的置信区间都没有包括零，所以，进一步证实了关系取向的中介效果是存在的。综上所述，假设 3、4、5、6 成立。

表 5.7　采用 Bootstrapping 的方法对关系取向的中介效果的检验

路径	关系取向		
	下限	上限	P
假设 3：情感同理心→知识分享意向	0.197	1.665	0.04
假设 4：情感同理心→组织公民行为	0.108	1.051	0.04
假设 5：认知同理心→知识分享意向	0.086	0.434	0.06
假设 6：认知同理心→组织公民行为	0.059	0.297	0.04

五、结论

（一）研究结果

本研究主要以教育、贸易等中国其他行业的职场员工为调查对象，根据建立的模型对数据进行了研究分析。本研究主要把中国人的关系取向作为中介变量，研究它在员工的同理心、知识分享意向和组织公民行为之间的影响。根据研究结果，员工的情感同理心和认知同理心都对关系取向产生了积极的影响，员工的关系取向也对知识分享意向和组织公民行为具有积极的影响。此外，关系取向在同理心和知识分享意图、组织公民行为之间都具有中介作用。特别是，关系取向在情感同理心和知识分享意图、组织公民行为之间的中介作用属于完全中介作用。

（二）理论和实践启示

根据本研究提出的研究模型，我们以中国人的关系取向作为中介变量，主要研究它在知识管理中的影响。根据研究结果，本研究提供了以下几点重要的理论启示。

第一，同理心，不论是情感同理心还是认知同理心，都能够促进员工的关系取向。员工的关系取向能够促进知识分享意向和组织公民行为。

第二，员工的关系取向在同理心和知识分享意向、组织公民行为之间起到了中介效果的作用。特别是，关系取向对情感同理心的影响力比认知同理心更明显，说明关系取向能够更多地作用于偏向情感同理心的员工。或者说，偏向情感同理心的员工，他们的知识分享和组织公民行为更多地取决于和他人的关系程度。

第三，根据分析结果，情感同理心和认知同理心都对知识分享意向和组织公民行为有积极的促进作用，但是认知同理心的促进效果相对比较明显，所以，相对情感同理心，认知同理心的作用显然更大。

同时，本研究也有实践上的启示。

第一，组织可以通过培训，来提高员工的同理心程度，能够增进组织成员间的联系，从而促进成员间的知识分享意图和互助行为。

第二，当员工的同理心发展不够完善高级时，可以通过员工的关系取向来进行调节弥补，如前文所述，认知同理心相对情感同理心更深一层次，组织可以通过适当的集体娱乐活动等，加深组织成员间的联系程度，建立起良好的人际关系网。

（三）局限性和未来研究方向

本研究也有几点局限性。

第一，我们此次的调查对象大多集中在教育领域，虽然各行各业都需要员工之间进行知识的分享，以促进个人和组织的共同发展，但很显然，在计算机、互联网、金融等，以及研发机构部门等，员工间的知识互动，对知识信息的需求无疑是更大的，所以今后的研究应尽可能地在这些知识信息碰撞更激烈的领域进行问卷的收集。

第二，本研究在数据收集时，采用了自我报告型的方式来进行问卷的收集，可能产生共同方法偏差的问题，会对最终的测量结果带来一定的误差影响。今后的研究在对员工的知识分享意图和组织公民行为测量时，尽量采用他人报告型的方式进行问卷的收集。

关于未来研究方向，关系固然是中国文化的特点之一，但也有很多研究提到，有些组织正在去关系化，主要是为了防止成员扎堆、拉帮结派的现象发生，反而不利于组织的稳定和谐，对组织的利益造成损害。所以今后的研究也要考虑到关系的副作用，探索关系的边界在什么样的位置，以及如何调控等。

第三节　组织声望对组织公民行为影响关系：组织自尊的调节效果和感情承诺的中介效果研究

一、引言

近年来许多行业的竞争变得越来越激烈，企业之间的竞争归根结底是人才之间的竞争，如何吸引优秀人才并给优秀人才适合的发展空间是每个企业管理者所要面对并思考的主要问题之一。特别是与大企业良好的形象、口碑及成熟的制度相比，中小企业在人才引进、组织文化建设、组织制度设计等很多方面特别是"软实力"方面显得尤为不足。企业良好的外部声望是吸引人才的第一步，应聘者首先通过企业的声望和名声来认识企业，这也是优秀的公司能吸引优秀人才的重要原因。公司的制度、文化等"软实力"也是留住人才的重要保证，包括领导的授权、创新的工作环境、良好的合作机制等也使得组织成员能更好地感受到自我价值、自我成就感。组织自尊是组织成员的重要性、自我价值等内在心理感受的重要评价标准，所以，建立适合让员工发挥内在潜力的工作氛围对于员工的感情承诺和组织公民行为都有积极推动作用。

感情承诺是组织成员发自内心的为组织的目标和愿景而去努力的愿望，主要是对组织有深厚的感情，对组织热爱的体现，而非物质利益。并且中国文化中重视情感成分，员工在工作实践中体会到组织的关心，以及在组织内工作的自豪感，才会付出更多的感情承诺。感情承诺的程度对组织的发展、业绩的提升、组织公民行为都有积极的促进作用。由于现在的年轻求职者基本都是"90后"，学习能力更加突出，独立自主意识更加强烈，对新生事物充满好奇心。随着20世纪90年代初期中国改革开放的进一步深化，"90后"的成长与中国信息化的发展同步，思想更加开放，更加注重工作的成就感和良好的工作氛围，由于独生子女的缘故，"90后"的离职率也是最高的（Wang et al，2017）。这就要求管理者不能以以前的管理方式（薪酬福利、晋升等）来对待"90后"员工，需要用新的管理模式（提升组织声望等）来引导"90后"员工积极有效地开展工作。

本研究以北京、天津的六家中型电子产品开发公司的在职员工为调查对象进行了实证分析。探索在中国求职者身份及其求职意向发生转变过程中如何从组织层面因素入手研究吸引并留住人才的措施、组织外部声望对组织成员的感情承诺的影响，以及组织自尊对它们之间是否有强化促进作用。

本研究在上述理论背景下进行初步研究，首先，通过回顾相关文献，建立一个理论平台；其次通过理论整合，根据组织声望（独立变量）、感情承诺（中介变量）、组织自尊（调节变量）、组织公民行为（从属变量）4个变量之间的关系，提出假设；再次，通过调查问卷收集数据，以有效数据为基础，通过SPSS、AMOS、Bootstrapping统计分析工具检验研究模型和假设；最后，得出本研究的结果、研究启示及需要改进之处。

本研究采用实证分析方法，对两个城市里的六家公司的在职员工为调查对象收集有效问卷 182 份进行研究，分析表明：组织声望对组织成员的感情承诺有促进作用；员工的感情承诺程度越强，他的组织公民行为就强，有很强的正相关作用；组织自尊对组织的外部声望感知和感情承诺之间有调节作用，并且组织自尊程度越强它们之间的促进关系越强。因此，组织管理者不仅仅需要提升自身的管理水平和素质，也要注重组织的声望、口碑及创造，让员工感受到自己价值、重要性的工作环境。

二、理论背景及假设

（一）组织声望和感情承诺之间的关系

组织声望感知（perceived external prestige）是指个体基于对组织形象的认知，以及个人的价值观和偏好，对组织产生的整体评价（Carmeli，Freund，2002），简称组织声望。组织声望是组织宝贵的无形资产，拥有较好组织声望的公司或组织能更好地与同行展开竞争，来获取更好的利益。影响组织声望直觉的因素有很多，如外部公众的看法、公司内部运营能力、合理的薪酬制度、对员工所提出意见的重视情况、个体未来的发展空间等。因此，不同的个体对组织声望的感知并不相同，所以组织声望可以被看成是个体层面的变量（Smidts et al，2001）。组织声望是个体员工判断自己是否进入或者留在组织中的重要判断因素之一。根据马斯洛需求层次理论，组织声望是无形的，但对于一个具有各种需求层次的人来说，尤其是具有自我成就需求的人来说，是非常重要的。

组织声望作为一个组织层面的概念，对"组织－个体"的互动关系有重要的影响，以往的组织声誉研究主要聚焦于认知式地评价组织本身意愿或行为的好坏（宝贡敏，徐碧祥，2007），而近期的研究则从信任与承诺理论的视角出发，强调个体对组织的识别和认同，都是基于个体所感知的组织声望而形成的。

组织声望会显著影响个体对组织的看法和认同程度，个体会倾向于认同那些被组织外部成员给予高度评价的组织。组织声望能够影响组织内个体的组织承诺程度，组织成员会因为归属于一个良好的组织而感到骄傲，会因为感知到自己被社会或周围的人认可而提高自己的组织承诺水平。个体感知到组织声望越多，越容易因为别人的认同而得到自尊感。富勒（Fuller）（2006）通过在卫生保健部门研究发现良好的组织外部声望可以增强员工的工作投入。巴特尔斯（Bartels）（2007）等通过研究得出的结论是组织个体对组织外部声望的感知能够提升组织承诺程度。此外组织声望还会促使员工产生责任感，员工会关心组织的福祉并帮助组织实现目标，为了帮助组织实现目标，对组织声望比较强的个体会基于互惠的原则，对工作和组织的承诺更强。相关的经验研究也表明，组织声望能积极预测个体的感情承诺（Rich et al., 2010）。已有的研究发现，具有高组织声望的员工具有更强的组织认同，更高的工作绩效和更强的感情承诺（Chen，Aryee，2007）。

根据以上研究得出以下假设：

假设 1：组织声望对个体的感情承诺有正（＋）的影响。

（二）组织声望和组织公民行为之间的关系

组织公民行为（organizational citizenship behavior）由巴特曼和奥根（1983）首次提出。奥根（1988）正式定义了组织公民行为，认为组织公民行为是一种有利于组织的角色外的行为和姿态，既非正式角色所强调的，也不是劳动报酬合同所引出的，而是从整体上有利于提高组织绩效的各种自发行为的总和。奥根（1997）重新定义了组织公民行为，认为它能够维持和增强组织的社会及心理环境，是一种有利于任务绩效完成的行为。

史密斯（1983）首次提出组织公民行为的二维结构，一种是利他行为，指面对面地向某人提供帮助的行为；另一种是一般性顺从，指服从于做一个好员工的规范。奥根（1988）提出组织公民行为的五维结构，分别是利他行为、文明礼貌、责任意识、运动员精神和公民道德。波德萨科夫等（2000）提出七维度结构，分别为助人行为、运动员精神、组织忠诚、组织遵从、个人主动性、自我发展和公民道德。组织声望涉及一个人通过所在组织获取自己的社会地位和发展前途等方面的考虑，最终会影响到他的组织公民行为。

员工在组织声望上处于重要利害关系人的地位，也是第一个受到组织声望影响的人，若没有员工的支持，企业或组织很难拥有并维持良好声望（Dortok，2006）。如果公司得到员工的支持，则可能凭借良好的声望，吸引优秀的员工加入，组织成员自发产生新颖的想法和生产更好的产品来为客户提供服务，进而使得公司业绩增长，客户的满意度提升，良好的组织声望也可持续维持。

良好的组织声望有助于提升组织成员对所在企业的承诺和忠诚水平，进而最终促使他们愿意主动实施帮助所在企业开展形象或口碑宣传等行为。组织声望与组织内外部的很多方面因素有关，很大程度上源于组织内部各种要素的结合。此外，组织声望是特定组织与其他组织在同一个社会平台上相互比较的结果。从社会认同角度来说，人们更愿意在一个具有较高组织声望的组织里实现自己的组织认同，进而发自内心地做一些正式工作之外并且不计较报酬的工作，即组织公民行为。根据以上研究我们推出以下的假设：

假设2：组织声望对个体的组织公民行为有正（+）的影响。

（三）中介变量：感情承诺

根据艾伦和迈耶（1990）的研究，组织承诺由 3 个下位概念构成：

① 感情承诺（affective commitment），基于员工对企业目标的认同而产生的深厚的感情，是个体对组织认同的程度。

② 持续承诺（continuance commitment），员工为了不失去已有的职位和多年投入所换来的待遇而不得不继续留在该组织继续工作。

③ 规范承诺（normative commitment），员工加入不同组织后会延续他在以前组织中形成的某种工作态度或者方式，受到社会责任感和社会规范的约束而形成的一种承诺感。

迈耶（2001）认为员工对组织的感情承诺收到个体的需要和他们对组织的期望，以及实际感受到的满足二者相符程度的影响。根据社会交换理论的观点，人们总是要追求最大的利益，寻求最有力的交换对象和活动。组织与员工本质上是也是一种交换关系，体现了社会交换理论的基本原则，当员工想从组织获得"高于标准"的利益期望时，他们就必然会承担一种必须以一定方式回报的义务。员工对组织承担责任和承诺是建立在互惠的基础上，在交换过程中，如果员工对组织具有这种信念，他们对组织的感情承诺就会增强，并由此产生积极的工作行为和创造高绩效（宋利，古继宝，2005）。

感情承诺本质上是员工与组织之间在交换过程中形成的"无形的纽带"，更像是一种"心理契约"。这种契约是员工在工作过程中出于对组织的热爱、信赖等心理作用而形成的。这种局域心理契约的感情承诺也会促使员工改进工作方法，提升工作效率，更好地融入组织中，增强组织公民行为。组织成员通过组织声望能更进一步增强对组织的归属感和依赖感，当员工关心组织的利益，并付出努力使员工和组织双方受益，对外自觉维护组织的声望，不做有损组织利益的行为。随着感情承诺程度的加深，会以更大的努力来回报企业，自发地产生积极的行为，提升工作绩效，增强组织公民行为。根据以上研究，得出以下假设：

假设 3：组织成员的感情承诺对组织公民行为有正（＋）的影响。

假设 4：组织成员的感情承诺在组织声望和组织公民行为中有中介作用。

（四）调节变量：组织自尊

自尊（self-esteem）是个体对自我价值的总体评价，低自尊的人比高自尊的人表现出效率低下、缺乏信心、不能坚持自己的想法，更容易受到消极情绪的困扰。皮尔斯（Pierce）等（1989）将心理学领域的"自尊"概念引入组织行为领域，进行了概念操作化和具体化，提出了"基于组织的自尊"（organization based self-esteem，OBSE）的概念，组织自尊是组织成员通过在一个组织环境中参与相应的角色而满足自我需求的程度。组织自尊反映了组织中个体对自我重要性、有效性、胜任力与价值性的评价，高水平组织自尊的个体有一种自我胜任感和从过去组织中承担的角色所获得的满足感，因此，组织自尊是个体所拥有的作为组织成员的自我价值感的反映，而高组织自尊的员工会认为自己是组织中重要的、有价值的、有效能的成员。组织自尊与一般自尊不同：后者表示的是个体对自我价值与能力的总体信念；前者表示的是个体作为一名组织的成员对自身在组织中的价值与能力的信念，并且对组织行为的预测力更高（Pierce，Gardner，2004）。以往对组织自尊的研究普遍采用皮尔斯等（1989）的定义，但是由于东西方文化差异的缘故，西方情境中的"self-esteem"与华人语境中的"自尊"在内涵上存在着差异。本研究采用潘孝富等（2012）以华人组织为研究对象对组织自尊的定义：员工因作为特定组织成员而感受到他人或者社会的尊重，从而获得基于组织的自豪感与优越感。该定义更加强调组织自尊中的"关系自我"与"集体自我"。

综上所述，组织自尊的特征如下：首先，组织自尊是自我概念的核心，属于自我评价维度（自我概念包括自我定义与自我评价两个维度）；其次，组织自尊既包含认知成分又包含情感成分，与认知相关的情感密切相关；最后，作为自我评价的典型维度，组织自尊是个体内隐性与外显性自尊权衡的结果（徐文明，2012）。组织管理其成员组织自尊的能力具有较强的路径依赖性，使得竞争对手难以模仿，势必成为企业竞争优势的主要来源。

目前关于基于组织自尊的研究大多是将其作为一个中介变量或结果变量来进行研究的（Van Knippenberg et al.，2004），少有考虑基于组织自尊的调节作用。但是，皮尔斯等（1993）的研究中考察了基于组织的自尊对主管支持和员工绩效之间的调节作用。

如前文所述，本研究认为组织声望水平高的员工会愿意做出有利于组织的行为，如感情承诺行为、组织公民行为。我们进一步认为，意愿和最终行为之间是有差距的，员工进行组织感情承诺行为的意愿能否转化为实际行动还会受到一些个体和情境因素的影响。决定个体行为的意愿主要包括两个大方面，一是意愿（即想不想做），二是能力（即能不能做到）。当个体想做一件事（意愿），又能做一件事情（能力）时，最有可能采取最终行动。组织声望反映了员工做出有利于组织行为的意愿，而基于组织的自尊反映了员工对自己作为组织成员胜任力的判断，因此我们选择基于组织的自尊做调节变量。根据以上研究得出以下假设：

假设 5：员工的组织自尊在组织声望和感情承诺关系中具有调节作用，员工的组织自尊的程度越高，组织声望对感情承诺的正（＋）的影响越强。

根据以上所要验证的假设，我们画出了本研究的研究模型，见图 5.3。

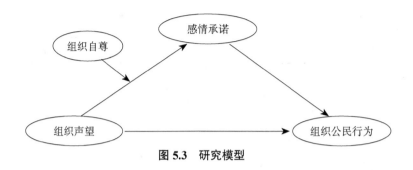

图 5.3　研究模型

三、研究方法

（一）样本的选定

为了验证研究的模型和假设，我们选定了经济发达的地区的中小型公司的员工进行了问卷调查。我们以北京、天津六家公司在职员工为调查对象，数据收集持续五周，特定地区公司问卷的发放、数据的收集为下一步的实证分析提供了数据上的支撑和保障。之所以选择这些城市为调查的地点，是因为这些城市代表了中国经济发达的地区，电子产品开发公司的行业性质决定了公司领导和员工对新思想、新理念、新制度都能很快地接受与实施，比较符合本研究的需要，对于中国企业研究具有一定普遍性的意义。本研究问卷调查分为两步：第一步是初测问卷的实测，收集一部分数据主要用于问卷项目分析，来确定这些项目是否可行；第二步是正式问卷的实施，收集的问卷用于信度、效度的分析和假设的检验。本研究共收集 215 份调查问卷，剔除明显填写不完全的废卷后，按照一定的标准筛选无效问卷，筛选的标准是：①缺选题项超过五个；②连续五个项目的选择相同。我们最终选定了 182 份有效问卷用于实证分析，问卷的回收率是 85.1%。此样本的人口统计学特征见表 5.8。

表 5.8 样本的人口统计学特征

分类		数量	占比（%）
性别	男	63	34.6
	女	119	65.4
年龄	20~30 岁	126	69.2
	31~40 岁	52	28.6
	41~50 岁	3	1.6
	50 岁以上	1	0.5
受教育水平	专科以下	9	3.3
	专科	49	27.0
	大学本科	92	50.5
	硕士研究生及以上	35	19.2
工作年限	1 年以下	18	9.9
	1~3 年	56	30.8
	4~6 年	47	25.8
	7~10 年	44	24.2
	10 年以上	17	9.3

（二）变量的测定

组织声望：个体基于对组织形象的认识，对组织产生的整体印象或评价。为了测定组织声望我们采用了梅尔（Mael）和阿什福德（Ashford）（1992）开发的 8 个问项，如"周边的人对我们公司的评价都很高""我们公司被认为是最好的公司之一"等。问项均采用李克特五点量表法，其信度 Cronbach's α=0.84。

感情承诺：指组织成员参与组织社会交往的程度，是个人对组织的情感，是一种肯定性的心理倾向。为了测定感情承诺，我们采用艾伦和迈耶（1990）开发的 8 个项目，如"我愿意在这个组织工作到退休"，逆向问项"我在组织内没有归属感"等。问项均采用李克特五点量表法。信度 Cronbach's α=0.80。

组织自尊：员工因为处于特定的组织，所受到的尊敬程度，从而获得基于组织的自豪感。为了测定组织自尊，我们采用了皮尔斯等（1989）开发的 10 个问项，如"我在公司里会得到重视""在工作过程中我能与同事很好的合作"。测度均采用李克特五点量表法。信度 Cronbach's α=0.91。

组织公民行为：一种有利于组织发展的角色外的行为和姿态。为了测定组织公民行为，我们采用了奥根（1988）开发的 15 个问项，如"我会主动帮助工作量大的同事""除了自己的工作以外，我还会在工作上帮助其他同事"等。测度均采用李克特五点量表法。信度 Cronbach's α=0.76。

本研究选定了几个已知的会对组织公民行为产生影响的变量作为本研究的控制变量，分别为调查对象的性别、年龄、受教育水平及工作年限。通过对这些控制变量效果的分析可以更精确地验证本研究所提出的假设。

四、数据分析结果

（一）共同方法偏差检测

为了测定本研究提出的模型的适配度，我们通过数据分析软件 AMOS22，采用 Harman 单因子检测方法检测共同方法偏差的问题，以及验证四因子模型（模型中有 4 个变量），三因子模型（组织声望和感情承诺合成为一个变量，组织自尊，组织公民行为），二因子模型（组织声望、感情承诺和组织自尊三个变量合成一个变量，组织公民行为），和单因子模型（四个变量合为一个变量）之间的适配度指数。

为此，我们根据主要的模型适配度指数来进行分析比较，如卡方拟合指数（χ^2）、均方差残根（RMR）、拟合优度指数（GFI）、比较拟合指数（CFI）、Tucker-Lewis 指数（TLI）、近似误差均方根（RMSEA）。本研究采用安德森和格宾（1988）研究中采用的验证性因子分析来验证模型的效度。

在表 5.9 中可以看到通过验证性因子分析所得到的模型拟合指数。

表 5.9 验证性因子分析

区分	χ^2	df	P	RMR	GFI	CFI	TLI	RMSEA
单因子模型	1119.89	324	0	0.11	0.54	0.57	0.54	0.13
二因子模型	855.15	323	0	0.10	0.65	0.72	0.69	0.09
三因子模型	545.13	321	0	0.06	0.78	0.88	0.87	0.07
四因子模型	376.35	246	0	0.06	0.83	0.93	0.92	0.06

Harman 单因子检测结果显示：单因子模型的拟合指数是：χ^2=1119.89，df=324，RMR=0.11，GFI=0.54，CFI=0.57，TLI=0.54，RMSEA=0.13，但是四因子模型的拟合指数是：χ^2=376.35，df=246，RMR=0.06，GFI=0.83，CFI=0.93，TLI=0.92，RMSEA=0.06，四因子模型的拟合度指标优于单因子模型的拟合指标，验证了本研究共同方法偏差问题不严重。

在这些拟合指数中，RMR 和 RMSRA 的取值一般小于 0.08，本研究中 RMR=0.06，RMSEA=0.06 说明数据与模型的拟合度比较理想。CFI，GFI 和 TLI 的取值范围是 0 到 1，一般意义上，只要其数值大于 0.9，我们就可以认为数据和模型的拟合度是很好的。虽然本研究中 GFI=0.83<0.9，但是由于受

到样本特性的非一贯性的影响，可以考虑对于样本特性自由度更高的 CFI、TLI 来判断拟合度，本研究中 CFI=0.93，TLI=0.92，相应的其他拟合度指数也都达到了可接受的标准。

本研究中出现的变量的描述性统计和它们之间的相关关系见表 5.10。被调查者重视组织公民行为（M=3.83）和组织声望（M=3.82）。感情承诺和组织公民行为之间有比较高的相关关系（$r = 0.51$，$P<0.01$），组织声望和组织公民行为之间存在着较低的相关关系（$r = 0.25$，$P<0.01$）。控制变量中，工作年限与感情承诺（$r = 0.37$，$P<0.01$），组织自尊（$r = 0.19$，$P<0.05$），组织公民行为（$r = 0.32$，$P<0.05$）之间存在较弱的相关关系。

表 5.10　平均数、标准差和相关性矩阵

变量	M	SD	性别	婚姻状况	年龄	教育水平	工作年限	组织声望	感情承诺	组织自尊	组织公民行为
性别	1.24	0.43	1								
婚姻状况	1.36	0.48	0.25**	1							
年龄	2.86	0.64	−0.25**	−0.32**	1						
教育水平	1.94	0.54	−0.12	−0.08	0.35**	1					
工作年限	2.05	0.63	−0.26**	−0.43**	0.37**	−0.09	1				
组织声望	3.82	0.77	−0.06	−0.22**	0.16	0.12	0.15	1			
感情承诺	3.37	0.67	−0.27**	−0.27**	0.25**	0.07	0.37**	0.48**	1		
组织自尊	3.61	0.65	−0.08	−0.13	0.11	0.08	0.19*	0.29**	0.46**	1	
组织公民行为	3.83	0.48	−0.12	−0.18*	0.15	−0.05	0.32**	0.25**	0.51**	0.42**	1

*$P<0.05$，**$P<0.01$。

（二）研究模型的拟合度和假设的检验

在验证假设之前，我们先对研究模型进行拟合度分析，分析结果见表 5.11。

表 **5.11** 研究模型的适配度

	χ^2	df	P	RMR	GFI	CFI	TLI	RMSEA
模型	144.27	101	0.003	0.06	0.90	0.95	0.94	0.05

通过表 5.11 所提供的数值（RMR=0.06，GFI=0.90，CFI=0.95，TLI=0.94，RMSEA=0.05），可以看出研究模型的拟合度指数都是比较优秀的，进而可以判断此模型可以用来进行下一步的假设验证。

我们运用 AMOS22 统计分析软件进行了分析。在对控制变量即性别、年龄、教育水准和工作年限进行分析和控制后，其结果见图 5.4。

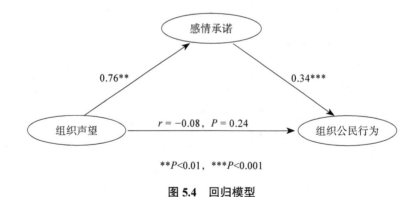

P<0.01，*P<0.001

图 **5.4** 回归模型

通过相关关系和回归模型分析我们可以看到：

组织声望对感情承诺产生正（＋）的影响，$r = 0.76$，$P<0.001$，所以假设 1 得到支持。

组织声望对组织公民行为产生正（＋）的影响，$r = -0.08$，$P>0.05$，所以假设 2 不成立。

感情承诺对组织公民行为产生正（＋）的影响，$r = 0.34$，$P<0.001$，所以假设 3 得到支持。

（三）感情承诺的中介效果的检验

为了更精确地验证中介效果，本研究采用了 Bootstrapping 检验和海斯（2013）开发的 SPSS、PROCESS 方法。这两种方法的好处是通过多次抽取样本可以得到多组随机性和可靠性更强的数据，弥补了数据不足的缺陷。用这两种方法验证标准是所估算的置信区间内不包含"0"且 PROCESS 方法还可以免去 P 值范围的考虑，就能判定中介变量具有中介效果，见表 5.12、表 5.13。

表 5.12　利用 Bootstrapping 对情感承诺的中介效果的检验

路径			感情承诺		
			下限	上限	P
组织声望	→	组织公民行为	0.30	0.65	0.01

表 5.13　感情承诺的中介效果

变量	效应值	标准差	置信区间上限	置信区间下限
感情承诺	0.15	0.03	0.09	0.22

在 Bootstrapping 方法中，感情承诺的中介效果置信区间为［0.30，0.65］，区间内不包含"0"且 $P<0.05$。在 Process 方法中，感情承诺的置信区间为［0.09，0.22］，置信区间的数值都大于"0"。也就是说，在组织声望对组织公民行为影响的关系中，感情承诺具有中介效果，所以假设 4 也得到了支持。

（四）组织自尊调节效果的检验

为了更精确地检测组织自尊的调节效果，我们采用回归分析的方法。

由表 5.14 可见，组织声望 $B = -0.13$，组织自尊 $B = -0.16$，显著性概率 0.04<0.05，所以有意义。调节效果的分析结果见图 5.5，组织自尊越高，组织声望和感情承诺之间的正的关系越强，反之越弱。假设 5 得到支持。

表 5.14　调节作用检验

变量	感情承诺			
性别	−0.33*	−0.27	−0.29*	−0.25
婚姻状况	−0.19	−0.04	−0.05	−0.04
年龄	0.14	0.10	0.11	0.10
受教育水平	0.10	0.03	0.01	−0.02
工作年限	0.36**	0.29*	0.23*	0.21*
组织声望		0.52***	0.43***	−0.13
组织自尊			0.35***	−0.16
交互项				0.16*
$\triangle F$	0	0	0	0.04

*$P<0.05$，**$P<0.01$，***$P<0.001$。

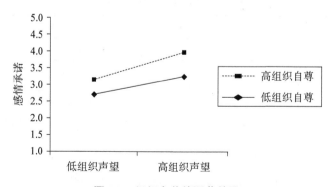

图 5.5　组织自尊的调节效果

五、结论

（一）研究结果

本研究以北京、天津的中小型企业的员工为研究对象，通过收集问卷进行实证分析的方法来验证假设，并通过数据分析软件 AMOS 22.0、SPSS22.0 及 Bootstrapping、Process 的多次抽取样本的方式来验证感情承诺的中介效果和组织自尊的调节效果。从人口统计学的特征来看，年龄在 20~30 岁的占比高达 69.2%，教育水平在大学本科及以上的超过了 60%，工作年限在 1~6 年的超过 55%，这样的比例保证了数据的质量，为数据分析提供了可靠的保障。

通过本研究我们得到以下结果：

① 在变量的描述性统计和相关分析中，组织声望和感情承诺之间存在着高度且显著的相关关系，组织声望对感情承诺正（＋）的影响被证明是成立的。组织声望的提升有助于员工感情承诺的增加，所以，组织形象的维持，企业社会责任活动的开展，对组织声望的提升是有利的。

② 感情承诺对员工的组织公民行为有正（＋）的影响。员工对组织的热爱、认可、依附感较强的话，就会认同组织的目标和远景，愿意为自己工作之外的事务积极行动，发自内心地为提升组织的业绩而努力。

③ 组织自尊在组织声望对感情承诺影响关系中有调节效果。并且随着员工组织自尊的增强组织声望对感情承诺和组织公民行为的影响增强，所以，提升员工的组织自尊感对于组织内部凝聚力、组织向心力的增强有促进作用。

（二）研究的启示和局限性

本研究确认了在组织中，组织成员的感情承诺可以有效地促进组织公民行为。进一步验证了感情承诺在组织声望和组织公民行为之间有中介作用。

另外本研究创造性的引入组织自尊这一变量，与一般自尊相比，组织自尊能更好地预测组织成员的相关行为，并且会随着组织情境的变化而变化，高组织自尊的员工将对其特定组织能力持更加积极的态度。通过实证分析，我们得出组织自尊在组织声望和感情承诺、组织公民行为关系中有调节作用。通过本研究，我们得出以下启示：

第一，组织声望不仅是组织外部形象的重要体现和"无形资产"，也对组织内部员工的工作行为和态度有积极影响。组织声望好的公司更容易招聘到所需要的人才，管理者不但要将工作重心放在内部，也要积极地促进组织良好形象和声望的塑造。特别是在突发不利情况下，组织的对外的公关能力和应对危机的对策是十分重要的。

第二，员工一旦形成较高的组织自尊，感受到自尊带给自己的满足感后，会不遗余力地设法维持这种感受，努力改变自身的态度和行为以继续保持这种自尊。高组织自尊带来的满足感使员工对组织心存感激之情，他们对组织有强烈的归宿感，所以，管理者营造良好的工作氛围是组织自尊产生的前提条件。

第三，组织公民行为大部分还停留在理论研究中，如果想落实在具体的工作中，需要考虑很多外部因素，如制定合理的激励制度、提升员工的责任意识等。理论和实际是有很大的差异，如何更好地提升员工的主人翁意识、组织公民行为意识是管理者需要积极思考的问题之一。

作为一个初步的探索和尝试，本研究还存在很多不足和可以改进的地方。

第一，样本的局限性。本研究选取的样本只是北京、天津的电子产品研发企业，因此研究结论能否推广到其他地区、其他行业如创意产业还有待进一步研究。

第二，时间的局限性。本研究只采用了横向研究，在特定的时间段内收集到问卷，而没有间隔一段时间再次回收问卷进行纵向对比研究。通过纵向研究可以更好地描述工作行为、态度和想法的变化过程，便于探寻不同现象相互之间的因果关系。

第三，问卷的局限性。本研究的问项大部分取自外国文献，而以中国国内组织成员为调查研究对象，由于文化差异的缘故，这些问项的测度不能很好地反映中国组织成员的真实想法。学者可以在考虑中国本土文化因素的基础上开发能反映国内组织成员职场心态的测度工具。

第四，以个体为研究对象的局限性。由于本研究是依据自我报告（self-report）方式收集的问卷，虽然通过 Harmant 单因子检测，检验了共同方法偏差（CMV）的影响不大，但是没有从根本上减少这一问题出现的可能性。今后的研究可以采取员工与领导互相填写考核对方的问卷的团队研究方式。

第四节　中国高校学生的自我意识对职业成熟度的影响关系中：社会心理成熟度的中介效果和职业决策自我效能感的调节效果的研究

一、引言

随着中国改革开放的持续深入，经济全球一体化进程的加速，对于即将踏入社会的高校学生而言，无疑充满着各种机遇和挑战。在这样竞争激烈的社会环境中，如何尽早地认识自己、定位好自己，迅速地成长起来，开始自己的职场生涯，是中国高校学生必须要面临的问题。

中国高校扩招 10 多年来，全国高校毕业生总人数已从 1999 年时的 85 万人，达到 2016 年的 765 万人；加上职业学校毕业生、初高中后不再继续升学的学生大约有 700 万人，总计下来 2016 年城镇新增青年劳动力约 1500 万（Wang et al.，2016）。

在社会快速发展的情况下，企业对人才的需求也更加具体，选择时考察的维度也更加全面，所以当下高校毕业生的就业压力不仅来自竞争，也来自企业的要求。为了尽可能地降低就业时的压力，高校学生需要提早做出准备，尽量去明确自己未来的目标，以目标带动自己的行动，然后做扎实自己的专业基础，增加自己的特长技能；同时踏入社会，进行适当的社会实践，丰富自己的阅历。

但是，据 2014 年的相关调查数据，在大学毕业生中，有 50% 的人后悔没有在在校期间增加自己的工作经历，38% 的人后悔没有更努力地学习，30% 的人后悔没有更早地调查自己喜欢的工作或企业，还有 29% 的学生后悔没有选择适合自己的专业课程。

政府提出了"大众创业，万众创新"的口号，创业成为高校毕业生的关注热点。但是，根据 2015 年教育部哲学社会科学发展报告项目《中国大学生就业创业发展报告》，2015 届全国普通本科专科高校毕业生人数约为 680.9 万人，其中约有 20.4 万人选择了创业，创业率约为 2.86%。而 2016 年中国高校的毕业生人数又创出新高，达到 765 万人，但是根据调查数据，2016 年大学生创业的意愿比 2015 年有所下降。据不完全统计，大学生创业一年的存活率只有 4.6%，而成功率则更低。根据《2015 年中国大学生就业报告》数据，毕业半年后自主创业的应届本科毕业生，3 年后有超过半数的人退出创业，甚至有数据指出，即使在浙江等创业环境较好的省份，大学生创业成功率也只有

5% 左右。所以，创业变得更为理性。由此，就业依旧是绝大多数高校毕业生的主要选择。

与此同时，同处于儒家文化圈的韩国，情况与中国有所不同。在韩国，每一个学生都至少有一次休学经历，在休学期间，有些学生会用来思考自己真正喜欢的职业和未来的发展，有的学生会通过打工或社会实践来积累经验，有的学生则会用来考取资格证或为留学做准备，还有的学生会利用这段时间周游世界或者选择打工旅行（working holiday）来边工作边旅游。

根据韩国统计厅 2015 年 5 月的经济活动人口调查数据，韩国专科大学（包含 3 年以下）毕业学生的休学率是 40.3%，4 年制大学毕业学生的平均休学时间是 2 年 3.5 个月（男生为 2 年 7.4 个月，女生为 1 年 4.4 个月）。此外，在学和休学期间体验过职场生活的青年层比例是 41.6%，女生（41.9%）比男生（41.3%）的比例稍高。主要的职场体验形式中，兼职占 68.3%，全职占 20.8%. 对已经大学毕业的青年层进行的休学调查显示，男性大学生除了义务服兵役（97.7%），主要是以挣取学费或生活费（9.6%）和就业及资格证考试的准备（9.3%）为主，以及海外语学研修和实习（6.9%）；女大学生则以就业准备及资格证考试为主（51.2%），然后是海外语言研修和实习（34.9%），以及通过兼职赚取学费或生活费（23.4%）。

中国属于儒家文化圈，推崇顺从长辈和孝道文化，虽然有积极的一面，但是也伴随着不少的副作用，最大的负面影响是导致青少年缺少对自我的认识，大多时候要听从长辈的安排指示，尤其是 20 世纪 80 年代开始的独生子女政策，更加使得中国的"80 后""90 后"长期处于长辈们的保护和宠爱之下，凡事都无须操心，长辈会帮忙安排好一切。一些研究指出，中国大学生的成熟度平均比美国同龄人要低 3.5 年左右，主要的原因被认为与儒家文化和中国父母的教育方式有关。而成熟度跟领导力又高度相关，没有成熟度就无法拥有领导力。而这些因素又与个人未来的职业发展紧密相连。

同时，改革开放 30 多年以来，中国经济持续快速发展，社会文化多元化，社会发展与国际接轨等，当今"80 后""90 后"的高校学生，正是在这样的新时代背景下出生和成长起来的，其社会认知、心理成长和价值观念等各方面都受到这个特殊时代的直接影响，体验着经济发展带来的富裕，在多元价值与多元文化中感受自我和认识事物，他们所体现的社会角色状态应该与高校学生身份有机结合（陶淑慧，2016）。

所以，高校学生自我意识的觉醒，社会心理成熟度的提高，对他们自身、周围环境、社会的认识，以及今后的职业成熟度都有着积极的作用。本研究正是基于以上的现象，对目前中国高校学生的心理及行为状态进行调查分析研究和初步的了解，找出其中存在的问题，以便学生个人和高校方面做出更好的调整和应对措施。

二、理论背景

（一）自我意识

几千年前，古希腊奥林匹斯山上的德尔斐神殿里有一块石碑，上面写着"认识你自己"。苏格拉底将其作为自己哲学原则的宣言。这可以理解为古人对个人自我意识觉醒的一种早期说法。

心理学家弗洛伊德认为，在整个人格结构之中，最核心的部分是自我意识。1890 年，美国心理学家、哲学家詹姆斯在其著作《心理学原理》中，首次提出了自我意识这一概念。自此，西方学者们对自我意识的研究一直不曾间断，而中国对自我意识的研究起步较晚，直到 20 世纪 80 年代才开始进入正轨。

自我意识这一概念的含义较广，一般概括认为是个人对自己、自己和他人，以及社会关系的认识与评价。它主要包含了三种心理成分，分别为自我认识、自我体验和自我调节。在对自我意识的研究中，问题主要涉及一些性格特征的测量，最多的是关于个人反思、自我调节和社会需求（Turner et al.，1978）。自我意识的发展完善与否直接影响着个人的心理健康水平。美国心理学家罗杰斯认为，所有的心理疾病都源自自我概念不协调，其中很重要的一个方面就是自我意识的问题。

在芬尼格斯坦（Fenigstein）（1975）等学者的研究基础之上，自我投射倾向具有两种心理区分，分别为内在自我意识和公众自我意识。内在自我意识是指对自身的内在情感、想法和心理感觉的意识，而公众自我意识是指个人对在他人面前表现的意识。根据格兰特（Grant）（2002）等人的研究，内在自我意识及它的两个下属要素——反省和对自身内在状态的醒悟，是自我调节过程的关键因素，能够引起个人行动的改变和工作成绩的提升（Grant et al.，2002）。

个人的行为与意识之间有着诸多的联系。首先是个人是否对自身的行为有明确的认识。其次是个人能否对自身有一个清晰明确的判断。这些问题主要与自我意识相关联，因为个人行为是人与人之间沟通交流的主要渠道，所以决定个人行动的自我意识，让我们得以区分自身与他人之间的不同（Georgieff，Jeannerod，1998）。

自我意识是个体在行动上自我调节的一个组成要素（Carver，Scheier，1981）。特别是，当一个人的注意力放在自身内部时，个人会对自身和社会规范具有更多的意识，这样有助于增加对成绩上的情感影响，以及行动上的改变（Beck，Prentice-Dunn，1991；Prentice-Dunn，Rogers，1989）。

那些拥有较高的内在自我意识的人，在面对社会需求时会更具主动性和独立性（Buss，1980；Carver，Scheier，1985；Fenigstein，1987）。研究表明，内在自我意识高的人不易受到集体压力的影响（Froming，Carver，1981；Scheier，1980），并且认为个人的自我认同感比社会上的观点更加重要（Cheek，Briggs，1982），在行动上与自身认同的观点保持一致（Scheier，Buss，1978）。

此外，有研究显示，内在自我意识高的人在社会交往过程中表现得更加真实可靠，例如他们会表达出一个完全透彻的自我形象，以及真实的个人特点。所以，个人的内在自我意识与人际交往行为中的可靠性、真实性和富于表现力等方面相关（Buss，1980）。

而关于公众自我意识，它主要与合作、依赖方面的自我形象有关，这类个体会倾向于按规章制度做事。相比而言，具有较高的内在自我意识的个体会倾向于保持独立自主，而较高的公众自我意识的个体则会选择成为一个团队合作成员（Chlenker，Weigold，1990）。

心理学研究显示，个体的自我意识在大学时期迅速发展并逐渐成熟。大学生的自我意识形成和发展不是天生的，它是由自身的个性逐渐发展到社会化的结果。大学阶段是自我意识迅速发展的关键时期，同时又是最容易出现困惑的时期。

大学阶段是一个人从青年到成年的过渡时期，在这一阶段，大学生的个人理想、目标和社会责任感将逐步确立，并且一个人的自我意识发展将趋于完善。与以往相比，他们的自我意识变得更加自主和独立，开始以成年人的角度来看待事物。但另一方面，由于传统文化的影响，以及经济上的不够独立，在心理上依旧存在着较强的依赖性，所以，他们正经历着一个矛盾、分化、抗争和妥协的过程。

大学生的心理健康主要包括三个方面：学业成就、人际关系和自我意识。首先，儒家社会一直都有重视教育的传统，所以读书、学业上有所成就自然是重中之重；其次，中国社会又可以称为关系的社会，关系无处不在，如何处理好人际关系也是一门必修课。所以，以往的研究在这两方面的关注度比较高，而对自我意识方面的研究相对较少。而学业成就，主要包括环境适应、自我认可程度、学习成就、职业认识与规划、能力发展、人格成熟、行为表现等方面，本研究主要从大学生的职业认识规划和人格成熟（心理成熟度）两方面来进行研究。

根据休珀（Super）（1953）的观点，职业的选择其实就是个人自我意识的延伸，或者更确切地说，是个人的感觉在现实世界中的实现。个人意识的觉醒代表着个人把自己的行为和自身的日常生活联系起来的程度，它包括对自身行为在过去和现在关系的复杂结构中的察觉和明确表达的能力（Levitt，Selman，1993，1996）。

大学阶段是个人自我意识急剧增长、迅速发展和趋于完善的重要时期，探明大学生自我意识发展过程中存在的问题，寻求合适的培养途径，有助于更有效地造就具有健康人格的合格人才，对于大学生成长成才具有十分重要的意义。

在国内就业情况严峻的形势下，高校学生们的危机意识也会随之加重，特别是当自我意识觉醒后，个人会对自身考虑的比较多，对于今后毕业的就业去向会提前有所准备，根据对自身的定位，有针对性地选择好就业方向，合理地评价自己，从整体上把握自己、对待自己，这样有利于高校学生找到适合自己的切实可行的人生目标，提前做好职业规划。为此，我们提出以下假设：

假设1：内在自我意识会对社会心理成熟度产生正（＋）的影响。

假设2：公众自我意识会对社会心理成熟度产生正（＋）的影响。

（二）职业成熟度

学者休珀（1953）最初于 1953 年提出了职业成熟度这一概念，指出了在职业发展的连续性上的理论切入点。职业成熟度可以被定义为个人做出适当的职业选择的能力，包括个人对作出职业决策所需要的意识，以及个人职业选择的现实性和一致性的程度（Crites，1978；King，1989；Ohler，Levinson，Hays，1996）。此外，职业成熟度也可以被定义为个人运用必要的知识和技能来做出明智的合理的职业选择的程度，体现了一个人对做出明智的、适合现阶段的职业决策和处理适当的职业发展任务的准备程度（Luzzo，1993a；Savickas，1984）。

其他学者对职业成熟度也有类似的定义，指个人的能力，以及做出合适的职业选择的准备情况，它包括自身意识到需要做出什么样职业选择，以及做出的职业选择在时间上的现实性和一致性（Levinson，Ohler，Caswell，Kiewra，1998）。

自 1955 年起，职业成熟度开始成为很多研究的主要课题（Super，1955；Super，Overstreet，1960；Thompson，Lindeman，1984），发展至今，职业成熟度已经是一个很成熟的概念，并且成为很多学校的职业教育项目的重点（Herr，Cramer，1984），也是很多行业、商业机构和政府机关的职业发展项目的培训重点（Hall，1986）。

休珀（1957）认为，个人的职业发展是一个终身的过程，并且会呈现出阶段性的特点，在不同的发展阶段会有不同的发展目标和任务，对该阶段目标的完成程度，才是职业成熟度的体现，这些任务都与个人的职业选择内容和职业选择过程有关（Crites，1965，1978），一般可以分为 5 个阶段，分别为：计划、探索、信息收集、决策制定及现实取向（Super，1983）。

心理学家克里茨（1965，1971）提出，职业成熟度的模式包括两个层次：情感和认知。它与个人对自身的实际评估、环境经历、家庭亲密度及一些个人特征（智力、控制点和自尊心）相关（Bernardelli，De Stefano，Dumont，1983；King，1989；Ohler，Levinson，Sanders，1995）。

休珀（1953）提出的关于职业成熟度的最初理论，将研究重点放在了自我意识方面。之后的许多学者也着重围绕着这一因素进行了研究（Oppenheimer，1966；Soares，Soares，1966；Korman，1966；Healy，1968；Greenhaus，1971；Lefebure，1971）。

同时，休珀认为一些心理学上的因素，主要是自我意识和智力因素，同时也包括一些社会学上的因素，影响着个人职业发展的过程。研究也证实，很多心理学和社会学的因素影响个人的职业成熟度（O'Hara，Tiedeman，1959；Super，Overstreet，1960；Crites，1965；Gibbons，Lohnes，1969）。特别是，文化和环境对职业成熟度的影响已经被很多学者进行了研究（Schmitt-Rodermund，Silbereisen，1998；Vondracek，Reitzle，1998）。

心理学家克里茨建立的关于职业成熟度的模型主要包括两大因素：职业选择的能力和职业选择的态度。这两大因素已经经过克里茨（1978）的职业成熟度测量表（career maturity inventory）进行了测定，一是针对个人利用信息和技巧做出职业选择的能力评估，二是在职业成熟的态度测定方面，主要指在职业决策的制定、投入度、独立自主性、妥协性和果断性等方面的倾向。

许多研究已经清楚地证实，职业成熟度是职业发展的一个重要指标。在大学生的职业发展研究中，职业成熟度是最被广泛研究的方面之一。职业成熟度的重要性对于男女大学生而言，突出表现在与职业发展相关的个人性格特征上。特别是，职业成熟度与学业上的成就（Healy et al.，1985），自尊心（Khan，Alvi，1983），职业自我效能感（Luzzo，1993b），以及其他的职业发展能力有着积极的关系（Gasper，Omvig，1976）。为此，我们提出以下假设：

假设 3：社会心理成熟度会对职业成熟度产生正（＋）的影响。

（三）社会心理成熟度的中介效果的相关研究

社会心理成熟的标准包括了对自身、对他人及对工作的积极态度的成长，同时也包括个人价值观的行为引导系统的成长（Greenberger，Sørensen，1974）。

社会心理成熟的个人会对自身的行为负责，能够主动地运用自身的资源，对自身也有一个清晰的认同感。他们能够抑制自身的冲动和具有攻击性的行为，能够采纳接受多样的社会观点（Steinberg，Cauffman，1996）。

虽然各国各地区在文化上有所不同，但是在对个人成熟观点上的认识还是比较一致的，例如，个人必须发展对自身和他人的认识态度、行为动机，以及明白自身在家庭中的位置和社会的工作体系（Greenberger，Sørensen，1974）。

大学期间是个人社会心理成熟发展的重要阶段，到成人期时，社会心理成熟度的发展到达高峰，这时的个人应能够独立活动，能与他人友好和谐地相处，对社会凝聚力也有一定的促进作用。所以，成熟的个体也被认为是对整个社会有价值的（Greenberger，Sorensen，1974）。

对于大部分青少年而言，大学是人生重要的转换期，不仅意味着基本脱离家庭的环境，更重要的是，他们将要面对各种重要的挑战，如建立起新的社会交际圈，应对学业上更严格的要求和期望（Berzonsky，Kuk，2005）。而社会心理成熟度与个人在学业上的成功有着显著的联系（Greenberger，1982）。

本研究对社会心理成熟度的测量，主要由三方面组成，分别为自主性、工作导向和自我认同。根据美国心理学家德西和里安等人提出的自我决定理论（self-determination theory），个人对自由性和自主性的需求是普遍存在的，并且能够促进自身形成良好的心理状态（Deci，Ryan，1985）。个人心理上的自主性既被认为与青年人的社会心理成熟度有关，也被认为是它的前提要素（Steinberg et al.，1989）。而认识自己、自我意识的觉醒是个人心理自主性产生的根本原因。

此外，自我认同感，也称自我同一性，是关于个人对自我的能力、爱好、性格特点、交友方式、职业发展、理想等问题的一个全面、清醒的认识。自我认同与个人的自我意识有关，主要是指对自己的一种稳定的认识，知道自己是谁，以及知道自己的发展方向（Erikson，1968）。这样一种稳定的自我认同感，主要是基于各种有利的发展条件或者优势，包括能力、目标和诚信（Chickering，Reisser，1993；Erikson，1968）。同时，个体的心理成熟度通常与人格的发展保持着一定的一致性，根据心理学家埃里克森的研究，自我认同感的形成过程就是人格形成的过程，从某种程度上来说，自我认同感的良好发展也是心理成熟的表现（陈薇怡，2009）。

根据休珀（1990）的研究，除了年龄和年级外，影响职业成熟度的关键是社会心理因素。大学阶段是进入职场、正式踏入成人世界的过渡期。在这一阶段，大学生的社会心理成熟度的发展，和他们现在学业上的成就、今后进入成人世界的调整能力、关系的处理、社会行为、自主性、行为决策制订等的表现，都有着紧密的联系。此外，从社会学角度而言，社会的运行是通过角色的不同转变和分配来进行的，作为心理成熟的个体，必须学会如何扮演这些角色。一般来说，个人的角色表现包括对自身和他人的态度的学习，以及与自身角色相关的技能的学习（Greenberger，Sørensen，

1974）。所以，社会心理成熟度的发展，不仅对个人的职业发展具有帮助，而且对整个社会的和谐稳定发展也有着积极的作用。为此，我们提出以下假设：

假设 4：社会心理成熟度在内在自我意识和职业成熟度之间具有中介效果的作用。

假设 5：社会心理成熟度在公众自我意识和职业成熟度之间具有中介效果的作用。

（四）职业决策自我效能感的调节效果的相关研究

职业决策自我效能感的研究一般认为是从 20 世纪 80 年代的美国开始兴起，贝茨（Betz）和泰勒（1983）从社会学习和认知行为理论出发，依据班杜拉的自我效能结构，提出职业决策自我效能感的概念。

研究显示，在东西方不同文化的背景下，青少年对职业决策的态度上存在着明显的差异。西方文化比较鼓励个人职业选择和目标实现上的自主性（Monceau，2008），注重自身个性的发展和兴趣的培养（Preteur, Louvet-Schmauss，1991）。基于西方社会的职业理论和研究，学校及职业顾问会通过一些创新实践的方法，鼓励学生对兴趣的探索和职业目标的开发（Guichard，1987）。相反，东方文化更注重发展一定的技能或者认知能力（即知识能力的获得）。

亚洲文化注重青少年的家庭责任和学业上的成就，从而能够为家族带来荣耀（Chao，1994）。传统的亚洲家庭则更加认同集体主义、互相依存、听从长辈、情感自制和谦虚等观念（Choi, Kim, Kim, Park, 2013），虽然有积极的一面，但也使得中国的青少年，在进入大学之前，较少有意识去思考自己，来探索自己未来的职业兴趣，很多就算进了大学，也依旧只是高中的延续，对自己的定位和未来的职业规划模糊不清。相反，西方文化比较强调个人的独立性、自尊及个人的成长（Chao，Tseng，2002），父母不过于干涉子女的个人世界，这有利于个人及时地发现自己的兴趣和特长，从而为自己将来的职业选择提前做好准备。

尽管职业成熟、职业决策自我效能感和职业决策的困难度之间的关系并不是显而易见的，但是在理论上还是相关的，例如，个人依靠对自身能力的自信，从而做出最佳的职业选择，这是职业成熟度的一个组成要素，如果缺乏职业成熟度的话，则会导致工作上的困难（Sovet，Metz，2014）。在韩国，学业上的成就被认为是最重要的文化价值观之一，同时也被看作未来职业发展的途径（Shin，1986）。

学者曼奇科普洛斯（Mantzicopoulos）和黄（Hwang）（1998）曾对美国和韩国青少年的职业决策自我效能感方面进行了对比调查研究，发现美国青少年在自主意识（独立性或自我依靠）、工作导向、自我认同，以及对职业成熟的认识方面的得分，普遍高于韩国青少年。

但是，自从1997年的亚洲金融风暴以后，韩国大学里的休学文化开始兴起。2000年以后，韩国大学生的休学率开始升高，对休学的关心程度逐渐增加（김현동，2013）。而休学的主要目的是兼职工作赚钱，积累工作经验，同时找到自己的兴趣点，或是考取相关的职业资格证，提前为今后的职场生活做好准备。

同处于儒家文化圈的中国，有着相似的文化价值观，也同样重视教育和个人学业上的成就，但是高校学生对职业规划的意识不够，不注重社会实践，使得高校学生的个体社会化程度不足，导致学生走出高校后与社会脱节，不利于其未来的职业发展。这使得校园到职场的距离逐渐成为高校学生的知识转化为工作能力的最大障碍，即如果高校学生的个体社会化没有很好地完成，就会对社会职场不适应，容易出现心理问题及行为阻碍（伊剑等，2015）。为此，我们提出了以下假设：

假设6：职业决策自我效能感在社会心理成熟度和职业成熟度之间起到了调节作用。

根据以上的理论依据以及提出的假设，本研究的研究模型见图5.6。

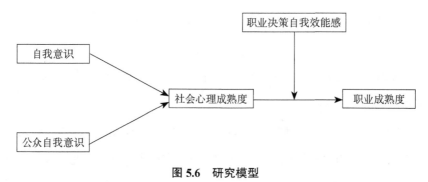

图5.6 研究模型

三、研究方法

（一）样本的选定

本研究为了验证提出的模型和假设，选取了中国不同地域，即北京、广东、浙江、江苏、安徽、武汉的六所高校和韩国大田一所高校的中国学生为调查对象，进行了问卷的收集。调查采用网上问卷收集的方式，历时大约1个月，一共收集了225份，去掉无效的问卷后，最终用于数据分析的有效问卷为220份。

调查对象的性别为男性67人（30.5%），女性153人（69.5%），独生子女为88人，非独生子女为132人，年龄小于20岁的为30人，20~24岁的为

169 人，大于 24 岁的为 21 人，大一到大四的人数分别为 33 人、104 人、15 人、21 人，其中，文科类有 174 人，理工科类有 46 人，来自城市的有 105 人，城镇乡村的有 115 人。

（二）变量的测定

自我意识。为了测定自我意识，我们采用了谢尔（Scheier）和卡威尔（Carver）（1985）开发的量表，此测量工具又可区分为内在自我意识和公众自我意识两个方面，选取了其中 9 个问项。关于内在自我意识问项的例子有：我对自身想得比较多；我很关心自己的内在感受。关于公众自我意识问项的例子有"我很在意自己在别人面前是如何表现的""我关心他人看我的方式"。问项采用李克特五点量表法，Cronbach's α=0.88（自我意识），0.85（内在自我意识），0.81（公众自我意识）。

社会心理成熟度。为了测定社会心理成熟度，我们采用了格林伯格（Greenberger）等（1975）开发的量表，选取了其中 7 个问项。例子有"经常有人告诉我该做什么""如果有更有趣的事情发生，我通常会停下手头的事去关注"。问卷采用李克特五点量表法，Cronbach's α=0.80。

职业成熟度。为了测定职业成熟度，我们采用了萨维卡斯（Savickas）和波菲利（Porfeli）（2011）开发的量表，选取了其中 7 个问项，例子有"我经常会幻想自己会成为什么，但是实际上我并没有想好要选择什么职业""未来充满了未知数，所以我觉得早早地决定从事什么样的工作是没有太大意义的"。问卷采用李克特五点量表法，Cronbach's α=0.83。

职业决策自我效能感。为了测定职业决策自我效能感，我们采用了南（Nam）（2011）等人开发的量表，选用了其中 8 个问项，例子有"我能够想清楚一个职业对自己而言最重要的是什么""我能够弄清楚自己该不该准备去付出些什么，从而达到我的职业目标"。问卷采用李克特五点量表法，Cronbach's α=0.87。

控制变量。本研究中，我们将调查对象的性别、年龄、年级、专业这几个可能对结果有影响的变量设定为控制变量。

（三）数据的分析方法

为了进行数据统计分析，本研究采用了 SPSS 22.0 统计分析软件，同时，为了验证研究模型的适配度，我们使用了 Amos 22.0 来进行验证性因子分析。此外，为了验证研究的假设，采用了 SPSS22.0 中的层级回归分析（hierarchical regression analysis），并且在回归分析之前，所有变量都事先进行了平均中心化（mean-centering）计算。

四、数据分析和结果

（一）描述性统计及皮尔森相关性分析

本研究中变量的平均值、标准偏差及变量间的相关系数见表 5.15。从表中可以看到，独立变量内在自我意识、公众自我意识与中介变量社会心理成熟度成负的相关关系（$r = -0.21$，$P<0.001$；$r = -0.30$，$P<0.001$），与从属变量职业成熟度也成负的相关关系（$r = -0.23$，$P<0.001$；$r = -0.36$，$P<0.001$）。社会心理成熟度与职业成熟度呈现正的相关关系（$r = 0.55$，$P<0.001$）。职业成熟度与职业决策的自我效能感之间看不出显著的相关关系。

表 5.15　描述性统计和相关性分析

变量	M	SD	性别	年龄	年级	专业	自我意识	公众意识	社会心理成熟度	职业成熟度	职业决策自我效能感
性别	−	−	−								
年龄	5.42	1.85	−0.11	1							
年级	2.77	1.44	−0.14*	0.75**	1						
专业	1.21	0.41	−0.39*	0.17**	0.21**	1					
自我意识	3.74	0.70	0.04	0.12	0.20**	−0.02	1				
公众意识	3.67	0.71	0.08	0.11	0.11	−0.05	0.64**	1			
社会心理成熟度	2.93	0.63	0.05	−0.12	−0.04	−0.03	−0.21**	−0.30**	1		
职业成熟度	2.70	0.66	0.01	−0.01	0.07	0.03	−0.23**	−0.36**	0.55**	1	
职业决策自我效能感	3.67	0.58	−0.03	0.09	0.12	−0.07	0.57**	0.40**	−0.18**	−0.09	1

*$P<0.05$，**$P<0.01$，***$P<0.001$。

（二）研究模型的适配度验证

在数据分析之前，我们对研究模型的适配度进行了验证分析。我们采用了安德森和格宾（1988）所推荐的验证性因子分析。

在表 5.16 中可以看到通过验证性因子分析所得到的模型适配度指数。

表 5.16　验证性因子分析

区分	χ^2	df	P	CFI	TLI	RMR	RMSEA
模型	652.325	424	0.000	0.917	0.909	0.050	0.050

由表 5.16 可见，研究模型的适配度系数为 χ^2=652.325，CFI=0.917，TLI=0.909，RMR=0.050，RMSEA=0.050。在这些适配度指数中，最基本的 χ^2 的 P 值要满足大于基准值 0.05 的条件，但实际上，χ^2 的 P 值容易受到样本大小的影响，很难达到 0.05 以上，所以 χ^2 并不是主要的参考指标。参考指标主

要以 RMSEA、RMR、CFI 和 TLI 为主，根据胡和本特勒（1999）的判定标准（CFI>0.09；TFI>0.09；RMR<0.10；RMSEA<0.08），本研究中，CFI=0.917，TFI=0.909，RMR=0.050，RMSEA=0.050，都达到了判定标准，所以我们认为本研究模型的适配度达到了可接受的标准。

（三）层级回归分析结果

1. 社会心理成熟度的中介效果检验

一般的中介效果验证都会采用巴伦和肯尼（1986）开发的 3 步骤或用 Sobel 检验的验证方法。但 Sobel 检验适合在样本数特别大的情况下使用，一般达到上千以上。所以本研究采用了巴伦和肯尼（1986）开发的 3 步骤中介效果验证方法。利用 SPSS22 统计软件得到的结果见表 5.17。

表 5.17　社会心理成熟度的中介效果的检验

变量	PM			CM	
	模型 1	模型 2	模型 3	模型 4	模型 5
性别	0.06	0.08	0.09	0	0.02
年龄	−0.06	−0.07*	−0.06	−0.02	−0.01
年级	0.05	0.07	0.06	0.07	0.06
专业	0	−0.01	−0.02	0.03	0.02
内在自我意识		−0.20***		−0.13*	
公众自我意识			−0.26***		−0.21***
自我意识，社会心理成熟度				0.56***	
公众自我意识，社会心理成熟度					0.52***
R^2	0.02	0.07**	0.11***	0.33***	0.30***
调整后的 R^2	−0.003	0.04**	0.08***	0.31***	0.28***
ΔR^2	0.02	0.05**	0.09***	0.26***	0.17***
F	0.87	10.73**	20.92***	81.98***	51.15***

*$P<0.05$，**$P<0.01$，***$P<0.001$。

由表 5.17 可见，第一阶段在模型 1 中先投入控制变量（性别、年龄、年级、专业），第二阶段在模型 2 和模型 3 中把独立变量内在自我意识和公众自我意识分别投入，最后第三阶段在模型 4 和模型 5 中把中介变量社会心理成熟度投入，通过以上步骤检验社会心理成熟度的中介效果。

根据层级回归分析的结果，从模型 2 和模型 3 中可以看出，在对性别、年龄等进行控制后，内在自我意识对社会心理成熟度产生了负的影响（$r = -0.20$，$P<0.001$），公众自我意识对社会心理成熟度也产生了负的影响（$r = -0.26$，$P<0.001$）。所以，根据分析结果，假设 1 和 2 不成立。此外，虽然研究中没有设立假设，但可以从分析中发现，内在自我意识和公众自我意识都对职业成熟度产生了较弱的负的影响（$r = -0.13$，$P<0.05$；$r = -0.21$，$P<0.001$）。

然后，在模型 4 和模型 5 中，当把独立变量内在自我意识和中介变量社会心理成熟度，以及独立变量公众自我意识和中介变量社会心理成熟度同时投入时，都对从属变量职业成熟度产生了显著的正的影响（$r = 0.56$，$P<0.001$；$r = 0.52$，$P<0.001$），并且都是部分中介效果（最后阶段中独立变量依旧对从属变量产生了显著的影响）。所以，根据分析结果，社会心理成熟度都具有中介效果，假设 4 和假设 5 都成立。

2. 职业决策自我效能感的调节效果的检验

对职业决策自我效能感的调节效果的检验，我们采用了统计软件 SPSS22 进行了分析。分析结果见表 5.18。

由表 5.18 可见，第一阶段在模型 1 中先投入控制变量（性别、年龄、年级、专业），第二阶段把变量社会心理成熟度和职业决策自我效能感投入，最后第三阶段把社会心理成熟度和调节变量的相互作用项投入，通过以上步骤检验职业决策自我效能感的调节效果。

表 5.18 职业决策自我效能感的调节效果的检验

变量	CM		
	模型 1	模型 2	模型 3
性别	0.03	−0.004	−0.004
年龄	−0.05	−0.01	−0.013
年级	0.08	0.05	0.05
专业	0.04	0.04	0.04
社会心理成熟度		0.59***	0.59***
社会心理成熟度,职业决策自我效能感		0.003	0.001
交互项			0.02
R^2	0.02	0.317	0.317
调整后的 R^2	−0.008	0.294	0.291
△ R^2	0.02	0.30***	0
F	0.637	46.84***	0.04

*$P<0.05$, **$P<0.01$, ***$P<0.001$。

根据层级回归分析的结果,从模型 2 中可以看出,在对性别、年龄等进行控制后,社会心理成熟度对职业成熟度产生了正的影响($r = 0.59$,$P<0.001$)。所以,根据分析结果,假设 3 成立。然后,在模型 3 中,第三阶段的相互作用项对从属变量职业成熟度的方差没有显著的影响($\Delta R^2 = 0$,$r = 0.02$,$P>0.05$),即职业决策自我效能感在社会心理成熟度和职业成熟度之间没有调节效果。所以,根据分析结果,假设 6 不成立。

五、结论

(一)研究结果总结及启示点

在本研究中,我们将高校学生的自我意识分成内在自我意识和公众自我意识，并将社会心理成熟度作为中介变量，研究自我意识和职业成熟度之间的关系。此外，在社会心理成熟度和职业成熟度之间，放入职业决策的自我效能感作为调节变量，验证是否存在调节效果。

研究结果显示，首先，个人的自我意识（内在自我意识和公众自我意识）都没有对社会心理成熟度有促进作用，包括对职业成熟度；其次，个人的社会心理成熟度对职业成熟度有促进的作用；再次，个人的社会心理成熟度在自我意识和职业成熟度之间起到了中介效果的作用；最后，职业决策自我效能感在社会心理成熟度和职业成熟度之间没有起到调节效果的作用。

以上的研究结果，有几点的确出人意料。一般来说，参考以往的研究分析，个人的自我意识强的话，会对自身思考得比较多，对自身会有一个比较全面的了解，具备相对成熟的心理状态，能够明确地定位自己，知道自己的目标，提前对自己的未来做好打算。换句而言，个人自我意识应与社会心理成熟度呈现出一种正比的趋势。但是，根据本研究的结果，个人自我意识的增强（不论是内在自我意识还是公众自我意识），并没有对中国高校学生的社会心理成熟度以及职业成熟度产生促进作用，反而呈现负的影响，这与以往的研究结果相反。同时，职业决策自我效能感也并没有在社会心理成熟度和职业成熟度之间有显著的调节作用，这都与设想的结果不同。

因此，从本研究可以看出，中国高校学生在自我意识和社会心理成熟度之间的关系还需要进一步研究。特别是中国高校学生的社会心理成熟度和职业成熟度方面，根据统计结果，相对于自我意识，社会心理成熟度和职业成熟度的得分普遍偏低，导致本研究最终的结果与已有的理论研究产生了分歧。有研究指出，当今许多中国高校学生的社会心理成熟度与自身的社会角色不相匹配，角色心理与角色能力分离，且高校学生群体内部的社会心理成熟度和社会认知能力差异较大（陶淑慧，2016）。在求职阶段，高校学生要面临从学生转化为职业人，在社会角色上有着重大的改变，若是个人自身的心理行为与外界不符，就会出现许多心理问题（伊剑等，2015）。

同时，也值得研究者思考的是，虽然自我意识的得分相对较高，从表层来看，当代中国高校学生的认知能力是较高的，但是实际上他们的思想和行为存在一定差距，有角色失当和价值冲突的问题。这对他们的思想层面、价值目标和认识与社会目标信念等都会产生影响，而这些东西在客观上是与高校学生应有的社会心理角色和社会成熟度存在一定差异。所以，综上所述，当代中国高校学生的自我意识是否是真正地觉醒，是否是真正地了解自己，而不只是停留在表层的、肤浅的认识，还有待我们更加深入地调查研究。

同时，目前我们的研究主要基于西方的理论和文化，如上文所述，中国是东方儒家社会，是典型的集体主义社会，存在一定等级秩序观念，与西方崇尚个人主义、自由平等的价值观有着明显的区别。所以，中国人更加在乎自己在他人面前的言行举止，外界的因素容易对自身的思考、选择和行动等产生较大的影响，导致高校学生虽有一定的自我意识，但受中庸思想、集体主义意识等的影响，依旧处于一种被动、被庇护的状态，致使其不能快速走向成人世界。

特别是，对于社会心理成熟度和职业成熟度的提高，不能只停留于学校、课堂和书本，人是社会属性的动物，心智的成熟与社会的接触和融入程度有着重要的关联。所以，理论知识的学习固然重要，社会实践也是必不可少。夏宏文（2005）认为，大学生的成熟度主要包括学习成熟度、工作成熟度和心理成熟度三个方面，而这三个成熟度都与社会有着直接或间接的联系，特别在对心理成熟度定义上，是指大学生通过内化社会经营、规范和习惯，形成能从事成人生活所应具备的心理素质的意愿和持久程度。而儒家社会自古以来重文的社会风气，使得父母、老师，包括自己，更加偏重于学业上的成功。

同时也由于长期以来的教育导向的弊端，很多大学生普遍缺乏一定的生活自理能力和个体独立的心理准备，仍表现出较大的心理依赖性。而真正在大学阶段便开始走向社会、接触社会的氛围还没有全面形成，导致中国的高校学生虽然懂得很多知识道理，却没有真正意义上地成为一个成熟的社会人。

以上的种种现象，也是导致如今很多毕业生频繁跳槽的原因所在，因为没有定位好自己，没有对自己的职业兴趣有个清晰明确的了解。特别是心理方面还没有完全从学生的身份转变成职场人的身份，这是心理不成熟和职业成熟度缺乏的表现。同时，这也给企业带来了很多不利影响，一是给企业管理人员方面造成了不小压力，企业需要投入更多的精力和时间去考虑照顾新入职员的情绪。二是新入职员的频繁离职、跳槽，给企业造成了很多时间、金钱、精力等资源上的浪费，让很多企业对培养新入大学毕业生产生一种消极、抵触的态度。

所以，根据以上研究分析的结果，建议中国高校实行一定的改革措施，不能一味地只注重学校内的教育，要多开展校外的实践活动，多让学生接触社会；平时要多开展职业教育讲座、职业培训课程。大学是一个人进入职场前的过渡阶段，要尽早地让高校学生产生一种职业意识，多鼓励他们利用课余时间或是假期，踏入社会，尝试去公司兼职等，在锻炼自己的同时，寻找自己的兴趣点，尽早地定位好自己未来的职业方向。

（二）研究的限制性及今后的研究方向

本研究主要是以中国高校学生为研究对象，调查了他们的自我意识、社会心理成熟度、职业成熟度和职业决策效能感之间的关系，根据研究结果，揭示了目前中国高校学生存在的一些问题，值得研究者注意。当然，在研究的过程中，还存在着以下的几点局限性。

第一，本研究是以自我报告型的方式来进行了问卷的收集，容易产生共同方法偏差，可能会对测量结果带来一定的误差。为了让研究更加的准确可靠，今后应尽量采用他人报告型的测量方式来进行问卷的收集。

第二，本研究的理论背景、测量尺度等基本都是依据西方的研究基础来进行的，是否真正适用于东方的文化体系，还有待进一步的研究验证。

第三，本研究虽然调查了广东、浙江、安徽、江苏、武汉、北京等地几所高校的学生，但研究范围并不能覆盖整个中国的高校学生，所以研究结果的一般化适用性还存在着一定的局限性，今后的研究尽可能地以更多其他省市的高校学生作为研究对象。

第四，地区、经济水平等的不同，学校整体水平之间的差异，也会对研究结果产生一定的影响。本研究虽然在不同的地区和学校之间进行了抽样调查，但是如要做单独比较分析的话，在调查对象的人数上，还需进一步增加，这样才能提高研究结果的可靠性和准确性。今后如想做对比研究，应尽可能增加样本的数量。

第五，本研究多次提到了同处于儒家文化圈的韩国，并对韩国高校学生的职业情况进行了简单的分析介绍，但是并没有进行数据的收集分析，希望在以后的研究中，能加入韩国高校的学生为研究对象，进行中韩两国高校学生间的对比分析研究。

参考文献

安德烈·施莱弗，罗伯特·维什尼，2004．掠夺之手——政府病及其治疗 [M]．北京：中信出版社：49-73.

宝贡敏，徐碧祥，2007. 国外企业声誉理论研究述评 [J]. 科研管理，28（3）：101.

蔡翔，马辉，2011. 基于数理演绎的员工沉默现象普遍性论证 [J]. 技术经济与管理研究（8）：33-36.

陈薇怡，2009."85 后"大学生心理成熟度，归因方式与人格的相关研究 [D]. 上海：华东师范大学．

马云志，1997. 儒商刍议 [J]. 西北师大学报（社会科学版），（5）：17-21，106-107.

贺莹，2015. 大数据时代下数字出版人才培养体系研究 [J]. 中国研究杂志：91-111.

刘畅，王垒，2012. 可怕的虐待式管理 [J]. 北大商业评论，（5）：80-85.

卢德之，2004. 论儒商精神及其现实价值 [J]. 湖湘论坛，（4）：17.

刘甲朋，2013. 论"儒商精神"的内涵及其形成发展 [J]. 吕梁学院学报，（6）.

卢小君，张国梁，2007. 工作动机对个人创新行为的影响研究 [J]. 软科学，（7）：124-127.

李秀娟，魏峰，2007. 组织公正和交易型领导对组织承诺的影响方式研究 [J]. 南开管理评论，（5）：82-88.

刘璞，井润田，刘煜，2008. 基于组织支持的组织公平与组织承诺关系的实证研究 [J]. 管理评论，（11）：18，33-37，65-66.

江君，2011. 大学生时间管理倾向与自我效能的相关研究 [J]. 中国健康心理学杂志，19（1）：104-106.

潘孝富，秦启文，张永红，等，2012. 组织心理所有权，基于组织的自尊对积极组织行为的影响 [J]. 心理科学，35（3）：718.

乔治，马努，2007. 大学生 KAB 创业基础 [M]. 北京：高等教育出版社.

陶淑慧，2016. 大学生心理成长的时代背景现状分析 [J]. 沈阳工程学院学报（社会科学版），12（1）：130-134.

苏方国，赵曙明，2005. 组织承诺、组织公民行为与离职倾向关系研究 [J]. 科学学与科学技术管理，26（8）：111-116.

宋利，古继宝，2005. 员工组织承诺的培育：心理契约与信任视角 [J]. 科技管理研究，（7）：38-41.

邵垒，2018. 基于分层分类及三个课堂融合视角的大学生企业家精神培育对策研究 [J]. 智库时代，（39）：232-235.

苏丽雅，2013. 领导—成员交换与员工组织公民行为的关系研究综述 [J]. 生产力研究，（11）：194-196.

王伟，2007. 导师队伍建设与研究生创新能力的培养 [J]. 黄冈师范学院学报，（4）：131-133.

王艳波，周波，2016. 财经类院校创新创业型人才培养模式研究 [J]. 公共管理，（11）：23.

王志成，封筠，韩仁洙，2016. 互联网加时代背景下：正式导师制度对中国员工个人创新行为的影响关系中：情感投入的调节效果及心理安全感中介效果的研究 [J]. 中国研究杂志，19（2）：133-144.

王志成，羊米林，康东伟，2017. 大学创业教育支持与导师制度对大学生创业意图影响关系中：自我效能感的中介效果研究 [J]. 中国研究杂志，20（3）：88.

夏宏文，2005. 论提高大学生成熟度的途径 [J]. 牡丹江师范学院学报（哲学社会科学版），（2）：61-63.

徐文明，2012. 内隐自尊与外显自尊关系的新认识 [J]. 心理学探新，32（4）：298.

杨国枢，余安邦，叶明华，1991. 中国人的心理与行为 [M]. 新北：桂冠图书股份有限公司.

伊剑，吴晓华，王红，2015. 大学生就业心理问题的社会心理学研究 [J]. 教育教学论坛，

（4）：40-41.

羊米林，韩仁洙，王志成，2015. 공식적 멘토링이 경력성공, 정서적 몰입과이직의도에 미치는 영향 : 심리적 안전감과 전통성의 [J]. 한국인적자원개발학회 ᅵ 인적자원개발연구 ᅵ, 18（1）: 115-137.

郑晓涛，柯江林，石金涛，等，2008. 中国背景下员工沉默的测量以及信任对其的影响 [J]. 心理学报，40（2）: 219-227.

赵宇凌，2017. 高校经管类专业创新创业教育理念及发展路径研究 [J]. 当代会计，（3）: 61-62.

张志杰，2011. 魅力型领导对团队绩效影响机制研究 [D]. 武汉 : 华中科技大学 .

Adler P S，Kwon S W，2002. Social capital : Prospects for a new concept [J]. Academy of management review，27（1）: 17-40.

Ahearne M，Mathieu J，Rapp A，2005. To empower or not to empower your sales force? An empirical examination of the influence of leadership empowerment behavior on customer satisfaction and performance [J]. Journal of Applied Psychology，90 : 945-955.

Ajzen I，1991. The Theory of Planned Behaviour [J]. Organizational Behaviour and Human Decision Processes，50 : 179-211.

Albiero P，Matricardi G，Speltri D，et al.，2009. The assessment of empathy in adolescence : A contribution to the Italian validation of the "Basic Empathy Scale" [J]. Journal of adolescence，32（2）: 393-408.

Allen N J，Meyer J P，1996. Affective，Continuance，and Normative Commitment to theOrganization : An Examination of Construct Validity [J]. Journal of vocational behavior，49（3），252-276.

Allen N J，Meyer J P，1990. The measurement and antecedents of affective，continuance and normative commitment to the organization [J]. Journal of occupational and organizational psychology，63（1）: 14.

Amabile T M，1983. The social psychology of creativity : A componential conceptualization [J]. Journal of personality and social psychology，45（2）: 357-376.

Amabile T M，Conti R，Coon H，et al.，1996. Assessing The Work EnvironmentFor Creativity [J].

Academey Of Management Journal, 39（5）: 1154-1184.

Amabile T M, Schatzel E A, Moneta G B, et al., 2004. Leader behaviors and the work environment for creativity : Perceived leader support [J]. The Leadership Quarterly, 15（1）: 5-32.

Anderson J C, Gerbing D W, 1988. Structural equation modeling in practice : A review and recommended two-step approach [J]. Psychological bulletin, 103（3）: 411-423.

Andersson L M, Bateman T S, 1997. Cynicism in the workplace : Some causes and effects. Journal of Organizational Behavior : The International Journal of Industrial [J]. Occupational and Organizational Psychology and Behavior, 18（5）: 449-469.

Anderson R E, 2008. Implications of the information and knowledge society for education [M]. International handbook of information technology in primary and secondary education.

Argote L, Ingram P, 2000. Knowledge transfer : A basis for competitive advantage in firms [J]. Organizational Behavior and Human Decision Processes : 150-169.

Arnold J A, Arad S, Rhoades J A, et al., 2000. The Empowering LeadershipQuestionnaire : The Construction and Validation of A New Scale for Measuring Leader Behaviors [J]. Journal of Organizational Behavior, 21 : 249-269.

Axtell C M, et al., 2000. Shopfloor innovation : Facilitating the suggestion and implementation of ideas [J]. Journal of occupational and organizational psychology, 73（3）: 265-285.

Bandura A, 1977. Self-efficacy : Toward a unifying theory of behavioral change [J]. Psychological Review : 191-215.

Bandura A, 1982. Self-efficacy mechanism in human agency [J]. American psychologist, 37（2）: 122-147.

Bandura A, 1999. Social cognitive theory : An agentic perspective [J]. Asian Journal of social psychology, 2（1）: 21-41.

Bandura A, 1977. Self-efficacy : Toward a unifying theory of behavioral change [J]. Psychological Review : 191-215.

Bandura A, 1977. Self-efficacy : toward a unifying theory of behavioral change [J]. Psychological review, 84 : 191-215.

Baron R M, Kenny D A, 1986. The moderator-mediator variable distinction in social psychological research : Conceptual, strategic, and statistical considerations [J]. Journal of personalityand social psychology, 51 (6) .

Bartels J, Pruyn A, De Jong M, et al., 2007. Multiple organizational identification levels and the impact of perceived external prestige and communication climate [J]. Journal of Organizational Behavior, 28 (2): 180.

Baron R M, Kenny D A, 1986. The moderator-mediator variable distinction in social psychological research : Conceptual, strategic, and statistical considerations [J]. Journal of personality and social psychology, 51 (6): 1173-1182.

Barron F, Harrington D M, 1981. Creativity, intelligence, and personality [J]. Annual review of psychology, 32 (1): 439-476.

Bartol K M, Srivastava A, 2002. Encouraging knowledge sharing : The role of organizational reward systems [J]. Journal of Leadership & Organizational Studies, 9 (1): 64-76.

Bass B M, 1985. Leadership and beyond expectations [M]. New York : Free Press.

Becker H S, 1960. Notes on the concept of commitment [J]. American journal Of Sociology, 66 : 32-42.

Bateman T S, Organ D W, 1983. Job satisfaction and the good soldier : The relationship betweenaffect and employee "citizenship" [J]. Academy of management Journal, 26 (4): 587-595.

Batson C D, 1990. How social an animal? The human capacity for caring [J]. American psychologist, 45 (3): 336.

Batson C D, Fultz J, Schoenrade P A, 1987. Distress and empathy : Two qualitatively distinct vicarious emotions with different motivational consequences [J]. Journal of personality, 55 (1): 19-39.

Bateman T S, Organ D W, 1983. Job satisfaction and the good soldier : The relationship between affect and employee citizenship [J]. Academy of management Journal, 26 (4): 590.

Baumeister R F, Campbell J D, Krueger J I, et al., 2003. Does high self-esteem cause better performance, interpersonal success, happiness, or healthier lifestyles? [J] Psychological science in the public interest, 4（1）：1-44.

Baumeister R F, Tice D M, 1985. Self-esteem and responses to success and failure：Subsequent performance and intrinsic motivation [J]. Journal of Personality, 53（3）：450-467.

Baron R M, Kenny D A, 1986. The moderator-mediator variable distinction in social psychological research：Conceptual, strategic, and statistical considerations [J]. Journal of Personality and Social Psychology：1173-1182.

Bateman T S, Organ D W, 1983. Job Satisfaction and The Good Soldier：The Relationship Between Affect and Employee Citizenship [J]. Academy of Management J ournal, 26（4）：587-595.

Beck B L, Prentice-Dunn S, 1991. "Too pooped to party"：The effects of outcome expectancy, self-awareness, and attribution on self-handicapping behaviors [J]. Proceedings and abstracts of the annual meeting of the Eastern Psychological Association.

Bedeian A G, 2007. Even if the Tower Is Ivory, It Isn't White：Understanding the Consequences of Faculty Cynicism [J]. Academy of Management Learning & Education, 6（1）：9-32.

Bennis W G, Townsend R, 1997. Reinventing Leadership：Strategies to Empower The Organization [M]. New York：Morrow/Avon.

Bergeron D M, 2007. The potential paradox of organizational citizenship behavior：Good citizens at what cost? [J]. Academy of Management Review, 32（4）：1078-1095.

Bernardelli A, De Stefano J, Dumont F, 1983. Occupational information-seeking as a function of perception of locus of control and other personality variables [J]. Canadian Counsellor, 17（2）：75-81.

Berry C M, Ones D S, Sackett P R, 2007. Interpersonal deviance, organizational deviance, and their common correlates：A review and meta-analysis [J]. Journal of Applied Psychology：92.

Berzonsky M D, Kuk L S, 2005. Identity style, psychosocial maturity, and academic performance [J]. Personality and individual differences, 39（1）.

Biggart N W, Hamilton G G, 1987. An institutional theory of leadership [J]. The Journal of applied behavioral science, 23（4）.

Bindl U K, Parker S K, Totterdell P G, et al., 2012. Fuel of the self-starter : How mood relates to proactive goal regulation [J]. Journal of Applied Psychology, 97（1）.

Bird B, 1988. Implementing Entrepreneurial Ideas : The Case for Intention [J]. Academy of Management Review, 13（3）: 442-453.

Bird B, 2002. Learning Entrepreneurship Competencies : The Self-Directed Learning Approach [J]. International Journal of Entrepreneurship Education.

Blaine B, Crocker J, 1993. Self-esteem and self-serving biases in reactions to positive and negative events : An integrative review [J]. In Self-esteem : 55-85.

Blau P, 1964. Exchange and Power in Social Life [J]. New York : Wiley.

Bock G W, Kim Y G, 2002. Determinants of the individuals knowledge sharing behavior : The theory of reasoned action perspective [J]. In Proceedings of the Pacific-AsiaConference on Information System（PACIS）, Meiji University, Tokyo, Japan.

Bolino M C, Varela J A, Bande B, et al., 2006. The impact of impression-management tactics on supervisor ratings of organizational citizenship behavior [J]. Journal of organizational behavior, 27（3）.

Bowen D, Lawler E E, 1992. The Empowerment of Service Workers : What, Why, How and When [J]. Sloan Management Review : 31-39.

Boyd N G, Vozikis G S, 1994. The influence of self-efficacy on the development of entrepreneurial intentions and actions [J]. Entrepreneurship Theory and Practice.

Brinsfield C T, 2013. Employee silence motives : Investigation of dimensionality and development of measures [J]. Journal of organizational behavior, 34（5）: 671-697.

Brislin R W, 1980. Translation and content analysis of oral and written materials [J]. În HC Triandis & Jw Berry（Eds.）, Handbook of crosscultural psychology.

Browne M W, Cudeck R, 1993. Alternative ways of assessing model fit [J]. Sage focus editions, 154 : 136.

Brower Holly H, David Schoorman F, Hwee Hoon Tan, 2000. Amodel of Relational Leadership : The Integration of Trust and Leader-Member Exchange [J]. The Leadership

Quarterly，11（2）：227-250.

Brown J D，2014. Self-esteem and self-evaluation：Feeling is believing [J]. Psychological perspectives on the self，4.

Buss A H，1980. Self-consciousness and social anxiety [J]. San Franciso；Freeman.

Burke R J，1984. Mentors in Organizations [J]. Group & organization management：353-372.

Bycio，Peter，Rick D. Hackett，et al.，1995. Further assessments of Bass's（1985）conceptualization of transactional and transformational leadership [J]. Journal of applied psychology.

Carmeli A，Freund A，2002. The relationship between work and workplace attitudes and perceived external prestige [J]. Corporate Reputation Review，5（1）：65.

Carver C S，Scheier M F，1981. Self-consciousness and reactance [J]. Journal of Research in Personality，15（1）.

Carver C S，Scheier M F，1985. Aspects of self，and the control of behavior [J]. The self and social life.

Cole M S，Bruch H，Vogel B，2006. Emotion as mediators of the relations between perceived supervisor support and psychological hardiness on employee cynicism [J]. Journal of Organizational Behavior：The International Journal of Industrial，Occupational and Organizational Psychology and Behavior，27（4）：463-484.

Colquitt J A，Conlon D E，Wesson M J，et al.，2001. Justice at the millennium：A meta-analytic review of 25 years of organizational justice research，86.

Conger J A，Kanungo R N，1988. The Empowerment Process：Integrating Theory Andpractice [J]. Academy of ManagementReview，13（3）：471-482.

Conger Jay A，Rabindra N Kanungo，1987. Toward a behavioral theory of charismatic leadership in organizational settings [J]. Academy of management review.

Conger Jay A，Rabindra N Kanungo，1988. The empowerment process：Integrating theory and practice [J]. Academy of management review，13（3）.

Connelly C E，Kelloway E K，2003. Predictors of employees' perceptions of knowledge sharing cultures [J]. Leadership and Organization Development Journal：294－301.

Chan G K Y, 2008. The relevance and value of Confucianism in contemporary business ethics [J]. Journal of Business Ethics, 77.

Chandler G N, Hanks S H, 1994. Founder competence, the environment, and venture performance [J]. Entrepreneurship : Theory and Practice, 18（3）.

Chao R K, 1994. Beyond parental control and authoritarian parenting style : Understanding Chinese parenting through the cultural notion of training [J]. Child development, 1994, 65（4）.

Chao R, Tseng V. Parenting of asians. Handbook of parenting, 2002, 4.

Cheek J M, Briggs S R, 1982. Self-consciousness and aspects of identity [J]. Journal of Research in Personality, 16（4）.

Chen C C, 1995. New trends in rewards allocation preferences : A Sino-US comparison [J]. Academy of management Journal, 38（2）: 408-428.

Chen C C, Greene P G, Crick, 이름 이니널, 1998. Does entrepreneurial self-efficacy distinguish entrepreneurs from managers? [J]. Journal of Business Venturing, 13（3）: 295-316.

Chen G, Kanfer R, 2006. Toward a systems theory of motivated behavior in work teams [J]. Research in organizational behavior, 27.

Chen G, Kirkman B L, Kanfer R, et al, 2007. A multilevel study of leadership, empowerment, and performance in teams [J]. Journal of Applied Psychology, 92（2）.

Chen M, 2004. Asian management systems: Chinese, Japanese and Korean styles of business [J]. Cengage Learning EMEA.

Chen W, Wang Y, Yang S, 2009. Efficient influence maximization in social networks. In Proceedings of the 15th ACM SIGKDD international conference on Knowledge discovery and data mining. ACM : 199-208.

Cheng B S, Chou L F, Farh J L, 2000. A triad model of Paternalistic Leadership : The constructs and measurement [J]. Indigenous Psychological Research in Chinese Societies, 14.

Cheung C K, Chan A C F, 2005. Philosophical foundations of eminent Hong Kong Chinese CEOs' leadership [J]. Journal of Business Ethics, 60（1）.

Chiao C, 1982. Guanxi : A preliminary conceptualization [J]. The sinicization of social and behavioral science research in China.

Chickering A W, Reisser L, 1993. Education and Identity [J]. The Jossey-Bass Higher and Adult Education Series. Jossey-Bass Inc., Publishers, 350 Sansome St., San Francisco, CA.

The Chinese Culture Connection, 1987. Chinese values and the search for culture-free dimensions of culture [J]. International Journal of Psychology, 18.

Choi, Jin Nam, 2007. Change-oriented organizational citizenship behavior : effects of work environment characteristics and intervening psychological processes [J]. Journal of Organizational Behavior.

Choi Y, Kim Y S, Kim S Y, et al., 2013. Is Asian American parenting controlling and harsh? Empirical testing of relationships between Korean American and Western parenting measures [J]. Asian American journal of psychology, 4 (1) .

Crites J, 1971. The maturity of vocational attitudes in adolescence [J]. The Career Development Quarterly, 20 (1) .

Crites J O, 1965. Measurement of vocational maturity in adolescence : I. Attitude test of the Vocational Development Inventory [J]. Psychological Monographs : General and Applied, 79 (2) .

Crites J O, 1978. Career maturity inventory [J]. CTB/McGraw-Hill.

Crites J O, 1978. Theory and research handbook for the career maturity inventory (2nd ed.) [J]. Monterey, CA : McGraw-Hill/CTB.

Dansereau F, Graen G B, Haga W, 1975. A vertical dyad linkage approach to leader- ship in formal organizations [J]. Organizational Behavior and Human Performance, 13 : 46-78.

Davis F D, Bagozzi R P, Warshaw P R, 1992. Extrinsic and intrinsic motivation to use computers in the workplace1 [J]. Journal of applied social psychology, 22 (14) .

Davies H, Leung T K, Luk S T, et al., 1995. The benefits of "Guanxi" : The value ofrelationships in developing the Chinese market [J]. Industrial marketing management,24(3).

Davis Mark H, 1994. Empathy : A social psychological approach [J]. Westview Press.

De Charmes R, 1968. Personal causation [J]. New York : Academic.

De Jong Jeroen, Deanne Den Hartog, 2010. Measuring innovative work behaviour [J].

Creativity and Innovation Management.

Deci E L, Ryan R M, 1985. The general causality orientations scale : Self–determination in personality [J]. Journal of research in personality, 19（2）.

Deci E L, Ryan R M, 1987. The support of autonomy and the control of behavior [J]. Journal of personality and social psychology, 53（6）.

Dienesch Richard M, Robert C Liden, 1986. Leader–member exchange model of leadership : A critique and further development [J]. Academy of management review.

Dohse D, Walter S G, 2010. The role of entrepreneurship education and regional context in forming entrepreneurial intentions [J]. Working Papers 2010/18, Institut d'Economia de Barcelona（IEB）.

Dortok A, 2006. A managerial look at the interaction between internal communication and corporate reputation [J]. Corporate Reputation Review, 8（4）: 330.

Dovidio J F, Piliavin J A, Schroeder D A, et al., 2006. The social psychology of helping behavior.

Drucker P, 1985. Innovation and entrepreneurship practices and principles [J].Harper and Row.

Drucker P F, 1994. Post–capitalist society [J]. Routledge.

Organ D W, 1997. Organizational citizenship behavior : It's construct clean–up time [J]. Human Performance, 10（2）: 85-97.

Edwards J R, Lambert L S, 2007. Methods for integrating moderation and mediation : A general analytical framework using moderated path analysis [J]. Psychological Methods, 12.

Eisenberg N, 2000. Emotion, regulation, and moral development [J]. Annual review of psychology, 51（1）.

Erikson E H, 1968. Identity : Youth and crisis [J]. Norton, NY.

Farh J L, Earley P C, Lin S C, 1997. Impetus for action : A cultural analysis of justice and organizational citizenship behavior in Chinese society [J]. Administrative science quarterly.

Farh J L, Cheng B S, 2000. A cultural analysis of paternalistic leadership in Chinese organizations [J]. In Management and organizations in the Chinese context : 84-127.

Farh J L, Hackett R D, Liang J, 2007. Individual–level cultural values as moderators of perceived organizational supportâ employee outcome relationships in China : Comparing the effects of power distance and traditionality [J]. Academy of management Journal, 50（3）: 715-729.

Farr James L, Cameron M Ford, 1990. Individual innovation.

Fayolle A, Gailly B, Lassas-Clerc N, 2006. Assessing the impact of entrepreneurship education programmes : a new methodology [J]. Journal of European industrial training, 30（9）: 701-720.

Fenigstein A, 1987. On the Nature of Public and Private Self-Consciousness [J]. Journal of personality, 55（3）.

Fenigstein A, Scheier M F, Buss A H, 1975. Public and private self-consciousness : Assessment and theory [J]. Journal of consulting and clinical psychology, 43（4）.

Fishbein M, Ajzen I, 1975. Belief, Attitude, Intention and Behavior : An Introduction to theory and research [J]. Reading, MA : Addison-Wesley.

Fisher C D, 1978. The effects of personal control, competence, and extrinsic reward systems on intrinsic motivation [J]. Organizational behavior and human performance, 21（3）.

Flax E, Ascher L, Harrington C, 1968. Mentoring Programmes and Practices An Analysis of the Literature [J]. Institute for Urban and Minority Education, Columbia University.

Fleming L, Mingo S, Chen D, 2007. Collaborative brokerage, generative creativity, and creative success [J]. Administrative science quarterly, 52（3）.

Froming W J, Carver C S, 1987. Divergent influences of private and public self-consciousness in a compliance paradigm [J]. Journal of Research in Personality, 15（2）.

Fuller J B, Marler L, Hester K, et al., 2006. Construed external image and organizational identification : A test of the moderating influence of need for self-esteem [J]. The Journal of Social Psychology, 146（6）: 711.

Gasper T H, Omvig C P, 1976. The relationship between career maturity and occupational plans of high school juniors [J]. Journal of Vocational Behavior, 9（3）.

Gelfand M J, Erez M, Aycan Z, 2007. Cross-cultural organizational behavior [J]. Annu. Rev. Psychol, 58.

George J M, Brief A P, 1996. Motivational agendas in the workplace : The effects of feelings on focus of attention and work motivation [J]. Elsevier Science/JAI Press.

Georgieff N, Jeannerod M, 1998. Beyond consciousness of external reality : a "who" system for consciousness of action and self-consciousness [J].Consciousness and cognition, 7（3）.

Gist E, Mitchell E, 1992. Self-efficacy : A Theoretical Analysis of its Determinants and Malleability [J]. Academy of Management Review : 183-211.

Gold T, Guthrie D, Wank D（Eds.）, 2002. Social connections in China : Institutions, culture, and the changing nature of guanxi [J]. Cambridge University Press.

Goodman S A, Svyantek D J, 1999. Person-organization fit and contextual performance : Do share values matter [J]. Journal of Vocational Behavior : 254-275

Gouldner Alvin W, 1960. The Norm of Reciprocity : A Preliminary Statement [J]. American Sociological Review, 25（2）: 161-78.

Graen G B, Uhl-Bien M, 1995. Development of leader-member exchange（LMX）theory of leadership over 25 years : Applying a multi-level multi-domain perspective [J]. Leadership Quarterly.

Grant A M, Franklin J, Langford P, 2002. The self-reflection and insight scale : A new measure of private self-consciousness [J]. Social Behavior and Personality : an international journal, 30（8）.

Greenberger E, 1982. Education and the acquisition of psychosocial maturity [J]. The development of social maturity.

Greenberger E, Josselson R, Knerr C, et al., 1975. The measurement and structure of psychosocial maturity [J]. Journal of Youth and Adolescence, 4（2）.

Greenberger E, Sørensen A B, 1974. Toward a concept of psychosocial maturity [J]. Journal of Youth and Adolescence, 3（4）

Greenhaus J H, 1971. Self-esteem as an influence on occupational choice and occupational satisfaction [J]. Journal of Vocational Behavior, 1（1）.

Gribbons W, Lohnes P, 1969. Career development from age 13 to age 25. U. S. Department of Health, Education and Welfare [J]. Washington : Office of Education, Bureau of Research.

Guichard J, 1987. The D. A. P. P.（Discovery of Professional Activities and Personal Projects）: A new method for helping high school and college students develop their projects [J]. Orientation Scolaire et Professionnalle, 16.

Hair J, Black W C, Babin B J, et al., 2010. Multivariate data analysis, a global perspective. New Jersey [J]. Pearson. Ed, 7 : 816.

Hall D T（Ed.）, 1984. Career development in organizations [J]. San Francisco : Jossey- Bass.

Hall D T, 1986. Career development in organizations [J]. Jossey-Bass Inc Pub.

Hannah S T, Uhl-Bien M, Avolio B J, et al., 2009. A framework for examining leadership in extreme contexts [J]. The Leadership Quarterly, 20（6）.

Hansen M T, 2002. Knowledge networks : Explaining effective knowledge sharing in multiunitcompanies [J]. Organization science, 13（3）.

Hardin E E, Leong F T, Osipow S H, 2001. Cultural relativity in the conceptualization of career maturity [J]. Journal of Vocational Behavior, 58（1）.

Hayes A F, 2013. Model templates for PROCESS for SPSS and SAS [J]. Retrieved December, 12.

Healy C C, 1968. Relations of occupational choice to the similarity between self-ratings and occupational-ratings [J]. Journal of Counseling Psychology, 15（4）.

Healy C C, O'shea D, Crook R H, 1985. Relation of career attitudes to age and career progress during college [J]. Journal of Counseling Psychology, 32（2）.

Herman R E, Gioia J L, 1998. Making Work Meaningful : Secrets of the Future-Focused Corporation [J]. Futurist, 32（9）: 24-38.

Herr E L, Cramer S H, 1984. Career guidance and counseling through the life span [J]. Boston : Little Brown.

Herr E L, Cramer S H, 1988. Career guidance and counseling through the life span : Systematicapproaches [J]. Scott, Foresman & Co.

Herscovitch, Lynne, John P Meyer, 2002. Commitment to organizational change : extension of a three-component model [J]. Journal of applied psychology.

Hisrich, Peters, 1995. 1995 Entrepreunership [J]. New York : McGraw Hill inc.

Hodges S D, Wegner D M, 1997. Automatic and controlled empathy.

Hoffman M L, 1994. The contribution of empathy to justice and moral judgment [J]. Reaching out : Caring, altruism, and prosocial behavior : 7.

Hoffman Martin L, 2001. Toward a comprehensive empathy-based theory of prosocial moral development.

Hogan R, 1969. Development of an empathy scale [J]. Journal of consulting and clinical psychology, 33 (3) .

Hofstede G, 1980. Motivation, leadership, and organization : do American theories apply abroad? [J]. Organizational dynamics, 9 (1) : 42-63.

Hofstede G, Bond M H, 1988. The Confucius connection : From cultural roots to economic growth [J]. Organizational dynamics, 16 (4) .

Hofstede G, Van Deusen C A, Mueller C B, et al., 2002. What goals do business leaders pursue? A study in fifteen countries [J]. Journal of International Business Studies, 33 (4) .

Hogan R, Curphy G J, Hogan J, 1994. What we know about leadership and effectiveness [J]. American Psychologist, 49.

Homans George C, 1958. Social behavior as exchange [J]. American journal of sociology.

House R J, Hanges P J, Javidan M, et al (Eds.), 2004. Culture, leadership, and organizations : The GLOBE study of 62 societies [J]. Sage publications.

Howell Jane M, Kathryn E Hall-Merenda, 1999. The ties that bind : The impact of leader-member exchange, transformational and transactional leadership, and distance on predicting follower performance [J]. Journal of applied psychology.

Hsu Sheng-Hsun, 2007. A new business excellence model with business integrity from ancient Confucian thinking [J]. Total Quality Management and Business Excellence, 18 : 4.

Hu L T, Bentler P M, 1999. Cutoff criteria for fit indexes in covariance structure analysis : Conventional criteria versus new alternatives [J]. Structural equation modeling : a multidisciplinary journal, 6 (1) : 1-55.

Huber G P, 1991. Organizational learning : The contributing processes and the literatures [J]. Organization science, 2 (1) .

Hull C，1943. Principles of behavior.

Janssen O，2000. Job demands，perceptions of effort-reward fairness and innovative work behaviour [J]. Journal of Occupational and Organizational Psychology，73.

Hwang D B，Blair Staley A，2005. An analysis of recent accounting and auditing failures in the United States on US accounting and auditing in China [J]. Managerial Auditing Journal,20(3).

Ickes，William John，ed.，1997. Empathic accuracy. Guilford Press.

Ip P K，2009. Is Confucianism good for business ethics in China? [J]. Journal of Business Ethics，88（3）.

James C Anderson，David W Gerbing，1988. Structural equation modeling in practice : A review and recommended two-step approach [J]. Psychological Bulletin : 103,

Janssen O，2002. Transformationeel leiderschap en innovatief werkgedrag van medewerkers : een kwestie van benaderbaarheid van de leider [J]. Gedrag & Organisatie，15.

Janssen O，2005. The joint impact of perceived influence and supervisor supportiveness on employee innovative behaviour [J]. Journal of occupational and organizational psychology，78（4）.

Jolliffe D，Farrington D P，2006. Development and validation of the Basic Empathy Scale [J]. Journal of adolescence，29（4）.

Judge T A，Bono J E，2001. Relationship of core self-evaluations traits—self-esteem，generalized self-efficacy，locus of control，and emotional stability—with job satisfaction and job performance : A meta-analysis [J]. Journal of applied Psychology，86（1）.

Kahn W A,1990. Psychological conditions of personal engagement and disengagement at work [J]. Academy of Management Journal，33 : 692-724.

Kanfer R，1990. Motivation theory and industrial and organizational psychology [J]. Handbook of industrial and organizational psychology，1（2）.

Kaufman J D，Stamper C L，Tesluk P E，2001. Do supportive organizations make for good corporate citizens? [J]. Journal of Managerial Issues.

Kernis M H，2003. Toward a conceptualization of optimal self-esteem [J]. Psychological inquiry，14（1）.

Kessler R C, Price R H, Wortman C B, 1985. Social factors in psychopathology : Stress, social support, and coping processes [J]. Annual Review of Psychology.

Khan S B, Alvi S A, 1983. Educational, social, and psychological correlates of vocational maturity [J]. Journal of Vocational Behavior, 22（3）.

King A Y, 1989. An analysis of renqing in interpersonal relations. The Psychology of the Chinese, Taipei, ROC : Kui-Kuan Books（in Chinese）.

King S, 1989. Sex differences in a causal model of career maturity [J]. Journal of Counseling & Development, 68（2）

Kirkman Bradley L, Benson Rosen, 1997. A model of work team empowerment [J]. Research in organizational change and development, 10（1）.

Kirkman B L, Rosen B, 1999. Beyond self-management : Antecedents and consequences of team empowerment [J]. Academy of Management journal, 42（1）.

Kleysen F R, Street C T, 2001. Toward a Multi-dimensional Measure of Individual Innovative Behavior [J]. Journal of Intellectual Capital : 284-296.

Knoll M, van Dick R, 2013. Authenticity, employee silence, prohibitive voice, and the moderating effect of organizational identification [J]. The Journal of Positive Psychology, 8（4）: 346-360.

Koch J, Steers R, 1976. Job Attachment, Satisfaction, and Turnover Among Public Employees [J]. Journal of Vocational Behavior, 12 : 119-128.

Korman A K, 1966. Self-esteem variable in vocational choice. Journal of Applied Psychology, 50（6）.

Kraaijenbrink J, Bos G J, Groen A J, 2009. What Do Students Think of the Entrepreneurial Support Given by their Universities? [J]. International Journal of Entrepreneurship and Small Business : 110-125.

Kram K E, 1983. Phases of Mentor Relationship [J]. Academy of Management Journal, 26 : 608-625.

Kram K E, 1985. Mentoring at work : Developmental relationships in organizational Life [J]. Lanham, MD, England : University Press of America.

Krueger N F, Brazeal D V, 1994. Entrepreneurial potential and potential entrepreneurs [J]. Entrepreneurship theory and practice.

Krueger N F, Reilly M D, Carsrud A L, 2000. Competing models of entrepreneurial intentions [J]. Journal of Business Venturing, 15 : 411-432.

Lam K J, 2003. Confucian Business Ethics and the Economy [J]. Journal of Business Ethics, 43 : 153-162.

Lawler E E, 1992. The Ultimate Advantage : Creating the High Involvement Organization [J]. San Francisco : Jossey-Bass.

Lee J K, 2001. Confucian Thought Affecting Leadership and Organizational Culture of Korean Higher Education [J]. Online Submission.

Lefebvre A, 1971. The Relationship between Self-Concept and Level of Aspiration with Negro and White Chidren [J]. Ann Arbor, Michigan : University Microfilms.

LePine J A, Erez A, Johnson D E, 2002. The nature and dimensionality of organizational citizenship behavior : a critical review and meta-analysis.

Levinson E M, Ohler D L, Caswell S, et al., 1998. Six approaches to the assessment of career maturity [J]. Journal of Counseling and Development : JCD, 76（4）.

Lin H F, 2007. Effects of extrinsic and intrinsic motivation on employee knowledge sharing intentions [J]. Journal of information science, 33（2）.

Lin Jingui, Zhou Yanhui, Yang Bangyong, 2010. Construction of a supporting system for students' entrepreneurial funding [J]. Journal of Fujian University of Technology : 103-108.

Liñán F, Rodríguez-Cohard J C, Rueda-Cantuche J M, 2011. Factors affecting entrepreneurial intention levels : a role for education [J]. International entrepreneurship and management Journal, 7（2）, 195-218.

Linan F, Chen Y W, 2009. Development and Cross-Cultural Application of a Specific Instrument to Measure Entrepreneurial Intentions [J]. Entrepreneurship Theory and Practice, 33（3）: 593-617.

Lu J, Xie X, 2013. Research on employee silence behavior : A Review based on Chinesefamily enterprise [J]. Asian Social Science, 9（17）: 47.

Luzzo D A, 1993a. Predicting the career maturity of undergraduates : A comparison of personal, educational, and psychological factors [J]. Journal of College Student Development, 34（4）.

Luzzo D A, 1993b. Value of career-decision-making self-efficacy in predicting career-decision-making attitudes and skills [J]. Journal of Counseling Psychology, 40（2）.

Mael F, Ashforth B E, 1992. Alumni and their alma mater : A partial test of the reformulated model of organizational identification [J]. Journal of organizational Behavior, 13（2）: 106.

Mantzicopoulos P Y, Oh-Hwang Y, 1998. The relationship of psychosocial maturity to parenting quality and intellectual ability for American and Korean adolescents [J]. Contemporary Educational Psychology, 23（2）.

Martins E C, Terblanche F, 2003. Building organisational culture that stimulates creativity and innovation [J]. European journal of innovation management, 6（1）.

Marx K, Engels F, 1970. The german ideology [J]. International Publishers Co.

Masterson S S, Lewis K G, Goldman B M, et al., 2000. Integrating justice and social exchange : The differing effects of fair procedures and treatment on work relationships [J]. Academy of Management Journal, 43.

Matthews B M, 2000. The Chinese Value Survey : an interpretation of value scales and consideration of some preliminary results.

McDermott R, 1999. Why information technology inspired but cannot deliver knowledge management [J]. California management review, 41（4）.

Meyer John P, Natalie J Allen, Ian R Gellatly, 1990. Affective and continuance Commitment to the organization : Evaluation of measures and analysis of concurrent and time-lagged relations [J]. Journal of applied psychology.

Meyer John P, Lynne Herscovitch, 2001. Commitment in the workplace : Toward a general model [J]. Human resource management review.

Monceau G, 2008. Implications scolaires des parents et devenirs scolaires des enfants [J]. In Des parents dans l'école. ERES.

Morrison, Elizabeth Wolfe, Corey C Phelps, 1999. Taking charge at work : Extrarole efforts to initiate workplace change [J]. Academy of management Journal.

Morrison E W, Milliken F J, 2000. Organizational silence : A barrier to change and development in a pluralistic world. Academy of Management Review, 25（4）, 706-725.

Mossholder K W, Bedeian A G, Armenakis A A, 1981. Role perceptions, satisfaction, and performance : Moderating effects of self-esteem and organizational level [J]. Organizational behavior and human performance, 28（2）.

Mumford Michael D, 2003. Where have we been, where are we going? Taking stock in creativity research [J]. Creativity research journal, 15（2-3）.

Mumford M D, Gustafson S B, 1988. Creativity syndrome : Integration, application, and innovation [J]. Psychological bulletin, 103（1）.

Nam S K, Yang E, Lee S M, et al., 2011. A psychometric evaluation of the career decision self-efficacy scale with Korean students : A Rasch model approach [J]. Journal of Career development, 38（2）.

Nembhard I M, Edmondson A C, 2006. Making it safe : The effects of leader inclusiveness and professional status on psychological safety and improvement efforts in health care teams [J]. Journal of Organizational Behavior, 27 : 941-966.

Ng T W, Feldman D C, 2012. Employee voice behavior : A metaâ analytic test of theconservation of resources framework [J]. Journal of organizational behavior, 33（2）: 216-234.

O'Hara R P, Tiedeman D V, 1959. Vocational self concept in adolescence [J]. Journal of Counseling Psychology, 6（4）.

Ohler D L, Levinson E M, Sanders P, 1995. Career maturity in young adults with learning disabilities : What employment counselors should know [J]. Journal of Employment Counseling, 32（2）.

Ohler D L, Levinson E M, Hays G M, 1996. The relationship between career maturity and congruence, consistency, and differentiation among individuals with and without learning disabilities [J]. Journal of Employment Counseling, 33（2）.

Oldham G R, Cummings A, 1996. Employee creativity : Personal and contextual factors at work [J]. Academy of management journal, 39（3）.

Oppenheimer E A, 1966. The relationship between certain self constructs and occupational preferences [J]. Journal of Counseling Psychology, 13（2）.

Organ D W, 1988. Organizational citizenship behavior：The good soldier syndrome [J]. Lexington Books/DC Heath and Com.

Organ D W, 1997. Organizational citizenship behavior：It's construct clean-up time [J]. Human performance, 10（2）.

Organ D W, 1997. Organizational citizenship behavior：It's construct clean-up time [J]. Human performance, 10（2）：88.

Pederson M, Wu V, 2006. Business Integrity in China [J]. The China Business Review, 33（1）.

Peng H, 2012. Counter productive work behaviors among Chinese knowledge workers [J]. International Journal of Selection and Assessment：119-138.

Pierce J L, Gardner D G, 2004. Self-esteem within the work and organizational context：A review of the organization-based self-esteem literature [J]. Journal of management, 30（5）：595.

Pierce J L, Gardner D G, Cummings L L, et al., 1989. Organization-based self-esteem：Construct definition, measurement, and validation [J]. Academy of Management journal, 32（3）：626.

Pierce J L, Gardner D G, Cummings L L, et al., 1989. Organization-based self-esteem：Construct definition, measurement, and validation [J]. Academy of Management journal, 32（3）：630.

Pitt M, Leyland F, Foreman S K, et al., 1995. Organizational Commitment and Service Delivery：Evidence from an Industrial Setting in the UK [J]. International Journal of Human Resource Management, 6（1）：369-389.

Podsakoff P M, MacKenzie S B, Moorman R H, et al., 1990. Transformational leader behaviors and their effects on followers' trust in leader, satisfaction, and organizational citizenship behaviors [J]. The leadership quarterly, 1（2）.

Rodrigues R G, Dinis A, do Paço A, et al., 2012. The effect of an entrepreneurial training programme on entrepreneurial traits and intention of secondary students [J]. Entrepreneurshipborn, made and educated, 권번호 : 78-90.

Podsakoff P M, MacKenzie S B, Paine J B, et al., 2000. Organizational citizenship behaviors : A critical review of the theoretical and empirical literature and suggestions for future research [J]. Journal of management, 26（3）.

Prentice-Dunn S, Rogers R W, 1989. Deindividuation and the self-regulation of behavior [J]. Lawrence Erlbaum Associates.

Preteur Y, Louvet-Schmauss E, 1991. Parents' educational concepts regarding the preschool child's reading apprenticeship:Comparative study in two sociocultural and political systems [J]. Enfance, 1.

Reitzug U C, 1994. A case study of empowering principal behavior [J]. American Educational Research Journal, 31（2）.

Rosenberg M, 1965. Society and the adolescent self-image [J]. Princeton, NJ : Princeton university press.

Reuben M Baron, David A Kenny, 1986. The Moderator-Mediator Variable Distinction in Social Psychological Research : Conceptual, Strategic, and Statistical Considerations [J]. Journal of Penality and Social Psychology.

Rich B L, Lepine J A, Crawford E R, 2010. Job engagement : Antecedents and effects on job performance [J]. Academy of management journal, 53（3）: 627.

Rosen S, Tesser A, 1970. On reluctance to communicate undesirable information : The MUM effect [J]. Sociometry : 253-263.

Ryu S Y, Lee K M, 2009. Kunja's Leadership Concept and Scale Development [J]. Korean Journal of Psychology : General, 28（1）.

Savickas M L, 1984. Career maturity : The construct and its measurement [J].The Career Development Quarterly, 32（4）.

Savickas M L, Porfeli E J, 2011. Revision of the career maturity inventory : The adaptability form [J]. Journal of Career Assessment, 19（4）.

Scandura Terri A, George B Graen, 1984. Moderating effects of initial leader-member exchange status on the effects of a leadership intervention [J]. Journal of applied psychology.

Scandura T A, Ragin B R, 1993. The effects of sex and gender role orientation on mentorship in male-dominated occupations [J]. Journal of Vocational Behavior, 43（3）: 251-265.

Schaufeli W B, Bakker A B, 2003. UWES-Utrecht Work engagement Scale : Test manual. Unpublished Manuscript [J]. Department of Psychology, Utrech University（http : //www. schaufeli.com）.

Scheier M F, 1980. Effects of public and private self-consciousness on the public expression of personal beliefs [J]. Journal of Personality and Social Psychology, 39（3）.

Scheier M F, Buss A H, Buss D M, 1978. Self-consciousness, self-report of aggressiveness, and aggression [J]. Journal of Research in Personality, 12（2）.

Scheier M F, Carver C S, 1985. The Self-Consciousness Scale : A Revised Version for Use with General Populations1 [J]. Journal of Applied Social Psychology, 15（8）.

Scheier M F, Carver C S, Bridges M W, 1994. Distinguishing optimism from neuroticism（and trait anxiety, self-mastery, and self-esteem）: a reevaluation of the Life Orientation Test [J]. Journal of personality and social psychology, 67（6）.

Schein E H, 1985. How culture forms, develops, and changes [J]. Gaining control of the corporate culture.

Schlenker B R, Weigold M F, 1990. Self-consciousness and self-presentation : Being autonomous versus appearing autonomous [J]. Journal of Personality and Social Psychology, 59（4）.

Schmitt-Rodermund E, Silbereisen R K, 1998. Career maturity determinants : Individual development, social context, and historical time [J]. The Career Development Quarterly, 47（1）.

Schilling J, 2009. From ineffectiveness to destruction : A qualitative study on the meaning of negative leadership [J]. Leadership, 5（1）.

Scott Susanne G, Reginald A Bruce, 1994. Determinants of innovative behavior : A path model of individual innovation in the workplace [J]. Academy of management journal.

West Michael A, James L Farr, 1989. Innovation at work : Psychological perspectives [J]. Social Behaviour.

Scott S G, Bruce R A, 1994. Determinants of Innovative Behavior : A Path model Of

Individual in the Workplace [J]. Academy of Management Journal : 580–607.

Scott Susanne G, Reginald A Bruce, 1998. Following the leader in R&D : The joint effect of subordinate problem–solving style and leader–member relations on innovative behavior [J]. IEEE Transactions on Engineering Management, 45（1）.

Shalley C E, 1995. Effects of coaction, expected evaluation, and goal setting on creativity and productivity [J]. Academy of Management Journal, 38（2）.

Shalley C E, Gilson L L, Blum T C, 2009. Interactive effects of growth need strength, work context, and job complexity on self–reported creative performance [J]. Academy of Management Journal, 52（3）.

Shalley C E, Zhou J, Oldham G R, 2004. The effects of personal and contextual characteristics on creativity : where should we go from here? [J]. Journal of management, 30（6）.

Shinn D C, 1986. Education and the quality of life in Korea and the United States : A cross–culturalperspective [J]. Public Opinion Quarterly, 50（3）.

Shin S J, Zhou J, 2003. Transformational leadership, conservation, and creativity : Evidence from Korea [J]. Academy of management Journal, 46（6）.

Sim M, 2001. Aristotle in the reconstruction of Confucian ethics. International philosophical quarterly, 41（4）.

Smidts A, Pruyn A T H, Van Riel C B, 2001. The impact of employee communication and perceived external prestige on organizational identification [J]. Academy of Management journal, 44（5）: 1059.

Smith J M, Schaefer C E, 1969. Development of a creativity scale for the Adjective Check List [J]. Psychological Reports, 25（1）.

Smith C A, Organ D W, Near J P, 1983. Organizational citizenship behavior : Its nature and antecedents [J]. Journal of applied psychology, 68（4）: 653.

Snyder C R, Shorey H S, Cheavens J, et al., 2002. Hope and Academic Success in College [J]. Journal of Educational Psychology.

Soares A T, Soares L M, 1966. Self–description and adjustment correlates of occupational choice [J]. The Journal of Educational Research, 60（1）.

Sovet L, Metz A J, 2014. Parenting styles and career decision-making among French and Korean adolescents [J]. Journal of Vocational Behavior, 84（3）.

Sparrowe R T, Liden R C, Wayne S J, et al., 2001. Social networks and the performance of individuals and groups [J]. Academy of management journal, 44（2）.

Spector P E, Fox S, 2002. An emotion-centered model of voluntary work behavior : Some parallels between counterproductive work behavior and organizational citizenship behavior [J]. Human Resource management review, 12（2）.

Spreitzer G M, 1995. Individual empowerment in the workplace : Dimensions, measurement, validation [J]. Academy of Management Journal, 38 : 1442-1465.

Srivastava A, Bartol K M, Locke E A, 2006. Empowering Leadership in Management Teams : Effects on Knowledge Sharing, Efficacy, and Performance [J]. Academy of Management Journal, 49（6）.

Stanley D J, Meyer J P, Topolnytsky L, 2005. Employee cynicism and resistance to organizational change [J]. Journal of business and psychology, 19（4）: 429-459.

Steers R M, 1977. Antecedents and Outcomes or Organizational Commitment [J]. Administrative Science Quarterly, 22 : 46-56.

Steinberg L, Cauffman E, 1996. Maturity of judgment in adolescence : Psychosocial factors in adolescent decision making [J]. Law and Human Behavior, 20（3）.

Steinberg L, Elmen J D, Mounts N S, 1989. Authoritative parenting, psychosocial maturity, and academic success among adolescents [J]. Child development.

Strang K D, 2007. Examining effective technology project leadership traits and behaviors [J]. Computers in Human Behavior, 23（1）.

Stumpf S S, Dunbar R L, Mullen T P, 1991. Simulations in entrepreneurship education : Oxymoron or untapped opportunity [J]. Frontiers in Entrepreneurship Research, 8（번호）: 681-694.

Super D E, 1953. A theory of vocational development [J]. American psychologist, 8（5）.

Super D E, 1955. Dimensions and measurement of vocational maturity [J]. Teachers College Record, 57.

Super D E，1957. The psychology of careers [J]. New York：Harper.

Super D E，1983. Assessment in career guidance：Toward truly developmental counseling [J]. Personnel & Guidance Journal，61（9）.

Super D E，1990. A life-span life-space approach to career development. In D. Brown & L. Brooks（Eds.），Career choice and development [J]. San Francisco，CA：Jossey-Bass：197-261.

Super D E，Overstreet P L，1960. The vocational maturity of ninth grade boys [J]. New York：Teachers College Press.

Taggar S，2002. Individual creativity and group ability to utilize individual creative resources：A multilevel model [J]. Academy of Management Journal，45（2）.

Taylor K M，Betz N E，1983. Applications of self-efficacy theory to the understanding and treatment of career indecision [J]. Journal of Vocational Behavior，22（1）.

Taylor K M，Popma J，1990. An Examination of The Relationships Among Career Decision-making Self-efficacy，Career Salience，locus of Control，and Vocational Indecision [J]. Journal of Vocational Behavior：17-31.

Tepper B J，2000. Consequences of abusive supervision [J]. Academy of management Journal，43（2）：178-190.

Tepper B J，2007. Abusive Supervision in Work Organizations：Review，Synthesis，and Research Agenda [J]. Journal of Management.

Tepper B J，Carr J C，Breaux D M，et al.，2009. Abusive supervision，intention to quit，and employee's workplace deviance：A power dependence analysis [J]. Organizational Behavior and Human Decision Process，109（2），

Thompson A S，Lindeman R H，1984. Career Development Inventory：Technical Manual [J]. Palo Alto，CA：Consulting Psychologists Press.

Tierney P，Farmer S，2004. The Pygmalion Process and Employee Creativity [J]. Journal of Management：413-432.

Turner R G，Carver C S，Scheier M F，et al.，1978. Correlates of self-consciousness [J]. Journal of Personality Assessment，42（3）.

Turker D, Selçuk S S, 2009. Which factors affect entrepreneurial intention of university students? [J]. Journal of European industrial training, 33（2）: 142-159.

Van de Ven A H, 1986. Central problems in the management of innovation [J]. Management science, 32（5）.

Van Dyne L, Graham J W, Dienesch R M, 1994. Organizational citizenship behavior : Construct redefinition, measurement, and validation [J]. Academy of management Journal, 37（4）.

Van Knippenberg D, van Knippenberg B, De Cremer D, et al., 2004. Leadership, self, and identity : A review and research agenda [J]. The Leadership Quarterly, 15（6）: 828.

Vondracek F W, Reitzle M, 1988. The viability of career maturity theory : A developmental—contextual perspective [J]. The Career Development Quarterly, 47（1）.

Wang Zhi-Cheng, Han In-Soo, 2015. The Effect of Empowering Leadership on Organizational Outcomes in Chinese Employees : Mediating Role of Psychological Empowerment [J]. 한국동북아논총 제, 77.

Wang Zhi-Cheng, Fu Bin Han, In-Soo, 2016. The Effect of Empowering Leadership on Organizational Citizenship Behavior in Chinese Employees : Moderating Role of Affective Commitment, Mediating Role of Psychological Empowerment [J]. The Journal of China Studies, 19（1）.

Wank D L, 1996. The institutional process of market clientelism : Guanxi and private business in a South China city [J]. The China Quarterly, 147.

Wasserman S, Faust K, 1994. Social network analysis : Methods and applications [J]. Cambridge university press.

Weber M, Gerth H H, 1953. The Religion of China [J]. Confucianism and Taoism.

Webster J, Brown G, Zweig D, 2008. Beyond knowledge sharing: Withhold knowledge at work [J]. Personnel and Human Resources Management : 1-37.

Weiss H M, 1977. Subordinate imitation of supervisor behavior : The role of modeling in organizational socialization [J]. Organizational Behavior and Human Performance, 19（1）.

West M A, Farr J L, 1989. Innovation at work : Psychological perspectives [J]. Social behaviour.

Wilson F, Kickul J, Marlino D, 2007. Gender, entrepreneurial self-efficacy and entrepreneurial career intentions : Implications for entrepreneurship education [J]. Entrepreneurship Theory and Practice, 5（번호）: 387-406.

Wu C, Neubert M J, Yi X, 2007. Transformational leadership, cohesion perceptions, andemployee cynicism about organizational change : The mediating role of justice perceptions [J]. TheJournal of Applied Behavioral Science, 43（3）: 327-351.

Xu A J, Loi R, Lam L W, 2015. The bad boss takes it all : How abusive supervision and leader member exchange interact to influence employee silence [J]. The Leadership Quarterly, 26（5）: 763-774.

Xin K K, Pearce J L, 1996. Guanxi : Connections as substitutes for formal institutional support [J]. Academy of management journal, 39（6）.

Yang K S, 1986. Chinese Personality and Its Change [J]. in M. H. Bond（Ed.）, The Psychology of Chinese People, Hong Kong : Oxford University Press.

Yang K S, 2003. Methodological and theoretical issues on psychological traditionality and modernity research in an Asian society : In response to Kwangâ Kuo Hwang and beyond [J]. Asian Journal of Social Psychology, 6（3）: 263-285.

Yau O H, Lee J S, Chow R P, et al., 2000. Relationship marketing the Chineseway [J]. Business Horizons, 43（1）.

Yeung I Y, Tung R L, 1996. Achieving business success in Confucian societies : The importance of guanxi（connections）[J]. Organizational Dynamics, 25（2）.

Yidong T, Xinxin L, 2013. How ethical leadership influence employees' innovative work behavior : A perspective of intrinsic motivation [J]. Journal of Business Ethics, 116（2）.

Zhang X, Bartol K M, 2010. Linking empowering leadership and employee creativity : The influence of psychological empowerment, intrinsic motivation, and creative process engagement [J]. Academy of management journal, 53（1）.

Zhang J X, Schwarzer R, 1995. Measuring optimistic self-beliefs : A Chinese adaptation of the General Self-efficacy Scale [J]. Psychologia, 38（3）: 174-181.

Zhao C, 2010. Study on Status of Organizational Silence and Countermeasures under the

Chinese Background [J]. Chongqing University, Chongqing : 10-11.

Zhao H, Seibert S E, Hills G E, 2005. The mediating role of self-efficacy in the development of entrepreneurial intentions [J]. Journal of applied psychology, 90 (6) : 1265-1272.

Zhi-Cheng Wang, Jun Feng, In-Soo Han, 2016. In the context of Internet Plus : The Effect of Formal Mentoring on Individual Creativity in Chinese Employees in Shenzhen : Moderating Role of Affective Commitment, Mediating Role of Psychological Safety [J]. The Journal of China Studies1 : 133-144.

Zhi-Cheng.Wang, 유옥훈, 한인수, 2016. The Effect of Formal Mentoring on Entrepreneurial Intention in Chinese University : Mediating Role of Self-Efficacy and Moderating Role of Trust [J]. 동북아연구 제 31 권, 제 2 호 (통권 43 호).

Zhou J, 1998. Feedback valence, feedback style, task autonomy, and achievement orientation : Interactive effects on creative performance [J]. Journal of applied psychology, 83 (2).

Zhou J, George J M, 2001. When Job Dissatisfaction Leads to Creativity : Encouraging the Expression of Voice [J]. Academy of Management Journal : 682-696.

Zhou J, Shalley C E, 2003. Research on employee creativity : A critical review and directions for future research [J]. In Research in personnel and human resources management : 165–217.

Zhu Yunxia, 2015. The Role of Qing (Positive Emotions) and Li 1 (Rationality) in Chinese Entrepreneurial Decision Making : A Confucian Ren-Yi Wisdom Perspective [J]. Journal of Business Ethics, 126 : 4.

Zuckerman M, Porac J, Lathin D, et al., 1978. On the importance of self-determination for intrinsically-motivated behavior [J]. Personality and Social Psychology Bulletin, 4 (3).

Zuo B, 2002. The Chinese relation orientation : Concept and its measurement [J]. Journal of Central China Normal University (Humanities and Social Sciences), 41 (1).

http : //www.eol.cn/html/c/2016gxbys, 中国教育在线 (搜索日 : 2017-06-21)

http : //edu.southcn.com/jygd/content/2017–07/06/content_173876555.htm (搜索日 : 2017-07-09)

손승연, 박희태, 이수진, 윤석화, 2009. 상사의 성실성 및 친화성, 차 상위 상사의 지원 이 상사의 모욕적 행동에 미치는 영향에 관한 연구 [J]. 한국 인사·조직학회발표논문집, 강동위, 왕지성, & 장노등.

虐待式管理对组织成员工作行为的影响研究 : 以组织公正性及成员传统性为中心 [J]. 한국
　　동북아논총, 2017, 82 : 289-305.

김현동, 2013. 대학재학 기간의 휴학경험과 직장생활 [J]. 노동정책연구, 13 (3).

김영중, 권영국, 윤혜현, 2014, "대학생의 기업가정신이 창업의도에 미치는 영향에 관
　　한 연구", 외식경영연구, 17 (2), pp.7 ~26.

박재환, 김우종, 2014. EXACO 성격요인과 창업가정신, 기업성과 간의 관련성 연구 [J].
　　중소기업연구, 36 (2) : 147 ~168.

윤방섭, 2004. 창업 의지의 결정요인 : 개인특성 및 환경요인 [J]. 산학경영연구, 17 (2) :
　　89-110.

이유태, 2014. 기업가정신 / 벤처 / 창업 / 정책 / 스페셜이슈 : 대학생 현장체험학습 (새가
　　게운동)이 창업의도와 소상공인 경영개선에 미치는 영향에 관한 연구 [J]. 중소기업연구,
　　36 (1) : 135-157.

이정원, 이애주, 김남현, 2013. 관광관련 전공 대학생들의 창업특성과 창업의도의 관계 [J].
　　관광레저연구, 25 (2) : 267-286.

강동위, 왕지성, 장노등, 2017. 虐待式管理对组织成员工作行为的影响研究 : 以组织公
　　正性及成员的传统性为中心 [J]. 한국동북아논총 . 제 22 권, 제 1 호 (통권 82 호) .

김명수 · 장춘수, 2012. Authentic Leadership 에 조직구성원의 긍정심리자본과 정서적 몰입
　　에 미치는 영향 [J]. 「인적자원개발연구」, 15 (1) . 101–125.

대운해, 2016. 基于知识与科技创新的韩国对中国 FDI 决定因素的实证分析 [J]. 中国学,
　　2012 ; 大韩中国学会 .